华夏国学经典文库【全文解读本】

马恒君 著

论语正宗

珍藏经典

华夏出版社
HUAXIA PUBLISHING HOUSE

图书在版编目（CIP）数据

论语正宗/马恒君编著. —北京：华夏出版社，2014.3
（华夏国学经典文库）
ISBN 978-7-5080-7877-9

Ⅰ.①论… Ⅱ.①马… Ⅲ.①《论语》—通俗读物 Ⅳ.①B222.2-49

中国版本图书馆CIP数据核字(2013)第258361号

论 语 正 宗

作　　者	马恒君	
责任编辑	刘淑兰　　王秋实	
责任印制	刘　洋	
出版发行	华夏出版社	
经　　销	新华书店	
印　　刷	三河市李旗庄少明印装厂	
装　　订	三河市李旗庄少明印装厂	
版　　次	2014年3月北京第1版　　2014年3月北京第1次印刷	
开　　本	720×1030　　1/16 开	
印　　张	20.75	
字　　数	300千字	
定　　价	28.00元	

华夏出版社　　　　地址：北京市东直门外香河园北里4号　　　　邮编：100028
　　　　　　　　　网址：www.hxph.com.cn　　　　电话：(010) 64663331（转）
若发现本版图书有印装质量问题，请与我社营销中心联系调换。

前　　言

　　《论语》是记载孔子及其学生言行的一部书,比较集中地体现了孔子的思想。

　　孔子(前551—前479年),名丘,字仲尼,春秋时期鲁国陬邑(今山东曲阜)人。孔子的学说在春秋战国时期虽被当成显学,但又一直被当成诸子百家之一。在百家争鸣中,历史选择了孔子,到汉朝便登上了"独尊"的地位,被尊奉了两千多年,影响渗透到我国的方方面面,孔子也就成了我国古代最著名的思想家、政治家、教育家。

　　孔子是殷商后裔宋微子的后代。周灭商之后,分封微子启于宋,孔子的先祖孔父嘉在贵族的纷争中被华督杀害,孔子的曾祖孔防叔为了躲避华氏的迫害,才迁居到鲁国。防叔生伯夏,伯夏生叔梁纥,叔梁纥与颜氏徵在生孔子。孔子出生后,三岁上死了父亲,与母亲过着贫困的生活。在年轻的时候,孔子做过委吏(管理仓库)、乘田(掌管牛羊蓄息)等低微的小官,没有受到重视,孔子便开始了授徒讲学。到鲁定公时,孔子做过中都宰、司空、大司寇(主管司法)。定公十年孔子五十二岁,以大司寇身份代理相事,政治生涯到了巅峰时期,但时间比较短暂,因为与鲁国的实权派人物季氏政见不同,孔子离职去周游列国,先后到过齐、卫、宋、陈、蔡、楚,希望能在别的国家实现自己的政治抱负,但都没得到重用。晚年回到鲁国专一办教育,整理文献。经孔子整理的文献有《诗经》《尚书》、《礼》《乐》,孔子还收集了各国史料,撰写了《春秋》。他的学生也累计达到三千多人,其中著名的有七十二人。这是孔子在历史上最辉煌的贡献。

　　孔子有感于时代的混乱,力图建立社会的合理秩序。在对历史研究的基础上,提出了一套完整的道德体系。他提出的仁,实际上是一种公益的思想,按公益的要求判定人道之当然,这就是义。义的秩序就是礼。他认为一个人最基础的道德就是孝和诚,把孝推广到人与人的关系中就是忠,把诚推广到人与人的关系中就是信。当然,时代不同,在判定怎样才算合理上,孔子与我们今天的认识会有不同,但他主张公益,提倡合理的原则并没有错,他的学说对我们建立现代文明仍有积极作用。要说孔子思想的不足,主要有两点,一是孔子受封建宗法制的局限,等级观念太强,二是对妇女的看法过于偏激。现代人读《论语》,这两点尤其应格外注意。这也符合孔子的一贯主张,孔子在《为政》第二十三章里说:"殷因于夏礼,所损益,可知也。周因于殷礼,所损益,可知也。其或继周者,虽百世,可知也。"可见,孔子主张随着时代的不同,社会的礼仪制度、思想观念,应当有所损益。

《论语》是由孔子的弟子及其再传弟子整理成书的。流传到汉代,有《鲁论语》、《齐论语》、《古文论语》三种本子。东汉时期郑玄以《鲁论语》为底本,参校了其他本子,并作了注释,流传开来,成为一个公认的本子。之后给《论语》作注的人很多,影响较大的有三国时魏何晏的《论语集解》,南北朝梁代皇侃的《论语义疏》,宋朝的邢昺把前人的成果和自己的见解汇集成《论语注疏》,被收入《十三经注疏》里,除此之外,宋朝还有朱熹的《论语集注》。到了清代刘宝楠博采众家之长撰写了《论语正义》。我这次对《论语》的解读,依据的底本就是《十三经注疏》本和刘宝楠的《论语正义》本。在封建社会,《论语》是文人心目中的金科玉律,所以在注释中难免一些溢美曲说之辞。重新解读,一是想为现代人扫清文字障碍,另一个目的就是想抹去旧注在《论语》上外加的颜色。

现代人的注本,杨伯峻先生的《论语译注》影响较大,杨先生的注释甚为精审,大多数的讲法都可取。这次解读,篇章的划分也一依旧例,遵照不改。要说有什么不足的话,杨先生在《导言》里说,《论语》"篇章的排列不一定有什么道理,就是前后两章之间也不一定有什么关连"。这就与《论语》的实际不大符合了。古今对《论语》的注释出了较多误会,恐怕主要也是因为这一点。真正的情况如何,还须《论语》的内证才更为可靠。

无论谁来解读《论语》,还是以还原孔子的真实面目为可贵。至于有些著作,从《论语》引出话题,申发开去,纵横捭阖,畅谈精深的道理,那又是另一种有价值的大作了。我国原有"五经注我"的传统,这也无可厚非。请读者自己去选择吧。

目 录

学而第一

1.1 子曰:"学而时习之,不亦说乎? 有朋自远方来,不亦乐乎? 人不知而不愠,不亦君子乎?"

【解读】

"子"是古代对男子的尊称,相当于今天说的先生。《汉书·艺文志》说:"《论语》者,孔子应答弟子时人及弟子相与言而接闻于夫子之语也。当时弟子各有所记,夫子既卒,门人相与辑而论纂,故谓之《论语》。"《论语》是孔子的学生根据自己的记录追忆孔子言行的一部书。全书的"子曰"都是孔先生说的意思。"习"是多次重复。"时"作状语,是按时。"说"与"悦"是古今字。这里当喜悦讲。孔子说:"学而时习之,不亦说乎?"是说,学习文化知识,按时进行复习、练习,使学到的东西能得到巩固,熟练掌握,不也是一件很愉快的事吗?"朋"的原意是聚而为群,这里是指同学。包咸注:"同门为朋。"孔子讲学,弟子来自五湖四海,大家聚在一起,相互交流切磋。"有朋自远方来,不亦乐乎"的原意是,来自五湖四海的同学聚在一起相互交流切磋,不也是很快乐的事情吗?后来这句话被人流传成有朋友从远方来,朋友聚会,心情欢畅的意思。这是引申,不是原意。悦与乐不同,"悦"是心里高兴,偏重于内;"乐"是表现出快乐,偏重于外。"人不知而不愠,不亦君子乎?""知"是了解。"愠"是生闷气。"君子"是道德修养高的人。是说,大家聚在一起,别的同学不了解自己,我并不因此而怨恨别人,这不是很有君子的风度吗?

这一章是孔子在开学的仪式上向自己的学生们讲的话。前后联系,先嘱咐同学们要好好学习,学习方法是按时复习。接着讲同学们都是从远道而来,每个同学都是一个新的信息载体,相互可以了解到自己所没有接触过的事情,年轻人朝气蓬勃地聚在一起,是一件很开心的事。最后嘱咐大家搞好团结,不要因为别人不了解自己而生闷气。如果有人误解了自己,也要培养君子风度,做一个对社会有用的人才。如果把"有朋自远方来"说成是有朋友从远道而来,那就割断了上下文的有机联系。孔子不会说出这种语无伦次的话。

这一章主要是让同学们适应新的环境,好好学习,培养君子风度,搞好团结。

【译文】

孔子说:"学习文化知识,按时复习,不也很愉快吗?来自五湖四海的同学聚在一起,不也很快乐吗?人家不了解自己,也不生气,不也很有君子风度吗?"

1.2 有子曰:"其为人也孝弟,而好犯上者鲜矣。不好犯上而好作乱者,未之有也。君子务本,本立而道生。孝弟也者,其为仁之本与?"

【解读】

"有子"是孔子的学生有若。《史记·仲尼弟子列传》说,孔子死后,孔子的学生认为,在同学之中,有若的言行最像孔子,大家公推有若接着孔子当老师。只有曾参认为,孔子的崇高地位不可取代,应该比孔子稍差一等。所以《论语》里对有若也称"子"。后来学生对有子说:"当年先生出门的时候,让学生们带上雨具,出门以后,果然下了雨。大家问先生说:'老师怎么知道要下雨?'先生回答说:'《诗经》里不是说了吗?月亮运行到毕星的位置,就会大雨滂沱。昨天晚上月亮不是运行到毕星的位置上了吗?'"可是过了些日子,月亮运行到毕星的位置上,却没有下雨。有子的话不灵。又有一次,同学们说起,当年商瞿年纪大了,没有孩子,他母亲要给他另娶。当时孔子正要派商瞿出使齐国。他母亲请求孔子不要派他去。孔子说:"不要担心,商瞿到四十岁以后会生五个儿子。"后来果然生了五个儿子。学生们问有子说:"请问孔子当年怎么会预知商瞿会有五个儿子呢?"有子一句话也答不上来。于是学生们就站了起来说:"有子,你还是躲开老师的位置吧,这不是你配坐的地方。"有若总体的情况,大约就是比孔子不行,但在同学中还是比较优秀的人。

"有子曰"，就是有若先生说。"孝"是孝顺父母。"弟"与"悌"是古今字，指的是弟弟对兄长的尊重，兄弟之间的友爱。"好(hào)"是爱好。"犯"是冒犯。"鲜(xiǎn)"是稀少。有若说："其为人也孝弟，而好犯上者鲜矣。"是说，一个人如果能孝顺父母，尊重兄长，兄弟之间相互友爱，在处理长辈和同辈之间的关系上，就有了一个最基本的道德标准，把这个道德标准推广到人与人之间的关系上，就会尊敬比自己身分高的人。这样，喜欢冒犯上司的情况就很少出现了。"不好犯上，而好作乱者，未之有也。""作乱"是叛上作乱。"未之有"是"未有之"。是说，不爱好冒犯上司，却喜欢叛上作乱，这样的人是从来没有的。"君子务本，本立而道生。""务"是从事。"本"是人的根本修养。"道"是道德。是说，君子在自身修养方面，致力于根本。从根本上树立起自身的修养，道德就随之产生形成了。"孝弟也者，其为仁之本与？""其"用在句首，是表示推测的语气词。"仁"是孔子倡导的较高层次的道德。《说文》："仁，亲也。从人二。"段玉裁注："《论语》注：人偶同位，人偶之辞……按人偶犹言尔我，亲密之词。独则无偶，偶则相亲。故其字从人二。《孟子》曰：'仁也者，人也。'谓能行仁恩者，人也。又曰：'仁，人心也。'谓仁乃是人之所以为心也。"意思是说，仁这个字的结构是人和二组合而成。二相当于偶，偶指你我双方。单有一方就没有对方了，有我方，有对方才能相亲，所以字的结构是人二。可见，二指的是双方，作为一个人，一方要惠及另一方，这就是孟子说的"能行人恩者人也"。人际关系可以概括为彼此，彼此都能顾及，就是要公道。人的立世之道要出于公心，不能只考虑自己，这就是孟子说的"仁乃是人之所以为心也"。我国传统的文字结构学，认为仁字的"二"，上一画是天，下一画是地，"仁"是人立于天地之间。天是阳，地是阴，阴阳是对立统一的关系，人处在对立统一之中，也是在彼此的关系之中。就《论语》本身说，有子上句话说"本立而道生"，这一句说"孝弟也者，其为仁之本与"？"孝弟"指"本"，"仁"指的显然是"道"。由此可知，"仁"是一种道德，它的含义是，人活在世上要实行公益，顾及到彼此。仁爱只是它的一部分含义。在《论语》里，"仁"大约相当于今天的"仁义"。"与"今作"欤"，是疑问语气词。《论语》里的"与"，用在句末都是如此。有子这句话的意思是说，孝顺父母，兄弟友爱，这就是仁义的根本吧！就是说，把孝与悌的做法推广到与社会其他人的关系上就有了仁义的基础。如果连孝悌都做不到,那你还能指望他会有什么仁义呢?

这一章说明孝悌是仁义的根本。

【译文】

有子说:"作为一个人,能孝顺父母,友爱兄弟,却好冒犯上司,这种情况是很少的。不好冒犯上司却好叛上作乱的,这种人从来没有。君子致力于根本,根本确立了,道德就会产生。孝顺父母,友爱兄弟,这就是仁义的根本吧!"

1.3 子曰:"巧言令色,鲜矣仁。"

【解读】

"巧言"即花言巧语。"令"是好的意思。"色"是脸色。"令色"是讨好人的脸色。"鲜矣仁"是"仁鲜矣"的倒装句。孔子说:"巧言令色,鲜矣仁。"是说,说话花言巧语,脸上一副讨好人的伪善面孔,这种人很少有仁义的。仁义在行为上要求真诚,真诚虽然还不是仁义,但有仁义的人肯定是真诚的,表现于外是直言正色。

这一章说明巧言令色有背仁义。

【译文】

孔子说:"花言巧语,一副讨好人的面孔,这种人很少有仁义的。"

1.4 曾子曰:"吾日三省吾身,为人谋而不忠乎? 与朋友交而不信乎? 传不习乎?"

【解读】

"曾子"是孔子的学生,姓曾,名参,字子舆。是继孔子之后我国最有影响的儒学教育家,故被尊为"子"。《史记·仲尼弟子列传》说他作《孝经》。孔子认为他能通孝道。孔子与他讨论礼与孝的对话,在《礼记》里有较多记载。"吾日三省吾身。""省(xǐng)"是反省,反思。"日"、"三"都是"省"的状语,"日"是时间状语,即每日,"三"是数量词作状语,指的是从三个方面。"三"在这里不能讲成三次或多次。一是因为下文把"三"的内容列了出来,不容曲解。二是孔子反对成天反省。在《公冶长》篇第二十章里说:"季文子三思而后行。子闻之,曰:'再,斯可矣。'"

孔子还说过"思而不学则殆"。《荀子·劝学》里说："我尝终日而思矣,不如须臾之所学也。"不能让一个人成天关在屋子里反省。这句话的意思是说,我每天从三个方面来对自己的言行进行反思。"为人谋而不忠乎?""为"是介词,相当于替。"谋"是设想、打算。"忠"在《论语》的体系里是"忠实"的意思。"吾身"是自身。这一句是三个方面反思的一个方面,是说,在设身处地地为别人设想方面是否做到了忠实?"与朋友交而不信乎"是反思的第二个方面。"朋友",郑玄注说:"同门曰朋,同志曰友。""交"是交往。"信"在《论语》的体系里是"诚信"的意思。是说,在与朋友之间的交往中,是否做到了诚信不欺?"传不习乎"是反思的第三个方面。"传"是老师传授的学业。是说,老师今天教授的内容复习好了没有?

这一章说明,作为一个学生每天应该坚持的三省内容。

【译文】

曾子说:"我每天做三个方面的反思:替人设想做到忠实了吗?与朋友交往做到诚信了吗?老师传授的学业复习好了吗?"

1.5 子曰:"道千乘之国,敬事而信,节用而爱人,使民以时。"

【解读】

"道"与"导"是古今字,"道"在这里是领导的意思。"千乘之国"指大国。马融注:"司马法:六尺为步,步百为亩,亩百为夫,夫三为屋,屋三为井,井十为通,通十为成。成出革车一乘。然则千乘之赋,其地千成,居地方三百一十六里有畸。唯公侯之封,乃能容之。虽大国之赋,亦不是过焉。"意思是说,古代司马法规定:六尺长为一步,一百步平方为一亩,一百亩为一夫之田,三夫之田为一屋,三屋为一井,十井为一通,十通为一成,每成要向国家出一辆革车。这样说来,那么能征集千辆革车的赋税,要有千成大的版图。千成的版图要有三百一十六平方里的面积还多。只有公侯的封地才可能有这么大。即使是大国的兵赋,也不会超过这个数。封建制社会分封诸侯,分为五等,公、侯、伯、子、男。公侯的封地最大,公侯之国也不过是千乘之国。可见,千乘之国指的是大的诸侯国。马融之外,还有人把司马法规定的具体数目另作解释的,但总体上还是说千乘之国指大国。孔子说:"道千乘之国。"是说,领导一个大的诸侯国。"敬事而信。""敬事"犹如今天说的"敬业"。这里是针对领导人说的。"信"是诚信,说话要兑现。"而"是连词。是说,要恭谨地履行你的领导责任,不能玩忽职守,并且要对自己的人民讲诚信。"节用而爱民。""用"是用度,包括自己的用度和国家的用度。是说,要节约用度,积聚国力,爱护自己的百姓。"使民以时。""使"是役使,指国家派给百姓的劳役。"以"是按照。"时"指农时。我国古代是个农业国,主要靠种地发展生产,不在农忙时抽调农村的劳力。是说,国家向百姓征调劳役,要按照农业生产的忙闲去安排,不要耽误农时。孔子认为一个国家的领导人,如果能做到以上三条,基本上就可以治理好一个大国。

这一章说明领导大国的方法。

【译文】

孔子说:"领导一个大国,要敬业而守诚信,节约用度而爱护百姓,役使人民要顺应农时。"

1.6 子曰:"弟子入则孝,出则弟,谨而信,泛爱众而亲仁。行有余力,则以学文。"

【解读】

"弟子"指的是为人弟,为人子。"入"指的是进入父母的房间。"出"是走出父母的房间。《礼记·内则》说:"由命士以上,父子皆异宫。"意思是说,士这个阶层以上,父、子分开房间居住。"弟"即悌。孔子说:"弟子入则孝,出则弟。"是说,作为一个弟弟,作为一个儿子,进入父母的房间要尽孝道,走出父母的房间要尽悌道。也就是说,与父母相处要孝顺,与兄弟相处要友爱。"谨而信,泛爱众而亲仁。""谨"是谨慎。"信"是诚信。"泛"是广泛。"仁"指仁人。是说,要言行谨慎,讲诚信,广泛地去爱大众,亲近那些仁义的君子。"行有余力,则以学文"指的是把以上几项都做到了还有余力,然后去学文化知识。孔子要求弟子要先学会做人,再去学习。用今天的话说就是"德育第一,智育第二"。

这一章说明做人的标准第一,学习的标准第二。

【译文】

孔子说:"为人子弟,进入父母的房间要孝顺,出了父母的房间要兄弟友爱。言行恭谨守诚信,博爱众人,亲近仁义的人。做到了以上这些还有余力,再去学习文化知识。"

1.7 子夏曰:"贤贤易色,事父母能竭其力,事君能致其身,与朋友交言而有信。虽曰未学,吾必谓之学矣。"

【解读】

"子夏"是孔子的学生,姓卜,名商,字子夏。"贤贤",前一个"贤"是形容词的意动用法,是"以什么为贤",可理解为敬重、尊重的意思。后一个"贤"是形容词活用为名词,指贤明的人。"易"也是形容词的意动用法,是"以什么为易"的意思,可理解为不看重、轻视的意思。"色"是美色,女色。"贤贤易色"的直接意思是,尊重贤明的人不看重女色。这里有对比而言的意思。对比什么呢?在《子罕》第十七章里说:"吾未见好德如好色者也。"是把"好德"与"好色"作对比。对比的是热衷程度。"贤贤易色"可理解为"尊重贤能的人胜过爱好美女"。"事父母能竭其力。""事"是事奉。"竭"是竭尽。是说,事奉父母能够竭尽其力。"事君能致其身。""致其身"是达到能献身的程度。是说,事奉君王,要达到能献出生命,也就是所谓的"鞠躬尽瘁,死而后已"。"与朋友交,言而有信"是对朋友应持的态度。是说,与朋友交往,要能做到说话有诚信。"虽曰未学,吾必谓之学矣。""虽"在《论语》里作让步连词,意为即使。是说,即使没有学习过,我也一定说他学习过。子夏说的学,显然指的是对品德教养的学习。所以这句话可理解为,即使是一个没有学习过品德教养的人,我也认为他是个有教养的人。

这一章说明重贤、忠孝、诚信是人的基本教养。

【译文】

子夏说:"尊重贤明的人不重视女色,事奉父母能尽心竭力,事奉君王能鞠躬尽瘁,与朋友交往说话守诚信。这样的人,即使没有学习过,我也要说他有教养。"

1.8 子曰:"君子不重则不威,学则不固。主忠信,无友不如己者。过则勿惮改。"

【解读】

"重"是庄重。"则"相当于就。"威"是威严。孔子说:"君子不重则不威。"是说,君子言行不庄重就会没有威严,威严是自尊的体现,庄重是威严的保证。孔子一再强调君子要庄重,实际上是让人保持自尊心,不庄重就会在客观上失去自尊。"固",孔安国注:"固,蔽也。"《子罕》第四章说:"子绝四:毋意、毋必、毋固、毋我。"固是要摒弃的东西,指的是固执浅陋。"学则不固"是说,君子多多学习前人的善言往行,就会除去自身的固陋。"主忠信。""主"是个人主要要树立的品德,也就是原则。是说,要把忠实诚信当成一种主要的品德树立起来。也就是说,忠信是为人处世的原则。"无友不如己者。""无"同"勿"。"不如己"指的是道德修养不如自己高。"友"是同志,与"朋"不同。是说,不要把道德修养不如自己的人引为同志。近朱者赤,近墨者黑,长期自友下流,耳濡目染会影响自己的道德修养。"过则勿惮改。""过"是过失、过错。"惮(dàn)"是害怕。是说,自己有了错误不要怕改正,也就是说,要勇于改正错误。孔子始终认为,改错是一种增进道德修养的善举。不要羞于承认自己的错误。

这一章说明人要自尊自重,忠实诚信。同时说明了提高道德修养的方法。

【译文】

孔子说:"君子不庄重就没有威严,学习就不会固陋,为人处世要坚持忠实诚信的原则,不交不如自己的朋友,有过失不要怕改正。"

1.9 曾子曰:"慎终追远,民德归厚矣。"

【解读】

"曾子"即曾参。"慎终追远",孔安国注:"慎终者,丧尽其哀;追远者,祭尽其敬。"郑玄注:"老死曰终。"邢昺疏:"远犹久也……言凡父祖已殁,虽久远,当时追祭之也。""慎终追远"是说,慎重地料理父母的丧事,按时祭祀,追念自己的先祖。"民德归厚矣。""归"是归向。"厚"是淳厚,指民俗的淳朴厚道。是说,百姓的道德风俗就归向淳厚了。"慎终追远"是不忘本,心怀感恩之情。一个骂臭祖宗、不知感恩的人,自然就会变得刻薄寡恩。

这一章说明慎终追远的教化作用。

【译文】

曾子说:"慎重地料理父母的临终之丧,按时祭祀,追念自己的先祖,百姓的道德风俗就会变得淳厚了。"

1·10 子禽问于子贡曰:"夫子至于是邦也,必闻其政。求之与? 抑与之与?"子贡曰:"夫子温、良、恭、俭、让以得之。夫子之求之也,其诸异乎人之求之与?"

【解读】

"子禽",郑玄以为是孔子的学生,姓陈名亢。但在《子张》篇里他贬低孔子。《史记·仲尼弟子列传》里也没有列入他的名字。应当是子贡的熟人,参见《子张》篇。"子贡"是孔子的学生,姓端木,名赐,字子贡,是孔子的高材生之一。《史记》里记载:齐国的田常为了把国内上下对他的怨恨引向国外,发动了对鲁国的战争。孔子派子贡去做外交斡旋。他劝田常说,你如果担心在齐国地位不稳,就不如去打吴国。与吴国僵持,你就会被人们重视了。之后子贡又跑到吴国,利用吴王急于争霸的心理,劝吴王救鲁伐齐。吴王担心越国是后顾之忧,他又劝越王表面上服从吴王,坚定了吴王伐齐救鲁的决心。最后他又跑到晋国,利用晋王怕失去霸主地位的心理,劝晋王攻打吴国。结果一手制造了一场混战,吴国在艾陵大破齐军,矛头指向晋国,晋国大败吴师,越王举兵破吴,取代了吴国的地位。《史记》说:"子贡一出,存鲁,乱齐,破吴,强晋而霸越。"充分显示了他的游说外交才能。

子禽问子贡说:"夫子至于是邦也,必闻其政。求之与? 抑与之与?""夫子"指孔子。皇侃注:"礼,身经为大夫者,得称为夫子。孔子,鲁大夫,故弟子呼为夫子也。""是",指示代词,相当于"这"。"邦"是国家。汉朝因为刘邦是皇帝,才开始讳称邦为国。"闻"是与闻。郑玄注:"孔子所至之邦,必与闻其国政。"孔子是当时声望很高的政治家,故各国的统治者,都愿意把自己国内的政务向孔子咨询。"求"是求取。"抑"是选择连词,相当于还是。"与"与"求"对举,指的是给与。是说,孔子到了这个国家,就能与闻这个国家的政治。是孔子向人家求问出来的呢,还是人家主动告诉他的呢? 子贡回答说:"夫子温、良、恭、俭、让以得之。"邢昺疏："敦柔润泽谓之温,行不犯物谓之良,和从不逆谓之恭,去奢从约谓之俭,先人后己谓之让。"大体是说,"温"是温和敦厚。"良"是心地善良,出于好意。"恭"是待人恭敬。"俭"是简朴不繁。"让"是谦让。是说,夫子是凭着自己的温和、善良、恭敬、简朴、谦让的作风,取得人们的信任,而获得各国的政治状况。总之是说,孔子凭人格的力量征服人而获得各国统治者的充分信任,所以能参与各国的政治。"夫子之求之也,其诸异乎人之求之与?""其"是句首语气词,表推测语气。"诸"是指示代词,指孔子的求取方法。"人"指别人。是说,孔子的求取方法,大概与别人的求取方法不同吧!

这一章说明孔子温良恭俭让的人格力量。

【译文】

子禽向子贡问道:"夫子每到一个国家,必定会与闻这个国家的政治。是他向人家求问得知的呢,还是人家主动告诉他的呢?"子贡回答说:"夫子是靠温和、善良、恭敬、简朴、谦让这些品格获得的。这种求取方法,与别人求取的方法不同吧!"

1.11 子曰:"父在,观其志;父没,观其行;三年无改于父之道,可谓孝矣。"

【解读】

"父在"是父亲活着的时候。"志"是志向,孔子生活在封建宗法制的时代,子承父业。"志"指实现父辈的愿望。孔子说:"父在观其志。"是说,父亲活着的时候,要看他有没有实现父辈愿望的志向。"父没,观其行。""没"今作殁。是说,父亲死了之后,要看他的行为。"三年无改于父之道,可谓孝矣。"是说,三年之内不改变父亲的施政之道,就可以说是孝了。《中庸》里说:"夫孝者,善继人之志,善述人之事也。"意思是说,要继承父亲的遗志,完成父辈未尽的事业。为什么要提倡三年无改? 在《微子》第十章里说:"君子不施其亲,不使大臣怨乎不以。故旧无大故,则不弃也。无求备于一人。"在《子张》第十八章里说:"孟庄子之孝也,其他可能也,其不改父之臣与父之政,是难能也。"联系起来看,都是在说,一个儿子继承了父亲的职位,一上台就把父亲原来的老臣都换成是自己亲信的人,另搞一套,这种行为,都是出自一种经营个人势力小圈子的目的,不合乎仁道的要求。完全改变了"父之臣"与"父之政",当然不合孝的要求。所谓"三年无改",实际上说的是,不要改变父亲所用的人,不要改变父亲的一贯做法。这是针对"一朝天子一朝臣"的历史教训说的。我们对孔子的话要作正确分析,孔子真正反对的是,上台就另搞一套的经营个人权力的做法。真正能从根本上继承父辈遗志,完成父辈未尽大业,而大胆革新的人,并不反对,甚至还加以肯定。在《周易·蛊卦》的初六象辞里,孔子说:"干父之蛊,意承考也。"意思是说,纠正父亲养成的弊政,是从思想上能继承亡父的意志。这可以证明"三年无改"不是什么三年墨守成规,而是不要上了台就从个人的需要出发,另搞一套。父亲总是希望儿孙能把自己的事业发扬光大,掌握住这一点就符合"三年无改"的要求了。

这一章说明能发扬光大父亲的事业就是孝。

【译文】

孔子说:"父亲活着的时候,观察他的志向;父亲死了之后,观察他的行为;三年不改变父亲的施政之道,就可以说是孝了。"

1.12　有子曰:"礼之用,和为贵,先王之道,斯为美。小大由之。有所不行,知和而和,不以礼节之,亦不可行也。"

【解读】

"有子"即有若。"礼"是《论语》里一个很重要的概念。孔子在《礼记·哀公问》里说:"礼也者,理也。"又说:"夫礼所以制中也。"还说:"非礼无以节事天地之神也,非礼无以辨君臣上下长幼之位也,非礼无以别男女父子兄弟之亲婚姻疏数之交也。"意思是说,礼就是要合理。礼就是要把人与人的关系调节到合适的程度。如果没有礼,就不能调节人与天地鬼神的关系,不能辨别君臣上下长幼各自应处的地位,不能区别男女父子兄弟的亲疏,不能区别婚姻远近的交情。这些可以说明礼是人与人之间的正常秩序。这种正常秩序,孔子的认识可能与我们不同,但他说的礼,指的就是他认为的人与人之间合理的、适宜的、正常的关系。这种关系要有一定的礼仪规范来维系,所以礼仪规范也被说成是礼。

有子说:"礼之用,和为贵。""和"是和谐。是说,礼的效用以保持人与人之间关系的和谐为可贵。这是从礼的社会效用上讲的。"先王之道,斯为美。""斯"是指示代词,相当于这,指的是"和"。是说,先王的治国之道,也是因为能达到和谐才被人们看得美好。先王指的是古代治国的圣君明主。"小大由之。""小大"是大事小事。"由之"是由此出发,即从和谐的目的出发。是说,无论是大事小事,在处理时都要从达到和谐的目的出发。"有所不行。"句意转折,意思是说,虽然是以和谐为目的,但有时也会不按"和谐"去做。为什么呢?"知和而和,不以礼节之,亦不可行也。""知和"是仅知道要和谐。"而和"是为和谐去和谐,也就是一味地追求无原则的和谐。"节"是节制。是说,和谐要保持在正常秩序条件下的和谐,如果秩序不合理、不正常了,只知道要和谐而一味地追求和谐,不能用礼加以节制,那也是不能去做的。用今天的话说,就是一团和气不是原则,礼才是原则。

这一章说明礼与和的关系。

【译文】

有子说:"礼的效用,以和谐为贵。先王的治国之道,也以和谐为美。大事小事都从和谐的目的出发。但有时光求和谐也不行,只知道和谐而一味地追求和谐,不用礼来节制,那也是不可行的。"

1.13 有子曰:"信近于义,言可复也;恭近于礼,远耻辱也。因不失其亲,亦可宗也。"

【解读】

"义"也是《论语》里很重要的一个概念,这个字《说文》作"谊",解释说:"人所宜也。"《中庸》里说:"义者宜也。"《礼记·表记》里说:"义者,天下之制也。言制之以合宜也。"古训都是"义者宜也"。"宜"是应该、合情合理的意思,大致相当于我们今天讲的大义、正义。

有子说:"信近于义,言可复也。""信"是守信。"复"是检验,即得到证明。是说,守信与义的品德很接近,是因为说出话经得住检验。也就是说,守信不等于义。在守信与义的关系上,守信要服从义。义是原则,守信只是义的一种表现。出于义的需要,有时可以不守信。硁硁守信,有时会不合义。之所以还要讲信,是因为守信可以兑现,在这一点上与义很接近。"恭近于礼,远耻辱也。""恭"是恭敬。"远"是远离。是说，恭敬与礼的品德很接近，是因为能够远离耻辱。也就是说，恭敬不等于礼，在恭敬与礼的关系上，恭敬要服从礼。礼是原则，恭敬只是礼的一种表现，出于礼的要求，有时可以不恭敬。孔子说"恭而无礼则劳"，对不该恭敬的人去恭敬，那是自取其侮。之所以还要讲恭，是因为恭敬可以远离耻辱。在这一点上与礼很接近。"因不失其亲，亦可宗也。"这句话旧注讲得有些混乱。"因"是因循不改，可以是沿袭旧章不变，也可以是沿用旧人不变。"亲"是宗亲。"因"与"亲"联在一起，主要是指沿用宗亲中的旧人不撤换。孔子生活的时代是世袭宗法制，儿子继承父亲的职位，父亲在位时任用的老臣旧人，儿子继位后不罢免就是因。"宗"是宗法。这句话的意思是说，继续任用父辈的老臣，如果是出于宗亲的考虑，也可以宗法。在卦建宗法社会，维护一个王朝的团结，主要靠的是宗亲关系，所以不能破坏。宗亲是原则，因循要服从宗亲。因循是保持宗法关系的一种表现，《微子》第十章里说："故旧无大故，则不弃也。"《子张》第十八章里说："孟庄子之孝也，其他可能也，其不改父之臣与父之政，是难能也。"都可以证明，这是孔子的一贯说法。

这一章说明信与义、恭与礼、因循与宗亲的关系。

【译文】

有子说："守信与义的品德很接近，是因为说出的话经得住检验。恭敬与礼的品德很接近，是因为可以远离耻辱。因循如果出于宗亲的需要，也可以照着去做。"

1.14 子曰："君子食无求饱，居无求安，敏于事而慎于言，就有道而正焉，可谓好学也已。"

【解读】

孔子说："君子食无求饱。""饱"指的是饮食上的满足，不能仅理解为饥饱的饱。是说，君子在饮食方面不去追求丰足。也就是说，不去追求吃得多么好，将就一点是可以的。"居无求安。""居"是生活条件，居住只是其中之一，举居住条件以代其余。是说，在生活条件方面不去追求安逸舒适。也就是说，过得去就行了。丰足与安逸是个无厌的欲求，把精力过多地投入到这些方面，就什么事也干不成了。"敏于事而慎于言。""敏"是勤敏。是说，要把主要精力投入到勤敏地做事上，谨慎自己说的话。"就有道而正焉。""就"是接近。"有道"是有道德的人。"正"是使动用法,意为使自己正。是说,要主动地去接近那些有道德的人,从人家身上学习自己不足的东西,来纠正自己身上的错误。"可谓好学也已。""也已"都是语气词,"也"表判断,"已"通矣,表陈述语气。是说,这样就可以说是好学了。

这一章说明君子要把主要精力投入到好学上。

【译文】

孔子说:"君子在饮食方面不追求丰足,在居住条件方面不追求安逸。做事要勤敏,说话要谨慎,亲近有道德的人来纠正自己。这样就可以说是好学了。"

1.15 子贡曰:"贫而无谄,富而无骄,何如?"子曰:"可也。未若贫而乐,富而好礼者也。"子贡曰:"《诗》云'如切如磋,如琢如磨',其斯之谓与?"子曰:"赐也,始可与言《诗》已矣,告诸往而知来者。"

【解读】

"子贡"即端木赐。子贡问孔子说:"贫而无谄,富而无骄,何如?""贫"是贫贱。"谄"是谄媚,与后文的"骄"相对而言,有自卑的意思。这里指的是低声下气地去巴结人。是说,一个人做到能在贫贱的情况下不自卑,不去巴结奉承人;在富贵的情况下,不骄横,不傲慢欺人;这样的人怎么样?孔子回答说:"可也。未若贫而乐,富而好礼者也。""可"是可以。"未若"是还比不上。是说,可以。但还比不上贫贱还能保持乐观,富贵还能保持好礼的人。子贡说:"《诗》云'如切如磋,如琢如磨',其斯之谓与?""《诗》"指《诗经》。"如切如磋,如琢如磨"是《诗经·淇奥》篇里的句子。原句是:"有匪君子,如切如磋,如琢如磨。"毛传说:"匪,文章貌。治骨曰切,象曰磋,玉曰琢,石曰磨。道其学而成也。听其规谏以自修,如玉石之见琢磨也。匪,本又作斐。"毛亨的意思是说,"匪"是有文采的样子。加工骨器叫做切(切割),加工象牙叫做磋(削锉),加工玉器叫做琢(雕琢),加工石器叫做磨(打磨),比喻人不断学习获得成就。听到别人的规劝,像玉石经受琢磨一样去修炼自己。"匪"在有的版本里作斐然成章的"斐"。就是说,人应当像玉石那样认真地打磨自己,不断学习,精益求精,提高自己的道德修养。子贡有感于孔子提出的"贫而乐,富而好礼"比自己提出的"贫而无谄,富而无骄"又高了一层要求,才问孔子这些话。子贡的话是说,《诗经》里说的"如切如磋,如琢如磨",说的就是这种要不断提高自己的意思吧?孔子回答说:"赐也,始可与言《诗》已矣,告诸往而知来者。""赐"是子贡的名字。古人长辈对晚辈才可以直呼其名。"言诗"是讨论《诗经》。"往"是过去的、前面的。"来"是将来的、后面的。"往来"在这里指的是由此及彼的认知能力。是说,端木赐呵!这样就可以开始和你讨论《诗经》的深层含义了,告诉你前面的意思,你就能由此及彼地懂得后面的意思了。

这一章说明君子对待贫富的态度,并且说明人要不断提高自己。

【译文】

子贡问孔子说:"贫贱但却不谄媚,富贵但却不骄横,这样的人怎么样?"孔子说:"可以。但比不上贫贱还能乐观、富贵还能好礼的人。"子贡说:"《诗经》里说:'如切割,如削锉,如雕琢,如打磨。'说的就是这个意思吧?"孔子说:"端木赐呵!可以开始和你讨论《诗经》了,告诉你前面的就能推知后边的意思了。"

1.16　子曰:"不患人之不己知,患不知人也。"

【解读】

"患"是担忧。"不己知"是宾语前置的句子,即"不知己"。孔子说:"不患人之不己知,患不知人也。"是说,君子不担忧别人不了解自己,担忧自己不了解别人。在《宪问》篇里,孔子说:"君子病无能焉,不病人之不己知也。"有才能的人不必担心没人了解自己,但自己却不可以不去了解人。

这一章说明人应该去担忧什么。

【译文】

孔子说:"不担忧别人不了解自己,应该担忧自己不了解人。"

为政第二

2.1 子曰:"为政以德,譬如北辰,居其所而众星共之。"

【解读】

"为政"是执政、施政,指统治者治理国家。"德"指道德。孔子讲的道德,主要指的是仁义。"仁"是一种公益的思想,"义"是合乎人际要求的思想,要合情合理。"北辰"是北极星。"共"今作拱,是环拱围绕的意思。孔子说:"为政以德,譬如北辰,居其所而众星共之。"是说,用道德治理国家,就如同是北极星一样,处于核心的位置,众多的星星就会环拱它运转。古人认为北极星居于天的中心,如同天帝,可以运天下,正四时,所有的星星都在环绕着它旋转。孔子把道德比喻为北极星,是要说明以道德治国的核心作用。

这一章说明以德治国的重要性。

【译文】

孔子说:"用道德治理国家,如同北极星一样,处于核心的位置,其他星星就会环拱着它运转。"

2.2 子曰:"《诗》三百,一言以蔽之,曰:思无邪。"

【解读】

"诗"指《诗经》。"三百"是三百篇。《诗》是古代的采诗官从民间及士大夫和帝王颂歌里收集起来的作品,远不止三百篇,经孔子删定为三百零五篇。这里说的"三百",即指孔子删定后的《诗经》。"蔽"是遮盖,这里是概括起来的意思。"思无邪"原是《诗经·鲁颂·駉》里的一句诗。孔子从《诗经》里选择出一句话概括全部《诗经》的内容,是想告诉自己的学生,《诗经》里尽管有刺、有怨,但读起来,要立足于思想纯正无邪,去掌握运用它,这样才能把握《诗》的要义。孔子说:"《诗》三百,一言以蔽之,曰:思无邪。"是说,《诗经》三百多篇,用一句话概括起来说就是:思想纯正无邪。

这一章说明《诗经》的要义。

【译文】

孔子说:"《诗经》三百多篇,用一句话概括起来说就是:思想纯正无邪。"

2.3　子曰:"道之以政,齐之以刑,民免而无耻;道之以德,齐之以礼,有耻且格。"

【解读】

"道"今作导。"政"是国家的政策法令。"齐"是使动用法,是使百姓齐,即让百姓在刑罚的强制下行为整齐划一。"刑"是刑法。"免"是免于犯罪。"无耻"是不知羞耻。孔子说:"道之以政,齐之以刑,民免而无耻。"是说,治理国家,如果是用政策法令作导向,用强制的刑法手段来统一人们的行为,百姓可以免于犯罪,但没有廉耻之心。也就是说,百姓只是按规定办事,心里没有道德标准,没有礼仪规范,没有是非观念,不懂得以是为荣,以非为耻,只是被动地接受。"道之以德,齐之以礼,有耻且格。""德"是道德。"礼"是人际的正常秩序。"格",何晏注:"格,正也。"是说,治理国家,如果用道德作导向,用礼的秩序去统一人们的行为,百姓就会懂得廉耻,并且会主动地纠正自己。也就是说,百姓自己有道德标准,有礼仪规范,有是非观念,不仅懂得廉耻,而且会自觉地规范自己。

这一章说明用德、礼治国优于用政、刑治国。

【译文】

孔子说:"用政策法令作导向,用刑罚来规范,百姓可以免于犯罪,但没有廉耻之心。用道德作导向,用礼仪来规范,百姓不但有廉耻之心,而且还会自觉纠正自己。"

2.4　子曰:"吾十有五而志于学,三十而立,四十而不惑,五十而知天命,六十而耳顺,七十而从心所欲,不逾矩。"

【解读】

"十有五"即十五岁。古人在表示整数与零数之间,习惯加"有"或"又",但很少用量词。孔子说:"吾十有五而志于学。"是说,我十五岁时开始立志学习。"三十而立。""立"是自立,指的是学成而自立。也就是说,能独立地分析问题、解决问题了。是说,三十岁学成而自立了。"四十不惑。""惑"是迷惑。是说,到了四十岁就不再遇到问题陷于迷惑了。"五十而知天命。""天命"是上天赋予自己的命运。孔子一直想做官从政,希望把自己的内圣外王之道直接用于实践,甚至不惜周游列国去寻求实现自己的政治抱负。但一次次的失望,使他感受到上天没有给他这样的机会,于是认识到自己只是一个传播文明的使者。在《述而》第十六章里,孔子说"加我数年,五十而学《易》,可以无大过矣",学习了《易经》,知道了人的命运是由时势和条件决定的。在《子罕》第五章里说:"子畏于匡,曰:'文王既没,文不在兹乎? 天之将丧斯文也,后死者不得与于斯文也;天之未丧斯文也,匡人其如予何?"在《八佾》第二十四章里,仪封人说:"二三子何患于丧乎? 天下之无道也久矣,天将以夫子为木铎。"可见,无论是孔子自己,还是在别人的眼里,孔子的一生只能是一个传播文明的使者。在《宪问》第三十六章里又说:"道之将行也与,命也;道之将废也与,命也。公伯寮其如命何!"命指的就是天命。在《子罕》第十五章里说:"吾自卫反鲁,然后乐正,雅颂各得其所。"正是认识到了自己的命运,孔子才退而修《礼》《乐》,删《诗》《书》,肩负起传承文明的使命,彻底从仕途的追求中退出来。孔子在思想成熟后相信天命,但他说的天命不同于宿命论。在《周易·系辞》里他说:"穷理尽性以至于命。"命是可以认知的。天命是个人的素质条件与客观时势共同形成的对人的制约。这种制约是天地自然形成的,不由人决定。但人可以在认识天命之后,寻找自己最合适的位置,从而最大限度地去实现个人的人生价值。孔子认为自己在五十岁时完成了认识天命的过程。

"六十而耳顺。""耳顺"与"耳逆"相对而言。听得进去为耳顺,听不进去为耳逆。不过孔子这里说的是自己的成熟过程,耳顺指的是听了就明白,故郑玄注:"耳闻其言而识其微旨。"也就是说,能顺利地听懂高深的道理。比如对"道"的认识,在没有一定的人生阅历,自身没有多方面的体验时,听别人讲道,只能是似懂非懂,听了不懂当然就听不进去,就是耳不顺，一听就明白就能听进去，就是耳顺。孔子这里是一种谦虚说法，"耳顺"其实就是思想深奥了。是说，到了六十岁能够顺利听取并理解天道了。"七十而从心所欲，不逾矩。""从心所欲"的字面义是随心所欲，但孔子这里讲的是思想发展过程，"从心所欲"是思想成熟，左右逢源，指的是进入道的境界，如同我们现在说的进入了思想上的自由王国。"逾"是逾越，超出。"矩"是规矩，指的是客观对主观的制约。是说，到了七十岁，思想进入了自由王国，主观与客观取得了统一。

这一章孔子自述个人的成熟过程。

【译文】

孔子说："我十五岁开始立志学习，三十岁学成自立，四十岁不再迷惑，五十岁知道上天赋予我的命运，六十岁能顺利听取深奥的道理，七十岁思想进入自由王国，不再越出规矩。"

2.5　孟懿子问孝。子曰："无违。"樊迟御，子告之曰："孟孙问孝于我，我对曰'无违'。"樊迟曰："何谓也？"子曰："生，事之以礼；死，葬之以礼，祭之以礼。"

【解读】

正确理解这一章，先要了解一下孟懿子这个人。孟懿子是鲁桓公的后代，是鲁国的贵族，位列大夫。姓仲孙，名何忌。懿是死后才加的谥号。刘宝楠《论语正义》引《白虎通·姓名篇》说："诸侯之子称公子，公子之子称公孙。公孙之子，各以其王父字为氏，此孟孙本出公子庆父之后。"古代排行，以伯、仲、叔、季为序。按规定嫡长子称伯，庶长子只能称孟。庆父本来是庶出，但因为仲行无人，就称了仲，后代就按照庆父的称呼称做仲孙。有时又按孟去称呼。"孟懿子"是孟僖子仲孙貜的儿子。在孔子生活的鲁国，仲孙、叔孙、季孙三家控制着鲁国的实权，虽然都是大夫的职衔，但他们并不老老实实按大夫的规定要求自己，往往要讲究诸侯甚至是天子的排场。在《八佾》第二章里说："三家者以《雍》彻。子曰：'相维辟公，天子穆穆'，奚取于三家之堂？"对三家这种僭越的行为，孔子非常不满。孟懿子并不是孔子的学生，只是遇到丧事来向孔子问丧礼。其中提到了孝的问题。"孟懿子问孝"，就是说，孟懿子向孔子问什么才是孝道。孔子回答说："无违。"是说，不要违背礼仪的规定。这是因为不好直接指责仲孙家违背礼仪的僭越行为，只好拐个弯回答。樊迟是孔子的学生，姓樊名须，字子迟。"御"是驾车。古代教学生，"御"是六艺之一，"樊迟御"是孔子回答了孟懿子的问题后要出门，樊迟给孔子驾车。孔子告之曰："孟孙问孝于我，我对曰'无违'。"是说，孔子把刚才回答孟孙的话告诉了自己的学生樊迟。孔子因为没有直接把话说出来，言犹未尽，所以又向樊迟说了一遍。樊迟没有听出孔子为什么对孝要作出"无违"的解释，所以问"何谓也"？"何谓也"就是"谓何也"，是说，这说的是什么意思？孔子回答说："生，事之以礼；死，葬之以礼，祭之以礼。"是说，父母活着的时候，要按礼仪规定事奉他们；父母死了以后，也要按礼仪规定去安葬、祭祀他们。也就是说，不按礼仪规定，大肆铺张，超越礼仪，有辱先人，也不合孝道。孟懿子家里有权有势，办丧事搞得规格太高了，超过了自己的身份，所以孔子才敲打他两句。

这一章说明超过了礼仪的要求不是孝道。

【译文】

孟懿子向孔子问什么是孝道。孔子说："不要违背礼仪。"（孔子出门时）樊迟给孔子驾车。孔子告诉樊迟说："刚才孟孙问我什么是孝道，我告诉他不要违背礼仪。"樊迟说："这是什么意思？"孔子说："父母活着时，要按礼仪侍奉他们；父母死了之后，也要按礼仪去安葬、祭祀他们。"

2.6 孟武伯问孝。子曰："父母唯其疾之忧。"

【解读】

孟武伯，马融说："武伯，懿子之子。仲孙彘。武，谥也。"即上一章提到的孟懿子的儿子。姓仲孙，名彘，武是死后的封号。但马融又说："言孝子不妄为非，唯疾病然后使父母忧。"这是把"其"字看成是称代儿女。这恐怕有点说不通。先从文法上说，其用以称代，一般应当有先导语，然后才能让人知道称代的是谁，这里有先导语是"父母"，"其"应当指父母，不应当指儿女。从情理上说，父母更关心的是儿女有没有出息，仅关心有没有病，也于理不通。再说，父母老了才容易得病，儿女如果不是残疾人，得病的几率比父母要小得多。另外，孝是子女对父母的孝顺，说父母关心子女，与孝也没什么关系，回答的角度也对不上。"唯"一般是作只、仅仅讲，这里应当理解为主要是。孟武子出身贵族之家,衣食无忧,所以孔子才说"唯其疾之忧"。"疾"是疾病,这里主要是指健康问题。灵活理解这句话,应当是:孟武子向孔子问孝道,孔子回答他说,对你来说主要是要多多关心父母的身体健康状况。

这一章说明尽孝要关心父母的身体健康。

【译文】

孟武子向孔子问孝道,孔子说:"对自己的父母,主要是要担心他们的疾病。"

2.7　子游问孝。子曰:"今之孝者,是谓能养。至于犬马,皆能有养。不敬,何以别乎?"

【解读】

"子游"是孔子的弟子,姓言名偃,字子游,吴国人。在《先进》第三章里说他在文学方面很出色。"今之孝者"是说,现在人们所说的孝子。"是"是这。"谓"是叫做。"能养"相当于说能养活父母。"今之孝者,是谓能养"是说,现在人们说的孝子,这只能叫做能养活父母。"至于犬马"是说,甚至于说到养活一条狗,一匹马。"皆能有养"是说,都能算是能够养活。"不敬"是假设关系。"别"是区别。"不敬,何以别乎"是说,假如不能尊敬父母,那与养活狗、马有什么区别? 也就是说,仅能养活父母还算不上是孝,重要的是要尊敬父母。

这一章说明尽孝要尊敬老人。

【译文】

子游向孔子问孝道。孔子说:"现在人们说的孝道,以为只要能养活父母就叫做孝了。譬如养活一条狗、一匹马,也可以算是能养活。如果没有对父母的尊敬,那两者又有什么区别呢?"

2.8　子夏问孝。子曰:"色难。有事,弟子服其劳;有酒食,先生馔,曾是以为孝乎?"

【解读】

"子夏"即孔子的学生卜商。"色难"是个主谓结构。"色"是在父母面前的脸色,这也只是一种借代的修辞格,"色"其实包括所有的表现。"难"是难以做到。意思是说,能够在父母面前长期保持一个让父母感到顺心的脸色最不容易做到了。"先生"是年长的人。与"弟子"并列在一句里,指的是父兄。"馔(zhuàn)"是吃喝的意思。"曾"是竟然。"有事,弟子服其劳;有酒食,先生馔,曾是以为孝乎"要连读,意思是说,有了活,弟子抢着干,有酒食,让着父兄先吃,难道这就可以叫做孝吗?从以上的两章看,孔子把孝分出高低两个层次。养活父母,为父母代劳,有好吃的先让给父母,这属于低层次的孝顺;从内心里恭敬,让父母感到顺心,属高层次的孝顺。

这一章说明尽孝要让父母顺心。

【译文】

子夏向孔子问孝道。孔子说:"儿女在父母面前始终保持让父母感到顺心的脸色最不容易做到了。有了活,弟子为父兄代劳,有酒食让给父兄吃,难道这就可以认为是孝吗?"

2.9 子曰:"吾与回言终日,不违,如愚。退而省其私,亦足以发,回也不愚。"

【解读】

"回"是颜回,孔子最得意的学生。姓颜名回,字子渊。"不违"是没有提出不同意见。"吾与回言终日,不违,如愚"是说,我整天同颜回谈话,从来也没听他说过不同意见,好像是个愚钝的学生。"退"是颜回从老师那里出来。"省"是省察、观察。"私"是指颜回个人私下的言行。"退而省其私"是说,等他退下去,我观察他私下的言行。"发"是发挥、发明,在这里指的是很有独到见解,很有创见。"亦足以发"是说,对我讲授的内容很有独到见解。"回也不愚"是说,别看他没提什么不同意见,其实还是很聪明的。

这一章说明颜回大智若愚的为人。

【译文】

孔子说:"我和颜回谈论一整天,从来没听他说过不同意见,好像是个愚笨的学生。可是在我观察他私下的言行时,却发现对我的讲授内容很有独到见解,颜回并不愚笨呵!"

2.10 子曰:"视其所以,观其所由,察其所安,人焉廋哉?人焉廋哉?"

【解读】

"所以"是所用,指用在什么事上,也就是干什么的意思。"视其所以"是说,看看他在干什么。"所由"是所用的方法,就是用的是什么手段。"观其所由"是说,观看他用的是什么手段。"所安"是安于什么,也就是要干什么,就是说他要达到什么目的。"察其所安"是说,观察他要达到什么目的。"视、观、察"虽然都是看,但深浅程度不同。"视"是一般地看,"观"是带着问题去看,"察"古注说"细观为察",那就要去分析了。"廋(sōu)"是隐瞒、隐藏。"人焉廋哉"是说,那么这个人的为人怎么会隐藏得了呢?

这一章说明观察一个人的方法。

【译文】

孔子说:"看看他在干什么,端详他用什么手段,考察他要达到什么目的。那么,这个人的为人怎么会隐藏得了呢? 怎么会隐藏得了呢?"

2.11 子曰:"温故而知新,可以为师矣。"

【解读】

"故"是旧有的知识。"新"是新知识,在这里指的是能够把学到的知识在新的环境里去应用。而不是读死书,死读书。知识是旧的,而遇到的问题却是新的。

这一章说明温故而知新的学习方法。

【译文】

孔子说:"温习学过的知识,能够灵活应用到新遇到的问题上,就可以做老师了。"

2.12 子曰:"君子不器。"

【解读】

"器"是器物。孔子在《周易·系辞传》里说:"形而上者谓之道,形而下者谓之器。"有了固定的形体就叫做器。器一般只有一种用处,比如碗用来吃饭,杯子用来喝水,干别的就不好使了。君子要做通才,什么地方都可用,要掌握无往不通的道。"不器"是说,不要把自己培养成一个自限其用的器皿。"

这一章说明,君子要学成通才。

【译文】

孔子说:"君子不要做一个自限其用的器皿。"

2.13 子贡问君子。子曰:"先行其言,而后从之。"

【解读】

"子贡"即孔子的学生端木赐。"问君子"是问君子的做法与别人有什么不同。"行"是去做。"从"是随从。"之"指代的是"言"。"先行其言,而后从之"是说,先按你要说的话把它做出来,然后才说。也就是说,行为在先,说话在后。用今天的话说就是,不要做嘴说的巨人,行为的矮子。

这一章倡导先行后言。

【译文】

子贡向孔子问君子的行为与别人有什么不同。孔子回答说:"把自己的实际行动摆在言论的前面,然后再去说。"

2.14 子曰:"君子周而不比,小人比而不周。"

【解读】

"周"是周遍,指的是对所有的人都一视同仁。"比"是朋比为党,拉山头,搞宗派,经营自己的小圈子。这一章是说,君子团结所有的人,不搞宗派,小人与此相反是搞宗派,在群众中分亲疏,搞对立。

这一章倡导周而不比的君子之风。

【译文】

孔子说:"君子对大家一视同仁,不搞宗派。小人是搞宗派,在群众中制造对立。"

2.15 子曰:"学而不思则罔,思而不学则殆。"

【解读】

"学"是学习。"思"是思考。"罔",《尔雅·释言》:"无也。"这里指无所得,意思是等于白学。"殆"是疑殆,在这里是困惑不解,无所依据的意思。这一章是说,学习前人的知识,如果不加思考,就会罔然无所得。光是自己苦思冥想,如果不学习前人的知识就会困惑无助。

这一章说明"学"与"思"不可分离的关系。

【译文】

孔子说:"学习而不思考就会罔然无所得,苦思冥想而不学习则会困惑无助。"

2.16　子曰:"攻乎异端,斯害也已。"

【解读】

"攻"是攻击、批判。前人有把这个字讲成是"治"的,也就是学习的意思,这恐怕不合原文的意思。《论语》里多次用到攻,如《先进》第十七章"小子鸣鼓而攻之可也",《颜渊》第二十一章"攻其恶,无攻人之恶",都是攻击批判的意思。这里所以会出现把"攻"当成治的意思,可能是因为没有搞清"斯"复指的是什么。"异端"即异端邪说。"斯"相当于这,用以复指无非指的是它的前导词。前导词可能是"攻乎异端"的行为,更可能的是"异端"。前人很可能是把"斯"当成复指"攻乎异端"的行为,话讲不通了,才只好把"攻"当成治讲。其实这一章应该这样理解:批判异端邪说,异端邪说这种东西太有害了。"也"表判断,"已"同矣,相当于"了"。

这一章说明异端邪说的害处。

【译文】

孔子说:"要批判异端邪说,这种东西太有害了。"

2.17　子曰:"由,诲女知之乎? 知之为知之,不知为不知,是知也。"

【解读】

"由"是孔子的学生,姓仲名由,字子路。"诲"是教诲。"女"同汝,相当于你。"是"相当于这。这段话也有争议,有人认为最后一个"知"应该作"智"讲。这恐怕不妥。孔子是给仲由讲,什么才叫知道,最后忽然偷换了概念,把解释的内容换成了智慧,这怎么说得过去? 这一章应该理解为:孔子对仲由说:"仲由呵,教给你的东西听懂了吗? 明白就是明白,不明白就是不明白,这才算真的明白。"

这一章说明不懂装懂不是学习的正确态度。

【译文】

孔子说:"仲由,教给你的东西知道了吗？知道就是知道,不知道就是不知道,这才算真的知道了。"

2.18 子张学干禄。子曰:"多闻阙疑,慎言其余,则寡尤;多见阙殆,慎行其余,则寡悔。言寡尤,行寡悔,禄在其中矣。"

【解读】

"子张"是孔子的学生,姓颛孙,名师,字子张,是陈公子颛孙的后人。《左传·昭公二十五年》说"颛孙来奔",逃亡到鲁国。这种出身官宦又丧权失国的出身,迫使他去考察先人失去禄位的原因。"干"是求。"禄"是禄位。"学干禄"就是学习怎样取得、保住官位。"阙"同缺。"疑"是还没搞清楚的东西。"殆"与"疑"并举,互文见义,也是疑的意思。"其余"指的是已经学明白了东西。"尤"是过失。"悔"与"尤"并举,互文见义,义同尤。"多闻阙疑,慎言其余,则寡尤;多见阙殆,慎行其余,则寡悔"是说,要多多学习前人的佳言善行,有疑问的地方先空起来不要说,其余学明白了的东西也要说起来谨慎,这样就会少出错误;要多多见识时人成功的做法,不明白的地方先空起来不要做,其余学明白了的东西也要做起来谨慎,这样就会少出过失。"言寡尤,行寡悔,禄在其中矣"是说,说话少犯错误,办事少出过失,就可以保住禄位了。注意这里的"言"、"行"是互文。说言也包括行,说行也包括言。"闻"与"见"也是互文。说闻也包括见,说见也包括闻,只不过是分开了说。

这一章说明谨言慎行的重要。

【译文】

子张向孔子学习求取禄位。孔子说:"多听,有怀疑的地方,先空着不要说,其余没有怀疑的地方说起来也要谨慎,这样就会少出过失;多看,不明白的地方先空着不要做,其余明白了的地方做起来也要谨慎,这样就会少犯错误。说话少出过失,行动少犯错误,禄位就在其中了。"

2.19 哀公问曰:"何为则民服？"孔子对曰:"举直错诸枉,则民服;举枉错诸直,则民不服。"

【解读】

"哀公"即鲁哀公,是鲁定公之子,在位 27 年(公元前 494—前 466)。姓姬,名蒋,"哀"是死后的谥号。"何为"是怎样做。"民服"是百姓能服从。"何为则民服"是说,怎样做百姓才能服从领导?"对"是回答。"直"是正直。"错"通措,是放置。"诸"是个兼词,"之乎"的合音,相当于"之于"。"枉"是曲,这里指的是邪曲不正直的人。孔子对曰:"举直错诸枉,则民服;举枉错诸直,则民不服。"是说,孔子回答鲁哀公说:"把正直的人选拔出来,安排在不正直人上边的职位上,百姓就会服从领导;把不正直的人安排在正直人上边的职位上,百姓就不服从领导。"

这一章说明选拔正直的人做官才能服人。

【译文】

鲁哀公向孔子问道:"怎样做百姓才能服从?"孔子回答说:"把正直的人选拔出来安排在邪曲之人的上边,百姓就会服从;把邪曲的人提拔起来安排在正直人的上边,百姓就会不服从。"

2.20　季康子问:"使民敬、忠以劝,如之何?"子曰:"临之以庄,则敬;孝慈,则忠;举善而教不能,则劝。"

【解读】

"季康子"即后面提到的"三家"之一的季孙氏,姓季孙,名肥,"康"是谥号。鲁哀公时为正卿,把持朝政。孔子对他不遵守礼制的做法很不满。他向孔子问的问题是,怎么样才能使百姓做到尊敬上级,忠心耿耿,勤勉不息。"忠以劝"的"以"是连词,相当于而。"劝"是勤勉,即主动地去干。"如之何"是"如何",即对百姓怎样做。"临"是临民,即在人民之上进行统治。"庄"是庄重。"孝慈"前面省略"临之以"。"善"是善良。"教"是教化。"不能"是能力弱的人,犹如我们今天说的弱势群体。"临之以庄,则敬;孝慈,则忠;举善而教不能,则劝"是说,如果在上的统治者能够用庄重的态度对待人民,人民就会尊敬他们;如果统治者能做到孝顺慈爱,人民就会对他们忠诚;如果统治者能够选拔善良的人去教化那些能力弱的人,人民就会勤勉努力。显然,孔子在这里强调的是一种以上化下的表率作用。

这一章说明统治者进行教化的表率作用。

【译文】

季康子向孔子问道："要使百姓能够尊敬、忠诚和勤勉，该怎样去做?"孔子回答说："用庄重的态度对待他们，他们就会对你尊敬；用孝顺、仁慈的方法去做，他们就会忠诚；选拔善良的人去教化那些势力弱小的人，他们就会勤勉。"

2.21　或谓孔子曰："子奚不为政?"子曰："《书》云：'孝乎惟孝，友于兄弟，施于有政。'是亦为政，奚其为为政?"

【解读】

"或"是肯定性的无定指代词，相当于有的人。"奚"是疑问代词，相当于何。"或谓孔子曰：'子奚不为政'"是说，有人问孔子说，先生为什么不参加政治领导呢？也就是说，你为什么不去当官呢？《书》指的是《尚书》。"孝乎惟孝，友于兄弟，施于有政"是古文尚书《君陈》篇里的一句话，"施"的意思是施展延及，如同现在说的推广。意为，孝太重要了，只要按照孝道去做，又能兄弟友爱，把这种做法推而广之，就是为政了。"有政"的"有"是个词头，无义。在《尚书》里这样的例子很多，"有政"按政去理解就可以了。"是"当这讲。"奚其为为政"的前一个"为"表判断，意为叫做。后一个"为"是动词，"为政"意为从政，其实就是当官的意思。"是亦为政，奚其为为政"是说，这也是为政，为什么一定要当官才算为政呢？

这一章孔子认为一个人的政治影响同样是参与了政治，自己做的是政治教化的工作。

【译文】

有人问孔子说："先生为什么不去从政?"孔子说："《尚书》里说，孝呵，只要按孝道去做，对兄弟友爱，把这种做法推而广之，就是为政了。这也是从政呀，为什么一定要当官才算从政呢?"

2.22　子曰："人而无信，不知其可也。大车无輗，小车无軏，其何以行之哉!"

【解读】

《论语》对"信"的说法可分为两种，一种是较低层次的说话能兑现，即守信用。这种信,应当服从"义"的要求,在《学而》第十三章里说"信近于义,言可复也"指的就是这种信。孔子有时把这种信称做"谅",如《宪问》第十七章里说:"岂若匹夫匹妇之为谅也。"较高层次的"信"是人在道德品质上的诚信。这里指的就是诚信。读的时候要区别开。"人而无信,不知其可也"是说,人如果没有诚信,不知道他在什么事上能行。也就是说,办什么事都不行,没有人瞧得上眼。"大车"是古代牛拉的载重货车。"小车"是马拉的轻便载人车。"輗(ní)"、"軏(yuè)"都是车上的零件。包咸注:"輗者,辕端横木以缚轭","軏者,辕端上曲钩衡"。指的是车辕前端横木上连接车轭的零件,一般是可以随车轭转动的铆钉。没有輗、軏连接车轭,就套不住拉车的牲口,车就无法拉了。"大车无輗,小车无軏,其何以行之哉!"是比喻人如果没有诚信,就如同是大车上没有车輗,小车上没有车軏,那还怎么行走。

这一章说明诚信的重要。

【译文】

孔子说:"一个人没有诚信,不知道他办什么事能行得通,就像大车上没有輗,小车上没有軏,车还怎么行走呢?"

2.23　子张问:"十世可知也?"子曰:"殷因于夏礼,所损益,可知也。周因于殷礼,所损益,可知也。其或继周者,虽百世,可知也。"

【解读】

"子张"是孔子的学生颛孙师,参见本篇第十八章的解读。"世",古代以三十年为一世。郑玄注:"世谓易姓之世也。"就是说,改朝换代为一世。可知世可灵活理解为一个朝代,这是因为下文提到了夏商周三个朝代。其实"十世"无非是指以后久远的年代,当成十代就可以了,不必确指。"十世可知也"是说,十代以后的事情可以预知吗?"殷"是商朝。"因"是因袭、沿用。"礼"是礼仪制度,这里也是举"礼"以代其余。孔子讲的是历史沿革的问题,"礼"也不能仅理解为礼仪,可以理解为各种建制,甚至可以包括风俗习惯。"殷因于夏礼,所损益,可知也。周因于殷礼,所损益,可知也"是说,历史是有沿革的,商朝沿袭夏朝的历史,它的各种制度,有增有减,但总体情况可以知道。周朝又沿袭商朝的历史,它的各种制度有增有减,但总体情况也可以知道。这里孔子向子张介绍了两种方法:一种是历史有沿革规律,第二种是新的情况会增减。"或"是再有别的朝代。"其或继周者,虽百世,可知也"是说,再有别的朝代继续周的王朝,即使到一百代,你只要按历史有沿革,新的情况会有增减的方法去推论,不要说十代,一百代也可以推知。

这一章孔子向子张说明,只要按历史有沿革再加上新的情况会有增减的方法去认识,就可以预知未来。

【译文】

子张向孔子问道:"十代以后的事情可以推知吗?"孔子说:"商朝沿袭夏朝的礼仪制度,其中增减的情况可以知道。周朝沿袭商朝的礼仪制度,其中的增减可以知道。如果以后又有别的朝代继续周朝,不要说十代,一百代也可以预知。"

2.24 子曰:"非其鬼而祭之,谄也。见义不为,无勇也。"

【解读】

"鬼"就是鬼神的鬼。古人认为,人由阴阳二气化合而成,死后又返回阴阳二气之中,化为阴气为鬼,化为阳气为神。"其鬼"是说他的鬼,也包括神。"他的鬼"指的是属于他的鬼,也就是应该由自己去祭祀的鬼。"谄"是谄媚,即向鬼神讨好。"非其鬼而祭之,谄也"是说,不是自己应该祭祀的鬼神,而去祭祀它,这是一种向鬼神讨好的做法,不可取。谄媚是一种无能,故与勇对比而言。"义"是古人讲的"宜也",是人活在世上应当具备的正常品德,可简单理解为正义、大义。义也可以分为两种:一种是低层次的小义,如哥们义气,这种义应当服从礼的要求,即人际的正常秩序;高层次的义是正义、大义。孔子讲的是正义、大义。"见义不为,无勇也"是说,遇到大义要求你去做的事情而不去做,这就是怯懦无勇的胆小鬼。

这一章说明孔子倡导勇敢而否定谄媚。

【译文】

孔子说:"不是自己该祭祀的鬼神而去祭祀,这是谄媚。遇到大义面前应该去做的事情不去做,这是怯懦。"

八佾第三

3.1 孔子谓季氏："八佾舞于庭,是可忍也,孰不可忍也?"

【解读】

"季氏"即下文提到的三家之一的季孙氏,具体指的哪一个人,史传不一。有人说是上文提到的季康子,也有人认为是季桓子。"季氏"理解为季孙氏一家就可以了。"谓"是说,这里可以理解为评论。"孔子谓季氏"是说,孔子评论季孙氏时说。"八佾",马融注:"佾,列也,天子八佾,诸侯六,卿大夫四,士二。八人为列,八八六十四人。鲁以周公故受王者礼乐,有八佾之舞。季桓子僭于其家庙舞之,故孔子讥之。"意思是说,"佾(yì)"是行列。按礼仪的规定,天子可以享受八列的舞蹈,诸侯用六列,卿大夫用四列,士用二列。每列八个人,八佾是八八六十四个人的舞蹈。鲁国因为当初是分封给周公旦的,所以可以享受帝王的礼乐,有八佾排场的舞蹈。季桓子当时只不过是鲁国的正卿,也要按国王的排场在家庙里举办八佾的舞蹈,所以孔子讽刺他。按说,天子才能用八佾之舞,鲁国是周天子分封的诸侯国,按规定应该用六佾之舞,只不过是因为周公的功劳大,天子特许鲁国用八佾之舞,季桓子属于卿,只能用四佾之舞,但因为他在鲁国是个实权派人物,鲁国国王也拿他没办法,在自己的家里也用八佾之舞,行为上太出格了。出格的行为反映的是他具有政治野心。孔子觉得问题严重,性质变了,所以才认真地提出批评。"是"相当于这。"忍"是容忍。"孰"是表选择的疑问代词,意为哪一样。"八佾舞于庭,是可忍也,孰不可忍也"是说,在自己的庭院里举办六十四个人的舞蹈,这种行为可以容忍,还有哪一样不可以容忍?

这一章孔子批判季孙氏的政治野心。

【译文】

孔子评论季孙氏说:"在自己的庭院里举办八佾的舞蹈,这可以容忍,还有什么事不可以容忍?"

3.2 三家者以《雍》彻。子曰:"'相维辟公,天子穆穆',奚取于三家之堂?"

【解读】

"三家"指的是当时鲁国职为卿、大夫的仲孙、叔孙、季孙三家。因为他们控制着鲁国的实权,国王反而形同虚设。孔子对这种"名不正言不顺"的秩序相当不满。《雍》是《诗经·周颂》里的一篇诗歌,是周天子祭祀祖庙时演奏的用以歌颂先王功德的作品。祭祀的时候,天子、诸侯以及先王的直系后代都要来参加。"彻"是祭祀到最后。"三家者以《雍》彻"是说,仲孙、叔孙、季孙三家举行家祭,在祭祀的最后也要演奏《雍》作为仪式。"相维辟公,天子穆穆"是《雍》这首诗歌里的两句话。"相"是来助祭。"维"是虚词无义。"辟"是君,指诸侯。"相维辟公"是说,诸侯王公都来助祭。"穆穆"即庄严肃穆。"天子穆穆"是说,天子表现得庄严肃穆。"奚"是何。"奚取于三家之堂"是说,三家举办的家祭,参加祭奠的人,既没有天子,也没有诸侯王公,仅仅不过几个家臣,歌词里的要求,你取的是哪一点呢? 也就是说,三家的家祭根本不配演奏这样的歌词。

这一章孔子批判了三家名不正言不顺的僭越行为。

【译文】

仲孙、叔孙、季孙三家举办家祭,最后也要演奏《雍》的诗歌。孔子说:《雍》的歌词里有诸侯王公都来助祭,天子庄严肃穆,三家的庙堂里哪里有天子诸侯?"

3.3 子曰:"人而不仁,如礼何? 人而不仁,如乐何?"

【解读】

"仁"是孔子的核心思想,应该加深对仁的认识。在《论语》里,仁的基本意思是与人为善,达成公益。仁的起步就是爱人。故说"仁者爱人"、"为仁由己"等。君子的仁则要求较高,首先要肩负社会责任,公正泛爱,能为社会带来福祉,这就与圣的道德很接近了。"人而不仁,如礼何。""如礼何"是拿礼怎么办? 也就是说,作为一个人如果没有仁义,礼还有什么用处?"礼"是人际的正常秩序,人不能确立公正泛爱的道德,讲这些秩序就成了形式上的要求了,礼就没有了立足之地。"乐"用以协调人际性情的秩序,"乐"所代表的内容如同我们现在的文艺形式。古代的文艺形式没有我们现在的多样化,所以孔子把"乐"也看得很重。但是"乐"也要建立在"仁"的基础上。"人而不仁,如乐何"是说,人如果没有仁义,乐也就失去了它的正常作用,那还用"乐"去干什么?

这一章说明仁是礼乐的基础。

【译文】

孔子说:"人如果没有仁义,还怎么对待礼? 人如果没有仁义,还怎么对待乐?"

3.4 林放问礼之本。子曰:"大哉问! 礼,与其奢也,宁俭;丧,与其易也,宁戚。"

【解读】

"林放"是人名,鲁国人。孔子弟子传里没有林放,据下文"泰山不如林放乎",林放当不在弟子之列,应当是在鲁国有一定地位的人,也没有长期在孔子门下受业,只是偶然来孔子门下问礼,要不然孔子也不会把他与泰山相比。"本"是本质。"林放问礼之本"是说,林放向孔子问礼的本质问题是什么。"大哉问"的"大"是重大。"哉"是感叹词。"问"是主语后置。意为,你问的这个问题太重大了。"与其"与"宁"是表选择关系的连词,意为"与其……宁可……"。"奢"是奢侈盛大。"礼,与其奢也,宁俭"是说,各种礼仪,与其盛大排场,不如俭省一些。礼的本质并不在形式,把人际秩序摆正了才是本质问题。"易"是简易。前人有把这个词讲成和易的,也有讲成松弛的,也有讲成周到全面的,这都是因为仅看到了"奢"与"俭"的对比,"易"与"戚"的对比,没有把握住上下文的逻辑关系,从文章的内在联系上看,前面讲的是"奢"不是礼的本质,这里讲的是俭也不是礼的本质,是针对当时社会上奢侈与简易两种不同主张说的。墨家的"节用"、"节葬"虽然后出,但它的思想渊源是可以追溯到大禹时期的,孔子的时代主张简易的大有人在。"戚"是悲戚。

"丧,与其易也,宁戚"是说,操办丧事,与其简易,不如悲伤一些。简易与奢侈都不是礼的本质,而只是形式上的不同。林放问的是礼的本质,孔子觉得问题大,不好正面回答,从反面回答说形式不是本质。"简易"也是形式问题,举办一个开国大典能允许你比一个商店开业更简易吗?实质是要合乎人际的正常秩序,该盛大就盛大,该简易就简易。形式要服从实质。

这一章孔子认为礼的本质并不是讲形式。

【译文】

林放问孔子礼的本质是什么? 孔子说:"这个问题重大啊! 礼仪,与其盛大排场,宁可节俭一些;操办丧事,与其简易,宁可悲戚一些。"

3.5 子曰:"夷狄之有君,不如诸夏之亡也。"

【解读】

"夷狄",古代称华夏民族之外的部族。一般说的是北狄南蛮,东夷西羌,这里是指文明不发达的部族。"诸夏"指文明发达的中原地区。"亡"同无。这一章的意思是说,文明落后的部族,即使有国王,也不如中原诸夏没有国王。这主要是因为文明教化差得太远,中原地区尊卑长幼比较有秩序,而落后地区没有秩序,乱伦现象严重,有国君也无济于事。

这一章说明中原地区文明教化的进步。

【译文】

孔子说:"文明落后的夷狄,即使有国君也不如中原诸夏没有国君。"

3.6 季氏旅于泰山。子谓冉有曰:"女弗能救与?"对曰:"不能。"子曰:"呜呼! 曾谓泰山不如林放乎?"

【解读】

季氏即鲁国三家中的季孙氏,具体是季孙氏的哪一代说法不同,《汉书·刘向传》认为是季孙意如即季平子,马融注以为是季桓子。按《论语》去推论,应当是与孔子同时的人,前文既然说到季康子向孔子问政,应当是季康子季孙肥。"旅",马融注:"旅,祭名也。《礼》,诸侯祭山川在其封内者,今陪臣祭泰山,非礼也。"意思是说,"旅"是祭祀山川的祭名。按当时礼制的规定,天子有事才祭祀山川,举行旅祭。诸侯有事也可以祭祀山川,但一定要局限在自己封地之内的山川。泰山在齐鲁之间,鲁国可以去祭,但季氏只是个鲁国的臣子,对天子来说是个臣子的臣子,也要去祭泰山,这不合礼制的规定。也就是说,季氏把自己看得与天子、诸侯相同了,这是政治野心的又一次大暴露。"季氏旅于泰山"是说,季氏到泰山去进行旅祭。

"冉有"是孔子的学生,姓冉,名求,字子有,当时在季氏门下做家臣。"女"同汝。"弗"是不。"救"是挽救,这里是制止的意思。"与"同欤。子谓冉有曰:"女弗能救与?"是说,孔子对冉有说:"你在他门下做家臣不能制止他这样做吗?"对曰:"不能。"这是说,冉有回答说:"不能。"也就是说,制止不了。"曾"是竟然。"林放"即前文问孔子"礼之本"的林放。子曰:"呜呼!曾谓泰山不如林放乎?"意思是说,孔子看到这件事无可挽救了,深表遗憾。所以说:"哎呀!难道说泰山神竟然能不如一个林放吗?"林放还懂得问礼,泰山神会糊涂到去接受一个非礼的祭祀吗?祭山,当然是去祭山神,既然是神灵,当然就不会糊涂,所以也不可能接受季氏的祭祀。孔子的话虽然简单,但它给我们提供了较多的信息。一是孔子那个时代认为不该祭祀而去祭祀是淫祀,淫祀无福。二是孔子既然在糊涂这一点上与林放相比,可知林放可能是个局外人,知礼不多。三是孔子既然对自己的学生用林放相比,林放应当是大家都知道的一个人。当然,以上只是提供一种读书分析方法,至于林放究竟是个什么人,那还要历史材料来证明。但有一点可以肯定,他既然向孔子问礼,就起码是孔子的私淑弟子。

这一章批判季氏的非礼行为。

【译文】

季氏去祭祀泰山。孔子对冉有说:"你不能阻止他吗?"冉有回答说:"不能。"孔子说:"哎呀!难道泰山神竟然还比不上一个林放吗?"

3.7　子曰:"君子无所争,必也射乎!揖让而升,下而饮。其争也君子。"

【解读】

"争"是与"让"相对的一个概念,不能理解成竞争的争。"君子无所争"是说,君子崇尚礼让,没有什么要争夺的事。"必"是一定要。"射"是古代的射礼。《仪礼》里有《乡射礼》《大射仪》。简单地说就是比赛射箭。"必也射乎"是说,如果一定要说有所争的话,那就是射箭比赛吧。"升"是走上堂去,进入射箭场地。"揖让而升"是说,比赛时相互揖让走上堂去。"下"是比赛过后走下堂来。"饮"是饮酒。一般是中靶少的人要罚酒。"下而饮"是说,比赛过后走下堂来,输了的人罚酒。"其争也君子"是说,这种争也是君子作风的争。也就是说,争也要体现礼让。

这一章说明君子崇尚礼让。

【译文】

孔子说:"君子没有什么要争夺的事,一定要说争的话,那就是射箭比赛吧。相互揖让地走上堂去,然后走下堂来饮酒,这种争也是君子作风的争。"

3.8 子夏问曰:"'巧笑倩兮,美目盼兮,素以为绚兮。'何谓也?"子曰:"绘事后素。"曰:"礼后乎?"子曰:"起予者商也!始可与言《诗》已矣。"

【解读】

"子夏"是孔子的学生卜商。"巧笑倩兮,美目盼兮,素以为绚兮"是《诗经·卫风·硕人》里的句子。现在的《诗经》里没有最后一句,可能是遗漏了。"倩(qiàn)"是笑得靓丽的样子。"盼"是眼睛黑白分明的样子。"素"是白色绢。"绚(xuàn)"是绚烂有文采的样子,描写美人的可爱。意思是说,那种美巧的笑好靓丽呵,那双可爱的眼睛好清亮呵,白色衣服上的彩绣好绚烂呵。子夏觉得这几句话含有字面以外的意思,所以问孔子说"何谓也","何谓也"是问是什么意思。"绘"是绘画。"绘事后素"是说,先要有白色的底子,然后才能在上面绘画。也就是说,笑得好看,眼神迷人,首先要在长得像样的基础上才可能,彩绘绚烂也必须是在洁白的底色上才可能。孔子认为这才是深层含义。"礼"是人际关系的正常秩序,用以维护这种正常秩序的各种讲究就是礼仪。子夏说的"礼后乎"的"礼"指的是后者。就是说,人际的正常秩序是"素",礼仪规定是"绘"。依此类推,礼仪作为一种维持人际正常关系的规定,那么应当是先懂得正常秩序,然后才能去遵从礼仪吗? 礼是社会的文明,"绘"才能比喻礼。旧注说"素"比喻礼,不合逻辑。"起"相当于"发",就是前文孔子评论颜回的"退而省其私,亦足以发"里的"发"。"予"是我。"起予者商也"是说,能够有独创性发明我的意思的人是卜商呵。"始可与言《诗》也"是说,具有了这样的理解,才可以开始与你讨论《诗经》的内涵了。孔子认为仅从字面义上去读《诗经》,只不过是个门外汉,没法跟他谈《诗经》。

这一章说明"礼"的内涵。

【译文】

子夏问孔子说:"《诗经》里说'巧笑倩兮,美目盼兮,素以为绚兮'是什么意思?"孔子回答说:"彩绘总要在洁白的底子上才能进行。"子夏说:"如此说来,礼仪应当在人际正常秩序之后才对吧?"孔子说:"能发明我的意思的人是卜商呵,这样才可以和你讨论《诗经》了。"

3.9　子曰:"夏礼,吾能言之,杞不足征也;殷礼,吾能言之,宋不足征也。文献不足故也。足,则吾能征之矣。"

【解读】

"杞",国名,夏王朝后裔的封地,在今河南杞县,分封夏王朝的后裔,是为了保留对圣王大禹的祭祀后继有人,杞国应该保留夏王朝的礼仪制度。但因为时代久远,杞国对夏王朝的礼仪制度保留得不完整了。"征"是证实。"夏礼,吾能言之,杞不足征也"是说,夏朝的礼仪制度,我能大略说出来,但杞国保留下来的东西已经不足以说明了。

"宋",国名,商王朝后裔的封地,在今河南商丘一带。分封商王朝的后裔,是为了保留对圣王商汤的祭祀后继有人,宋国应该保留商王朝的礼仪制度。但到了春秋时期,宋国对商王朝的礼仪制度也保留得不完整了。"殷礼,吾能言之,宋不足征也"是说,商王朝的礼仪制度,我能大略说出来,但宋国保留下来的东西已经不足以证实了。"文献",杨伯峻先生注:"《论语》的'文献'和今天所用的'文献'一词的概念有不同之处。《论语》的'文献'包括历代的历史文件和当时的贤者两项。(朱注云:'文,典籍也;献,贤也。')今日'文献'一词只指历史文件而言。"这样讲是对的。"文"是保留的史料典册,"献"是保留在故老先贤记忆里的传闻。"文献不足故也。足,则吾能征之矣"是说,这是因为杞、宋两国的典籍和知道传闻的人不多了,如果有足够的材料,我就能够完整地证明了。

这一章说明文献对历史考证的重要性。

【译文】

孔子说:"夏朝的礼仪制度我能大略说出来,杞国的材料已不足以证明了;商朝的礼仪制度我能大略地说出来,宋国的材料已不足以证明了。这是因为文献不足的缘故,如果文献充足的话,我就能完整地证明了。"

3.10 子曰:"禘自既灌而往者,吾不欲观之矣。"

【解读】

"禘(dì)"是祭名。说法虽有不同,但大致说来,是一种大型的合祭。天子要把自己的祖先与天帝配在一起祭祀。鲁国因为始封的周公旦功劳大,也可以举行禘祭。据《周易·观卦·彖辞》说,祭祀的意义在于"有孚颙若,下观而化也。观天之神道,而四时不忒。圣人以神道设教而天下服矣"。就是说,主祭的人表现出庄严虔诚,下民观而受到感化。仰观天帝的神秘大道,四季运行没有偏差。圣人用天帝的大道设立教化,天下人自然会信服。主要是看天子如何通过禘祭奉行天帝之道教化民众。禘祭的仪式是先迎尸主入庙,然后主祭人奉上香酒给尸主闻一下,把酒倒在茅草上,表示被天帝享用了。这一步叫"灌"。这些活动都由主祭的天子去做。下余的是"三献而荐腥,五献而荐熟",这就可以由他人代劳了。鲁国的禘祭没有天子,但主祭人要由鲁君充当,鲁君的活动具有教化的意义,其他人的活动与禘祭的教化意义无关,都是些形式化的讲究,甚至还会为名分问题明争暗斗,起的是反作用。所以孔子才说,禘祭进行到灌的仪式之后,我不想看了。"既"是已经。"往"是往后。

这一章说明禘祭大礼应该与礼的实质相合。

【译文】

孔子说:"禘祭的仪式进行到灌酒之后,我不想看了。"

3.11　或问禘之说。子曰："不知也。知其说者之于天下也,其如示诸斯乎!"指其掌。

【解读】

"或"是有的人。"禘"即上章的禘祭之礼。"说"是说法,指的是有什么讲究。"或问禘之说"是说,有人问孔子禘祭有什么含义。"不知也"字面义是我不知道。但这里是孔子不愿正面回答这个问题。因为鲁国在举行禘祭,孔子是鲁国人,知道鲁国的禘祭变了味,自己又不能说鲁君的坏话,只好推托说不知道,其实他心里很清楚。上章引的《象辞》就是孔子写的,而且孔子在上一章里对鲁国的禘祭有明确表态,下文又说知道禘祭意义的作用。这些都可以证明孔子知道禘祭的讲究。"示"是显示。"诸"是之于。"斯"是这。"指其掌"是孔子的手势。"'知其说者之于天下也,其如示诸斯乎!'指其掌。"是孔子指着自己的手掌说:"知道禘祭说法的人,对于治理天下来说,就如同显示在这里一样吧!"也就是说,知道禘祭说法的人治理天下就会了如指掌。禘祭的意义就是"观天之神道而四时不忒,圣人以神道设教而天下服矣"。用天道治国当然可以了如指掌。

这一章说明禘祭之礼神道设教的意义。

【译文】

有人问禘祭的说法。孔子说:"不知道。知道禘祭说法的人,对天下来说,就如同是显示在这里一样吧!"孔子指着自己的手掌这样说。

3.12　祭如在,祭神如神在。子曰："吾不与祭,如不祭。"

【解读】

"祭如在,祭神如神在"是对孔子行为的描写。意思是说,孔子在祭祀自己的祖先时,就好像祖先就在自己的面前;祭祀神的时候,就好像神就在自己的面前。祭祀是一种礼仪,礼仪不能仅是一种形式上的表示,要体现礼的实质,所以要当真地去做。"与祭"是参加祭礼。"吾不与祭,如不祭"是说,我如果没有亲自参加祭祀,别人祭祀了也等于没有祭祀。祭祀要虔诚,不能让人代祭。这同样是说,祭祀的礼仪,如果脱离了它的实质,什么意义也没有。

从以上几章中可以看出,祭祀的目的是用神道设教,建立人际的正常秩序。

这一章说明祭祀的礼仪不能变成形式化的仪式,也就是说,不是为了遮活人眼。

【译文】

孔子祭祀祖先的时候,好像祖先就在自己面前;祭祀神灵的时候,好像神灵就在自己面前。孔子说:"我如果没有亲自参加祭祀,别人祭祀了也和没有祭祀一样。"

　　3.13 王孙贾问曰:"与其媚于奥,宁媚于灶,何谓也?"子曰:"不然。获罪于天,无所祷矣。"

【解读】

"王孙贾"是人名,卫国的大臣,孔子周游到卫国时,他向孔子请教祭礼的问题。"奥"是屋子的西南角,一座房子,古人的习惯是在东南留门西南留窗。东北角直冲门,西南角是屋子的最深蔽处。所以认为一个家庭的家神在奥的位置,这里说的奥指的就是家神。"灶"是灶神,即民间说的灶王爷。"媚"是殷勤地祭祀,讨好神仙。王孙贾问道:"与其媚于奥,宁媚于灶,何谓也?"是说,人们说的与其殷勤地去祭祀家神,还不如殷勤地去祭祀灶神,这是什么意思?"与其媚于奥,宁媚于灶"是民间的俗语。这种说法是建立在实用主义基础上的。古人认为灶王爷每年都要上天去汇报一家人的善恶,家神又不去汇报。祭灶神可以起到让他"上天言好事,回宫降吉祥"的作用。所以不如格外地对灶神尊敬一些。显然这与孔子主张的用神道设教的礼制格格不入。祭祀是礼制的一部分,通过祭祀可以建立活人与死人甚至是人与神之间真诚的正常秩序,教化人们在人与人之间相互建立虔诚待人的道德品质。这种实用主义的说法对礼制的实质意义具有极大的破坏作用,所以孔子作了严肃的批判。

"获罪"就是"得罪"。"祷"是祈祷求福。孔子说:"不然,获罪于天,无所祷矣。"是说,这话不对,得罪了上天,到哪里祷告求福都没用。也就是说,人办了坏事,上天不会容忍的,灶王爷替你美言几句,上天也不会降福。

这一章前人比附了很多。但从总体上看,孔子依然还是在说明礼制的意义。《八佾》这一篇重点说明的是孔子的礼制思想。这是主线。

这一章说明不能用实用主义的观点去对待祭礼。

【译文】

王孙贾向孔子问道："俗话说,与其讨好家神还不如去讨好灶神,这是什么意思?"孔子回答说："这话不对,如果得罪了上天,到哪里祷告都没用。"

3.14　子曰:"周监于二代,郁郁乎文哉! 吾从周。"

【解读】

"监"同鉴,是借鉴继承的意思。"二代"指周朝前的夏、商两代。"郁郁"是文采盛大的样子。"从"是遵循。这一章是说,孔子说:"周朝的礼制借鉴继承了夏商两代的礼制传统,完备丰富有文采,渗透到了社会的方方面面,我遵循周朝的礼制。"孔子认为礼制的完善经历了几代人的努力,成为组织社会的有效制度,这是一份宝贵的精神财富,不能放弃。同时也可以看出,礼制是随着社会的发展而发展的。

这一章说明周朝礼制的完备。

【译文】

孔子说:"周朝的礼制,借鉴继承了两代的优秀传统,丰富完备有文采,我遵从周朝的礼制。"

3.15　子入太庙,每事问。或曰:"孰谓鄹人之子知礼乎? 入太庙,每事问。"子闻之曰:"是礼也。"

【解读】

"太庙"是君王为开国之祖立的庙,鲁国的太庙是祭祀周公旦的宗庙。因为是始祖,祭祀的仪式、礼器,左昭右穆的讲究等等就比较复杂一些,了解祭礼也最有代表性。"子入太庙,每事问"是说,孔子进入太庙,遇到每件事都要向主管太庙的专职人员问个详细。"或"是有的人。"孰"是谁。"鄹"是地名。孔子出生在鲁国昌平的鄹邑,他的父亲叫叔梁纥,在鄹做过大夫。"鄹人"就指的是叔梁纥。"鄹人之子"就是孔子。"或曰:'孰谓鄹人之子知礼乎? 入太庙,每事问'"是说,有的人就说:"谁说孔子知道礼,进到太庙,啥事都得问。""子闻之曰:'是礼也。'"

"是"当这讲。意思是,孔子听到了这种议论说:"这正是礼呵!""这"指的是"每事问"。"每事问"为什么是礼? 因为礼的作用就是宣明教化。"每事问"就是要宣明教化。仅举行仪式还起不到礼的作用。可见,人们的议论是形式上的礼,孔子回答的是实质上的礼。

这一章孔子认为,宣明教化才合礼。

【译文】

孔子进入太庙,每件事都问。有人说:"谁说叔梁纥的儿子懂得礼,进入太庙,啥事都得问。"孔子听到后说:"这正是礼呵!"

3.16 子曰:"射不主皮,为力不同科,古之道也。"

【解读】

"射"指的是古代的射礼。"皮"是皮侯,用兽皮做成的靶子。据《礼》的记载,古代天子用熊皮、虎皮、豹皮做射箭的靶子,画出中心点称做"鹄"。天子、卿、大夫、士都要举行射礼,射礼要培养的是命中率,遇到问题能获得胜算,不是要培养武士。所以要求命中而不要求把皮侯射透。"射不主皮"是说,举行射礼不要求把皮侯射透。"科"是类别。"为力不同科"是说,因为人力气大小不同。"古之道也"是说,这是古代传下来的射礼的规矩。也就是说,古人创立射礼的本意不是要比赛力气。

这一章说明射礼的意义在于命中。

【译文】

孔子说:"射礼不要求把皮侯射透,因为人力气的大小不同。这是自古以来的规矩。"

3.17 子贡欲去告朔之饩羊。子曰:"赐也,尔爱其羊,我爱其礼。"

【解读】

"子贡"是孔子的学生端木赐。"朔"是每月的初一,这里指的是每年的开始。"告朔"是古代所谓"敬授民时"的礼仪。一开始是天子把太史计算出的历法在一年之始颁布给各诸侯国。颁布之时先举行"告朔"的礼仪。到春秋时期,天子形同虚设,也不举办告朔的礼仪了。但历法是农民按时稼穑的依据。各诸侯国自己也得颁布历法,鲁国也不例外,举办"告朔"的礼仪,是为了表示敬天顺时,所以要祭天,祭天用的羊叫"饩羊",是供天神享用的牺牲,活的时候叫饩,杀了之后成为祭品叫牲。子贡觉得天子都不颁布历法了,鲁国也用不着在告朔的礼仪上用饩羊做祭品了。"爱"是吝惜。这一章的意思是说,子贡想撤去告朔之礼上的饩羊,孔子觉得这违背告朔之礼敬天顺时的初衷,所以说:"端木赐呀,你舍不得一只羊,我却舍不得敬天顺时的礼仪。"也就是说,还得用饩羊做供品。

这一章说明告朔之礼的实质是敬天顺时。

【译文】

子贡想要撤掉告朔之礼上的饩羊。孔子说:"端木赐呀,你吝惜一只羊,我却吝惜的是告朔的礼仪。"

3.18　子曰:"事君尽礼,人以为谄也。"

【解读】

"事君"是事奉君王。"尽礼"是礼数周全。"谄"是谄媚讨好。这一章是说,臣子就应当按君臣之礼去事奉自己的君王,孔子就是这么做的,尽管孔子生活的鲁昭公、鲁定公、鲁哀公时期,鲁君已经大权旁落,孔子依然尊君如尊父。别人不理解孔子是在维护君臣之礼,认为他是在向君王谄媚讨好。

这一章说明君臣之礼不可废。

【译文】

孔子说:"侍奉君王要周尽君臣之礼,人们却以为是在向君王谄媚讨好。"

3.19　定公问:"君使臣,臣事君,如之何?"孔子对曰:"君使臣以礼,臣事君以忠。"

【解读】

"定公"是鲁定公,姓姬,名宋,"定"是死后的谥号,鲁昭公之弟,哀公之父,继昭公而立,在位十五年(公元前509—前495)。"君使臣"是国君使用臣下。"臣事君"是臣子服事国君。"如之何"是应该怎样做,也就是说,有没有一个应该遵循的原则。"君使臣以礼"是说,君王使用臣子要讲究礼。"臣事君以忠"是说,臣下服事君王要讲究忠。可见当了君王也要遵循礼,礼是人际的正常秩序。礼贤下士才能获得臣下的忠诚,才能调动臣下的积极性。这一章因为是回答鲁君的问题,主要突出的还是礼。

这一章说明君臣之间的正常关系。

【译文】

鲁定公问孔子说:"国君使用臣下,臣下事奉国君,应该怎样做?"孔子回答说:"国君要礼贤下士地使用臣子,臣子要忠心耿耿地服事君王。"

3.20 子曰:"《关雎》,乐而不淫,哀而不伤。"

【解读】

《关雎》是《诗经·国风·周南》的一篇,也是《诗经》的第一篇,描写男女热恋期的焦渴的爱情。人在热恋期命都顾不上了,很难控制自己的感情,但《关雎》里写的君子与淑女,对自己的感情控制得很适度。"淫"是过分的意思。"哀"可理解为焦虑。这一章是说,《关雎》这首诗描写的热恋,欢乐但不过度,焦虑但不悲伤。注意,《论语》把孔子的这句话放在《八佾》篇里,是要说明青春男女之间的礼,不是要说明《关雎》的主题,仍然强调的是一种人际秩序。

这一章说明青春男女之间热恋时应遵循的礼。

【译文】

孔子说:"《关雎》这首诗,欢乐而不过度,焦虑而不悲伤。"

3.21 哀公问社于宰我。宰我对曰:"夏后氏以松,殷人以柏,周人以栗,曰使民战栗。"子闻之曰:"成事不说,遂事不谏,既往不咎。"

【解读】

"哀公"即鲁哀公。"社"是土地神,这个"社"有不同版本。据郑玄所依据的古本作:"哀公问主于宰我。""社"就是"社主"了。"社主"指的是土地神的标志,按现在见到的文化遗存,就是在社神的祭坛上栽一个木头桩子,后来发展成石头桩子或用木头做成一个牌子,上面写上"土地神之位"或"后土之位"、"社神之位"一类的话作标志,用以祭祀。"宰我"是孔子的学生,姓宰,名予,字子我。他在孔子的眼里是个差等生,又懒又不好好学习。孔子对他有过严厉的批评。在这一章里他回答哀公的问题又闹出大笑话。我们先说第一句,"哀公问社于宰我"是说,鲁哀公问宰我给土地神作标志用什么木头?"夏后氏"指夏朝。"栗"是栗树。"宰我对曰:'夏后氏以松,殷人以柏,周人以栗,曰使民战栗'"是说,宰我回答鲁哀公说:"夏朝时候用松木,商朝时候用柏木,周朝用的是栗木,意思是要让百姓战战兢兢地害怕。"孔安国注:"凡建邦立社,各以其土所宜之木,宰我不本其意,妄为之说,因周用栗,便云'使民战栗'。"意思是说,凡建国后立社,都是按本土所适合种的树木栽种在土地坛上,宰我不按本来的意思,胡编乱造了个说法,因为周朝时用栗树,就说是让百姓感到战栗。孔安国把"社"讲成是社树,这一点不同。但他说"各以其土所宜之木"还是对的。土地坛上栽树,当然应当栽种能活的树,水土不宜,硬性规定种什么树显然不行。至于说社主的桩子,无非是要选用好的木料,你那个地方什么木质好,就用什么木,原则是因地制宜,宰我知道夏朝时习惯上用松木,商朝时习惯上用柏木,周朝时用栗木,这并没有错。但他不该胡编乱造出一个周朝用栗木是要让百姓感到战栗的理由来,在社会上传成了笑话。这让孔子和他的学生丢了大脸。

"子闻之"是有人把这件事告到孔子那里,想让孔子狠狠地收拾宰我一下。但孔子并没有收拾宰我。因为这件事既然当成笑话传出去了,大家都知道宰我说错了,宰我也受到了嘲笑,知道自己给大家丢了脸而深深自责,那就没有必要再批评了。孔子反而劝自己的学生们说:"成事不说,遂事不谏,既往不咎。""成事"是已经成为事实的事。"不说"是因为无法挽回。"遂事"是完成了的事,有了后果的事。"不谏"是不批评了。"既往"是已经过去的事。"不咎"是不用去指责了。当然前提是已经知错改错了。知错改错就不要抓辫子、打棍子,搞秋后算账,给犯错的人要留条出路。

这一章说明对犯错误的人应遵循的礼。

【译文】

鲁哀公向宰我问土地神的标志用什么木料去做。宰我回答说："夏朝时候用松木,商朝时候用柏木,周朝时用栗木,意思是要让百姓感到战栗。"孔子听到后说:"(宰我够难受的了,对他宽容些吧!)成为事实的事不要说了,后果已造成的事不批评了,已经过去的事就不要指责了。"

3.22 子曰:"管仲之器小哉!"或曰:"管仲俭乎?"曰:"管氏有三归,官事不摄,焉得俭?""然则管仲知礼乎?"曰:"邦君树塞门,管氏亦树塞门。邦君为两君之好,有反坫,管氏亦有反坫。管氏而知礼,孰不知礼?"

【解读】

这一章比较难理解,想真正弄懂《论语》这一章的含义,先要重点说一说管仲这个人。管仲是春秋时齐国人,名夷吾,字仲,辅助齐桓公成就霸业,"九合诸侯,一匡天下",在历史上是个成功人士,贡献很大。孔子对他的评价也很高。在《宪问》第十七章里说:"微管仲,吾其披发左衽矣。"充分肯定了他的历史贡献。《宪问》第十七、十八章里,甚至赞扬他达到了"仁"的境界。孔子几乎对所有的人都不轻易地承认达到了仁,却把管仲抬得这样高,可见孔子是非常肯定这个历史人物的。甚至可以说,管仲在孔子的心目中是一个伟人。但在这一章里,孔子却批评了管仲。为什么?因为《八佾》这一篇收的是孔子对礼的说明。礼是人际的正常秩序。上一章讲的是对犯错误的人应当遵循的原则。这一章讲的是对成功人士应当遵循的原则。伟人身上不都是光环,同样也会犯错误。按礼的要求,伟人有缺点也要批评。看待一个人不能一说好就好得没了边,一说坏就坏得一无是处,而是要一分为二地去分析,这样才能建立人际的正常秩序,才合乎礼的要求。这是本章的主要线索,抓住这条线索,我们就可以正确理解这一章了。

"器"是器量。"管仲之器小哉"是说,管仲这个人器量小呵!为什么说管仲器量小?最为明显的一点是《左传·僖公四年》记载的去攻打蔡国,仅仅是因为齐桓公从蔡国娶了个妃子叫蔡姬,蔡姬与齐桓公划船玩的时候老是晃那条船,把齐桓公惹恼了,一气之下把蔡姬休了回去。蔡国惹不起齐国,但蔡姬也是个公主呵,总不能守寡吧,于是就把她嫁给了别人，就这么一点事惹恼了齐国，管仲就带着诸侯之师把蔡国灭了。当然主要是齐桓公器量小，但管仲在这件事上也够器量小的。除此之外，还有，因为一点小恩怨，眼见陈国受侵略，就是不出兵去救援等等，所以孔子说他器量不够大。"或曰：'管仲俭乎'"是说，有人问孔子说："管仲生活上俭朴吗？""三归"这个词争议比较多，还是从源头说吧。《战国策·东周》里说："齐桓公宫中七市，女闾七百，国人非之。管仲故为三归之家，以掩桓公，非自伤于民也？"意思是说，齐桓公把自己的王宫建得很大，市场就有七处。有七百多嫔妃宫女，住的地方都成一条街了。国内的人指责他。管仲就故意给自己娶了三个夫人安排成三处宅院，来替齐桓公分谤，以掩盖齐桓公的错误，这不是主动把批评吸引到自己身上吗？先不说管仲是不是为齐桓公分谤。"闾"就是闾巷，如同我们说的街道。"女闾七百"是说，养了七百多个嫔妃、宫女，每人都有自己的房间，连起来都成一条街了。这还不挨骂？既然管仲想为齐桓公分谤，当然也就是多娶女人了。"三归"只能讲成是娶了三个夫人。古以女子出嫁为归。用今天的话说就是，管仲故意地不仅包养二奶，还包养三奶。这样把国人的骂声吸引到自己身上。把"三归"讲成其他意思，与"女闾七百"、"三归之家"的原文有什么关系？这个词讲法太杂乱了。俞正燮的《癸巳类稿》引了很多材料，但大多是临时组合成的"三归"，解释"三归之家"的"三归"有些勉强。包咸说："三归，娶三姓女，妇人谓嫁曰归。"这种讲法才与"三归"的出处相合。"摄"是兼管。"官事不摄"是说，手下管事的人不兼职。用今天的话说就是不精减机构，有点事就单设一个机构，用了很多冗官。

"曰"前省略子。曰："管氏有三归，官事不摄，焉得俭？"意为，孔子回答说："管仲有三处家室，手下的人不兼职，用了很多冗官，这哪里算得上俭朴？"

"然则管仲知礼乎？"前面省略"或曰"，意思是，有人又问："这样说来管仲知礼吗？"补全了是说，你对管仲评价那么高，又说他不俭朴，那么管仲该是知礼了吗？"树"是影壁。《尔雅·释宫》："屏谓之树。"屏指的就是当门的影壁墙。"反坫(diàn)"，郑玄注："反坫在两楹之间，若与邻国为好会，其献酢之礼更酌。酌毕则各反爵于坫上。"意思是说，反坫是一种陈设，在庭堂的两个柱子之间，如果与邻国首脑会面，主人与客人之间相互敬酒,喝了之后把酒杯放在台子上。可见,就是我们今天类同吧台之类的一种家具。不过古人是用土垒成。"曰:'邦君树塞门,管仲亦树塞门。邦君为两君之好,有反坫,管仲亦有反坫。管氏而知礼,孰不知礼'"是说,孔子回答道:"国君当门立影壁,管仲也当门立影壁。国君接见邻国首脑,设置反坫,管仲也设置反坫。他把自己看得与国君一样了。管仲如果可以算知礼的话,还有谁能算不知礼呢?"

这一章孔子批评了管仲的错误,一是器量还不够大,二是还没有达到俭的要求,三是还没有达到礼的要求,所举事实都是一些小事。以上两章给我们最大的启示是:批评一个人的错误,并不等于全盘否定一个人。谅解一个人也不等于全盘肯定一个人。礼的原则是,既要肯定一个人的优点,又要否认一个人的缺点。这样人与人就能正常相处了。

这一章说明对待成功人士应遵循的礼。

【译文】

孔子说:"管仲的器量狭小呵!"有人说:"管仲生活俭朴吗?"孔子回答说:"管仲有三处家室,手下管事的人不兼职,这哪里算得上俭朴呢?"有人又问:"这样说来管仲知礼吗?"孔子回答说:"国君当门立影壁,管仲也当门立影壁。国君接待邻国的首脑,设置一个放爵的台子,管仲在自己家里也设置个放爵的台子。如果说管仲知礼的话,那还能说谁不知礼呢?"

3.23 子语鲁大师乐,曰:"乐其可知也,始作,翕如也;从之,纯如也,皦如也,绎如也,以成。"

【解读】

"大师乐"是古代的乐官。《周官》列有大师乐。说"太师下大夫二人",一般是用目盲的人充当。"子语鲁大师乐"是说,孔子告诉鲁国的太师乐。"乐其可知也。""其"是表推测语气。意思是说,音乐可以推想而知吧。"始作"是一开始演奏。"翕(xī)",《说文》"起也"。这个"起"指的是耸然而起。段注"翕从合者,鸟将起必敛翼也"。翕一般是合住的意思。字又从合。段玉裁认为鸟要起飞的时候,先要收紧双翼一下,然后突然展翅冲空。演奏音乐时,指挥做一个手势,台上台下鸦雀无声,然后轰地一声就响起来了。"如"是形容词词尾。"始作,翕如也"是说,演奏初起的时候,耸然一下就响起来了。"从(zòng)"今作纵。"纯"是清纯和调。"皦"是节奏分明。"绎"是连续不断。"成"是演奏完毕。"从之,纯如也,皦如也,绎如也,以成"是说,演奏进行起来,清纯和调的样子,节奏分明的样子,连续不断的样子,最后演奏完毕。

这一章说明音乐演奏的顺序。

【译文】

孔子告诉大师乐,说:"音乐可以推想而知吧!演奏初起时,耸然响了起来,演奏进行起来,清纯和调的样子,节奏分明的样子,连续不断的样子,最后演奏完毕。"

3.24　仪封人请见,曰:"君子之至于斯也,吾未尝不得见也。"从者见之。出曰:"二三子何患于丧乎? 天下之无道也久矣,天将以夫子为木铎。"

【解读】

"仪"是地名,在今河南兰考县东,孔子到卫国去从仪经过。"封人"是管理边界的小官。《周官》有封人职,说是中士四人,下士八人。官不大。"请见"是请求谒见孔子。"斯"是这里。"君子之至于斯也,吾未尝不得见也。"是仪封人对孔子的手下人提出的请求,说凡是经过这里的君子,我都要拜访拜访,还没有没拜访过的。也就是说,孔子是个名人,我想见见他。"从者"是随从孔子出游的弟子。"见之"的见是使动用法。"从者见之"是说,随从孔子出游的手下人就让他去见了孔子。"出曰"是仪封人见过孔子之后,出来说。"二三子"是对孔子学生的称呼。"患"是担忧。"丧"有不同说法,一说指孔子在鲁国失去了官职。但从《论语》中看,应该指文明教化的丧失。《子罕》第五章里说:"天之将丧斯文也,后死者不得与于斯文也;天之未丧斯文也,匡人其如予何?"丧指的是丧文。这句话是仪封人对孔子的学生讲的,学生最担心的是老天爷要断绝文明的传承,学习文化没有用。不是对孔子讲的,不能理解成丧失官职。"木铎"是古代天子发布政令的工具。扬雄《法言》里说是"金口木舌",就是一种铜质木舌的铃铛。宣布政令的人摇着木铎让大家出来听。这里是比喻,是说孔子好比是一个宣传文明教化的工具。"二三子何患于丧乎? 天下之无道也久矣,天将以夫子为木铎"是说,学生们,你们何必担忧文明教化传承的断绝呢? 天下没有正道的状况已经很久了,迟早会返回正道,上天就是要让你们的老师做传播文明教化的工具呵!

这一章说明在他人的眼里,孔子是传播文明教化的导师。

【译文】

仪地管理边界的官员请求谒见孔子,说:"凡是到过这里的贤人君子,我从来没有不与他们见面的。"随从孔子的学生就让他见到了孔子。他出来说:"学生们何必担忧文明会断绝呢? 天下没有正道的时间太长了,上天就是要让他老人家来传播文明教化的呵!"

3.25　子谓《韶》:"尽美矣,又尽善矣。"谓《武》:"尽美矣,未尽善也。"

【解读】

《韶》是大舜时的乐曲名。《武》是周武时的乐曲名。"美"是音调优美。"善"是感化人的效果好。这两首古典乐曲都没有保留下来。据前人的说法,大舜做天子是尧"禅让"给他的,所以他的歌曲里是一派文治的情调。而周武王是推翻了商纣王夺得了天下,反映在歌曲里是一派文治加武功的情调。就是说《韶》里的和平气氛较浓重,而《武》里边加进了尚武的成分。孔子是个和平主义者,所以更为欣赏《韶》的曲调。这一章是说,孔子评论《韶》的乐曲时说,音调优美而且能把人的性情引导到善良的方向。评论《武》的乐曲时说,音调优美,但在把人的性情引导向善良方面上差一点。

这一章是孔子对乐曲的评论。

【译文】

孔子评论《韶》的乐曲时说:"美极了,好极了。"评论《武》的乐曲时说:"美极了,但还不够好。"

3.26　子曰:"居上不宽,为礼不敬,临丧不哀,吾何以观之哉?"

【解读】

"居上"是居于人民之上进行统治。"宽"是宽容,宽宥。"何以"就是以何,意为用什么,也就是没的可用。这里是没的可看的意思。这一章是说,孔子说:"在上的统治者不能宽容,行礼时没有恭敬之心,临丧时没有发自内心的悲哀,我还看他什么呢?"也就是说,都是假的,还看他干什么。

这一章说明统治者要注重礼的感化作用。

【译文】

孔子说:"统治者不能宽容,行礼时不恭敬,临丧时不悲哀,我还看他什么呢?"

里仁第四

4.1 子曰："里仁为美。择不处仁,焉得知?"

【解读】

"里"是乡里,居住的地方。"择"是选择居住的地方。"知"今作智,意为明智。这一章是说,居住的地方有仁义的风尚才是好地方。选择住地不去选择住在有仁义的地方,怎么能算做明智呢? 孔子这样说,主要是强调环境对人的影响。历史上说的孟母三迁的故事,就是孟子的母亲怕把自己的孩子影响坏了,所以才搬了三次家。

这一章说明环境对人的影响作用。

【译文】

孔子说:"居住的地方有仁义风尚才是好地方,把居住地选择在没有仁义的地方住下,怎么能算明智呢?"

4.2 子曰："不仁者不可以久处约,不可以长处乐。仁者安仁,知者利仁。"

【解读】

"不可以"是不能够,做不到。"约"一般是对个人有约束,不随便。这里与"乐"对举,是清苦的意思。"不仁者不可以久处约"是说,没有仁德的人不能够长期处在清苦的境地。"不可以长处乐"是说,不仁的人也不能够长期处在安乐的境地。生活清苦了就要到处钻营,安乐了就要凌驾于人。苦乐都做不到安分守己,这种人迟早要出问题。"安仁"是以仁为安。"知"同"智"。"利仁"是以仁为利。"仁者安仁,知者利仁"是说,有仁德的人以仁为安,明智的人以仁为利。也就是说,有仁德的人安于仁,明智的人把仁当成对自己的最大好处。

这一章说明仁是安身立命的最佳选择。

【译文】

孔子说："不仁的人做不到长久处在清苦的境地,也做不到长久处在安乐的境地。有仁德的人安于仁,明智的人以仁为有益。"

4.3　子曰:"唯仁者能好人,能恶人。"

【解读】

"好(hào)"是喜爱。"恶(wù)"是厌恶。"仁"是具有公益之心的道德。这一章是说,只有具有仁这种道德的人,才能正确地去喜爱人,因为他喜爱的是好人。只有具有仁这种道德的人,才能正确地去厌恶人,因为他厌恶的是坏人。好人坏人,只有具有公益之心的人才能作出正确判断。在《子路》第二十四章里说:子贡问曰:"乡人皆好之,何如?"子曰:"未可也。""乡人皆恶之,何如?"子曰:"未可也。不如乡人之善者好之,其不善者恶之。"就是说,好人爱、坏人恨的人才是仁者。仁者才能爱恨得其中。

这一章说明仁是判断是非的标准。

【译文】

孔子说："只有有仁德的人,才能正确地喜爱人,才能正确地去厌恶人。"

4.4　子曰:"苟志于仁矣,无恶也。"

【解读】

"苟"是假设连词,意为如果、假如。"恶(è)"是坏,邪恶。意思是说,如果立志成为仁人,就不会有邪恶的动机了。就是说修养仁义是消除邪恶最彻底的办法。仁能让人从坏变好。

这一章说明仁可消除邪恶。

【译文】

孔子说："如果立志成为仁者,就不会有邪恶了。"

4.5　子曰:富与贵,是人之所欲也;不以其道得之,不处也。贫与贱,是人之所恶也,不以其道得之,不去也。君子去仁,恶乎成名? 君子无终食之间违仁,造次必于是,颠沛必于是。”

【解读】

“是”作复指代词，相当于这。“道”指的是正当的手段。“不处”是不处身其中，即不要。“富与贵，是人之所欲也，不以其道得之，不处也”是说，富有高贵，这是人们都想得到的，如果不是用正当手段得到的，君子是不要的。“得”是得到的后果。“去”是去掉，摆脱。“恶（wù）”是讨厌。“贫与贱，是人之所恶也，不以其道得之，不去也”是说，贫穷与低贱，这是人人厌恶的，如果不是用正当的手段去得到去掉的后果，君子是不会去掉的。“去”是离开。“恶（wù）”是疑问代词，相当于何。“名”是声望。“君子去仁，恶乎成名”是说，君子离开了仁，还怎么成就自己的声望呢？“终食”是吃完一顿饭的时间。“违”是违离。“造次”是仓促之中，就是着了急的时候。“颠沛”是危急困难的时候。“是”是这，指仁。“君子无终食之间违仁，造次必于是，颠沛必于是”是说，君子哪怕是吃一顿饭的短暂时间里也不会离开仁，仓促之中也要坚守仁，危急困难之中也要坚守仁。

这一章说明仁是取舍一切的标准，是人须臾不可离的道德。

【译文】

孔子说：“富有与高贵，这是人人都想得到的，但如果不是用正当手段得到的，君子是不要的。贫穷与低贱，这是人人都厌恶的，但如果不是用正当的手段去得到去掉的后果，君子是不会去掉的。君子离开了仁，还怎么能成就自己的声望呢？哪怕是一顿饭的时候也不离开仁，在仓促之中不离开仁，在颠沛流离的时候也不离开仁。”

4.6　子曰：“我未见好仁者，恶不仁者。好仁者，无以尚之。恶不仁者，其为仁矣，不使不仁者加乎其身。有能一日用其力于仁矣乎？我未见力不足者。盖有之矣，我未之见也。”

【解读】

“好仁者”是爱好仁的人。“恶不仁者”是厌恶不仁的人。“我未见好仁者，恶不仁者”是说，我没有见到爱好仁的人，或者厌恶不仁的人。就是说，这样的人太少了，几乎见不到。“无以尚之”是无以复加，就是再好不过了，“尚”用如上。“好仁者无以尚之”是说，爱好仁的人是最好的人了。"加"是施加,落在。后一个"不仁者"指的是不仁的行为。"恶不仁者,其为仁矣,不使不仁者加乎其身"是说,厌恶不仁的人,他在行仁义方面,能够不使不仁的行为落在自己身上。也就是说,也能够不干不仁的事。注意"其为仁矣"的"其"相当于一个第三人称代词加一个之,如同说"他之为仁矣",要当成一个词组来读。只能理解成他在为仁方面,或他在为仁上。孔子在《雍也》第二十章里说:"知之者,不如好之者。"知道仁还比不上爱好仁。"恶不仁者"知道仁是对的,所以不干不仁的事,但还没有达到爱好仁的程度。达不到好仁,不干不仁的事也行呵。可惜,连这样的人也很少见了。"仁"是不是很难做到呢? 孔子认为不是,关键是你想不想做到仁。"有能一日用其力于仁矣乎? 我未见力不足者"是说,有能够把整天的力量用在仁上的人吗? 我没有见到谁会力量达不到。也就是说,你只要在仁上使劲,完全可以有足够的力量。注意孔子说的"一日"是指成天,不是指一天。"盖"是表可能性的副词。"盖有之矣,我未之见也"是说,也可能有力量达不到的人吧,但我没有见过。这是委婉地否定会有力不足的人。

这一章说明用"力不足"来解释不仁的行为只不过是个借口。

【译文】

孔子说:"我没有见到爱好仁的人,或者是厌恶不仁的人。爱好仁的人那是最好不过了。厌恶不仁的人,他在行仁方面,好歹也能够不干不仁的事。有人能够把整天的力量用在仁上面的吗? 我没有见到谁会力量达不到。大概也会有这样的人吧,但我没有见到过。"

4.7　子曰:"人之过也,各于其党。观过,斯知仁矣。"

【解读】

"过"是过错。"党"指宗派。这一章是说,人犯错误,都是因为出于宗派的狭隘,看到狭隘的错误,就知道什么是仁了。这一章虽然很短,但讲错的不少。这主要是对"仁"的理解不正确造成的。孔子说的仁是一种公益的道德。而人们犯错误,常常是因为自私而不顾公益。宗派利益说到底还是个自私的问题,拉帮结伙只不过是想把自私的目的得到群力的保证。这对公益的破坏是一种最难解决的问题。所以人们常常用宗派的手段达到自私的目的。因此孔子讲:"人之过也,各于其党。"看到这种宗派狭隘性的错误,就从反面推知什么是"仁"了。知道什么是错,也就懂得了什么是对,故说:"观过,斯知仁矣。"

这一章说明观过而知仁的认识方法。

【译文】

孔子说:"人们犯错误,各自都是出于宗派的狭隘。看到这些过错,这样就知道什么是仁了。"

4.8 子曰:"朝闻道,夕死可矣。"

【解读】

"朝(zhāo)",早晨。"夕",晚上。"道"在孔子的书里论述得较少,但也有说明,比如《阳货》第十九章里说:"子曰:'予欲无言。'子贡曰:'子如不言,则小子何述焉?'子曰:'天何言哉?四时行焉,百物生焉,天何言哉?'"由此可知"道"指的是天道,自然之道。但孔子的道总是与人道联系在一起的。他又不谈纯自然之道,所以老庄认为他的道是仁道。要而言之,孔子的道是天人合一的道,理解为真理好一些。这一章是说,孔子说:"早晨懂得了真理,晚上死去了也行呵。"这是在说明真理对人的价值高于生命。

这一章说明孔子真理的价值观。

【译文】

孔子说:"早晨知道了真理,晚上死去也无遗憾了。"

4.9 子曰:"士志于道,而耻恶衣恶食者,未足与议也。"

【解读】

"耻"是意动,是以什么为耻。"恶"是坏的,不好的。"与议"是与他一起议论。议论什么呢?当然是道。这几句话的意思是,士人立志于道,却以恶衣恶食为耻,这就不值得和他议论道了。这显然是说,道的价值比人的生命都重要,连这么一点困难都克服不了,还想追求得道,那根本是不可能的。

这一章说明立志于道的人不怕困难。

【译文】

孔子说:"读书人立志于道,却以衣食恶劣为耻,就不值得与他谈论道了。"

4.10　子曰:"君子之于天下也,无适也,无莫也,义之与比。"

【解读】

"适"与"莫"两个词的争议较大,还是以《论语》自身的解释为准吧。在《微子》第八章里说:"我则异于是,无可无不可。""适"就是可,"莫"就是不可。"适"是适合干什么,该干什么。"莫"就是不适合干什么,不该干什么。当然这是就主观方面讲的。因此可以把"适"理解成想干什么,"莫"理解成不想干什么。"君子之于天下也,无适也,无莫也"是说,君子对于天下的事,没有一定要想干什么,也没有一定要不干什么。"义"是"宜也",就是要根据客观情况看看干什么合宜就去干什么。"比"是合的意思。"义之与比"是说,要按合乎客观需要的要求去做。

这一章说明君子的行为要符合客观要求。

【译文】

孔子说:"君子对于天下的事,没有一定要想干什么,也没有一定要不干什么,都是根据合乎义的要求去做。"

4.11　子曰:"君子怀德,小人怀土;君子怀刑,小人怀惠。"

【解读】

"怀"是怀恋。"刑"指法度。"君子怀德"是君子怀恋的是自己的道德。"小人怀土"是小人怀恋的是自己的土地。"君子怀刑"是君子怀恋的是法度。"小人怀惠"是小人怀恋的是恩惠。孔子是向自己的学生讲的,当然是想让大家学习君子。什么样才是君子应当念念不忘的呢?是道德和法度。

这一章说明君子应当怀恋的内容。

【译文】

孔子说:"君子怀恋的是道德,小人怀恋的是土地;君子怀恋的是法度,小人怀恋的是恩惠。"

4.12　子曰:"放于利而行,多怨。"

【解读】

"放"古读 fǎng，意同仿，是仿效。在这里是依什么为仿效对象的意思，即以什么为标准。"放于利而行，多怨"是说，按照对自己有利为标准去行事，就会多招怨恨。孔子批判自私的行为，指出自私对自己不利。

这一章说明自私是招致怨恨的根源。

【译文】

孔子说："按照对自己有利为标准行事，就会多招怨恨。"

4.13 子曰："能以礼让为国乎？何有？不能以礼让为国，如礼何？"

【解读】

"为国"即治国。"何有"是"何难之有"的省略。"如礼何"是拿礼怎么办，即怎样去对待礼。这一章是说，能够用礼让治国吗？这样国家会有什么难治的呢？不能够用礼让治国，礼又往哪儿摆？孔子认为礼让是治国的良方，没有礼让国家就治理不好了。这当然是对统治者说的。

这一章说明礼让治国的重要性。

【译文】

孔子说："能够用礼让治理国家吗？这有何难？不能用礼让治理国家，礼往哪儿摆？"

4.14 子曰："不患无位，患所以立。不患莫己知，求为可知也。"

【解读】

"患"是担忧。"无位"是没有职位。"立"是立身。"立"不必看成是位的通用，既然前面用"位"，后面用的是"立"，位、立应当不同。"所以立"是所用于立身的本事。"莫"是没有人。"己知"即知己。"为"是做。"为可知"是去做能够让人知道的事情。意思是说，不要担心没有职位，要去担心有没有担任职位的本事。不必担心没人了解自己，要去追求让人能够了解的本领。

这一章说明君子应当去培养自己的素质。

【译文】

孔子说:"不要担忧没有职位,要担忧用以立身的本事。不要担忧没人了解,要去求取让人能够了解的本领。"

4.15　子曰:"参乎,吾道一以贯之。"曾子曰:"唯。"子出,门人问曰:"何谓也?"曾子曰:"夫子之道,忠恕而已矣。"

【解读】

"参"是孔子的学生曾参。"道",可理解为学说。"一以贯之"是说,有一个基本思想贯穿着。也就是说,是有体系的,不是想到哪儿说到哪儿。"唯"是表示同意听从的应答之词,可理解为"是是"。"子曰:'参乎,吾道一以贯之。'曾子曰:'唯'"是说,孔子说:"曾参呀,我的学说有一个基本思想贯穿着。"曾子点头应道:"是是。""门人"是指在场的其他门徒。"子出,门人问曰:'何谓也'"是说,孔子走出门,其他同学没有理解,问曾参说:"先生说的'一以贯之'指的是什么?""忠"是忠诚,用孔子的话说是"己欲立而立人,己欲达而达人"。"恕",孔子自己的解释是"己所不欲,勿施于人"。就是说,你想得到什么也让别人得到什么;你不想得到什么,也不要让别人得到什么,待人如待己,其实就是仁的公益思想。"曾子曰:'夫子之道,忠恕而已'"是说,曾参说:"先生学说的一贯思想就是忠恕罢了。"

这一章说明孔子的忠恕思想。

【译文】

孔子说:"曾参呀,我的学说有一个基本思想贯穿着。"曾参说:"是是。"孔子走出门,在场的同学问曾参:"先生说的是什么意思?"曾参回答说:"先生学说的一贯思想就是忠恕二字罢了。"

4.16　子曰:"君子喻于义,小人喻于利。"

【解读】

"喻"是通晓。这一章是说,君子通晓的是大义,小人通晓的是利益。就是说,君子考虑的是言行合乎大义,小人考虑的是合乎自己的利益。

这一章说明义与利是判定君子、小人的标尺。

【译文】

孔子说:"君子通晓的是大义,小人通晓的是利益。"

4.17 子曰:"见贤思齐焉,见不贤而内自省也。"

【解读】

"贤"是贤良的人。"齐"是看齐。这一章是说,见到贤人要想到向人家看齐。见到不贤的人,就应该反思一下自己身上有没有他的毛病。可见孔子认为一个善于学习的人,从任何人身上都可以学到有益的东西,好的就是正面教材,坏的就是反面教材。

这一章说明君子修养自己的方法。

【译文】

孔子说:"见到贤人要想到向他看齐,见到不贤的人,就要以此为戒,从内心里进行自我反省。"

4.18 子曰:"事父母几谏,见志不从,又敬不违,劳而不怨。"

【解读】

包咸注:"几者,微也。当微谏纳善言于父母。见志,见父母志有不从己谏之色,则又当恭敬。不敢违父母意而遂己之谏。"意思是说,"几"是隐微婉转的意思,见到父母有什么不妥的地方,应当婉转地用好话去劝说。"见志"是见到父母有不愿接受自己劝谏的意思表现出来,那么就应当恭敬,不敢违背父母的心意,强行让父母按自己的劝谏去做。"劳而不怨"是按父母的意思去做,不要埋怨。前人觉得"劳"与上文没有联系,把劳讲成忧。可能是没有看出这个"劳"指的是按父母的意思去"劳"。"劳"就是了,最好也不要去忧,"忧"父母也不高兴。那也是一种"违",是一种变相的"怨",前后又矛盾了。

这一章说明孝要顺从父母的心意。

【译文】

孔子说:"事奉父母,(见到有不妥的地方)要婉言相劝,见到父母有不愿接受的意思,又要恭敬不去违抗,按父母的意思去做不要埋怨。"

4.19 子曰:"父母在,不远游,游必有方。"

【解读】

这一章没有难理解的词句,只有一个"方","方"指地方。这几句是说,父母活的时候,不要到远方去游历。这是因为春秋时代,游说的士人抛下君王、父母到远地游说成为风气。做儿女的先要尽到自己的义务,父母在世,不要去游历。但正常的发展还是要的,比如儿女去求学,也可以出远门,但你要去的地方要让父母知道,以免悬念,故说"游必有方"。就是说,到远地也可以,但一定要有个明确的地方,让父母放心。父母也是通情达理的人,更是最为关心儿女是否有出息的人。远游对儿女的发展有利,当然也要远游。作为儿女就应当让父母知道你到哪里去了,家有要事也好找得着,古时交通不发达,这也是必要的亲情。

这一章说明儿女应顾念父母。

【译文】

孔子说:"父母在世,不要到远处去游历。出远门游历一定要让父母知道在什么地方。"

4.20 子曰:"三年无改于父之道,可谓孝矣。"

【解读】

这一章与《学而》第十一章里的后几句重出。前面讲的是观察孝的方法。这一章讲的是尽孝的实际履行的方法,见前。孔子关于孝与忠的说法指的是正常条件下的人际关系,不要绝对地看。商汤推翻夏桀,周武推翻商纣,孔子说,"汤武革命,顺乎天而应乎人"(见《周易·革卦·彖辞》),可见不是绝对的。

4.21 子曰:"父母之年,不可不知也。一则以喜,一则以惧。"

【解读】

"年"是年岁、年纪。"喜"是因为父母增寿。"惧"是因为父母年老。这几句是嘱咐儿女要关心父母,对父母的年纪要记挂在心,一方面为他们增寿而欢喜,另一方面也因为父母年老担忧。这都是要记住父母年龄的理由。孔子写了这样一件具体事,是要儿女惦念着父母。

这一章说明儿女要惦念父母。

【译文】

孔子说:"父母的年纪,不可不记挂在心,一方面是因为要为父母增寿而高兴,另一方面是因为要为父母年老而忧惧。"

4.22　子曰:"古者言之不出,耻躬之不逮也。"

【解读】

"躬"是自身,这里指自己的行动。"逮"是达到。这一章是说,古时候的人不轻易把话说出口,是因为怕自己的行动达不到。

这一章说明人不应该放空炮,要言行一致。

【译文】

孔子说:"古时候的人不轻易把话说出口,是因为羞于自己的行为达不到。"

4.23　子曰:"以约失之者鲜矣。"

【解读】

"约"是约束,指的是对自己的要求严格。"失"是失误。"鲜"是少。这一章是说,严格要求自己的人犯错误很少。

这一章说明人要严格要求自己。

【译文】

孔子说:"因为严格约束自己而犯错误的人是很少的。"

4.24　子曰:"君子欲讷于言而敏于行。"

【解读】

"讷(nè)"是语言迟钝。"敏"是动作敏捷。这一章是说,君子想要成为语言迟钝一些,行动敏捷一些的人。与《学而》篇说的"敏于事而慎于言"意思一致。

这一章说明人应该积极去做而不是夸夸其谈。

【译文】

孔子说:"君子要语言迟钝,实干敏捷。"

4.25　子曰:"德不孤,必有邻。"

【解读】

"德"是具有道德。"孤"是孤立。"邻"意同比,是比合的意思。这一章是说,有道德的人不会孤立无援,肯定会有应合的人与你站在一起。

这一章说明有道德的人能得人心。

【译文】

孔子说:"有道德的人不会孤立,定会有人与你站在一起。"

4.26　子游曰:"事君数,斯辱矣;朋友数,斯疏矣。"

【解读】

子游是孔子的学生言偃。"数(shuò)",多次频繁。这里主要指说得太多。"辱"是取辱。这一章是说,子游说,服事君王,太频繁了,这样就会取辱;与朋友相交,太频繁了,这样就会疏远。就是说,太殷勤了也不行,得有点距离,给对方留一点私人空间。殷勤过分则会适得其反。

这一章说明人与人交往的艺术。

【译文】

子游说:"服事君王太殷勤频繁了,这会自取其辱;与朋友交往太殷勤频繁了,这会使关系疏远。"

公冶长第五

5.1 子谓公冶长:"可妻也。虽在缧绁之中,非其罪也。"以其子妻之。

【解读】

"谓",在这里是评论的意思。"公冶长"是孔子的学生,复姓公冶,名长。皇侃引张华的说法,说公冶长能听懂鸟说话,吃死人的肉,是个怪人,因此被当成杀人犯关在监狱里。但这件事有点怪诞,历史上也没有记载。张华又是个爱讲神话的人,所以不大可信。这种事难以考证了,但可以知道,在孔子的学生里,也算个怪才。"妻"是名词的动词用法。"可妻也"是说,公冶长,可以嫁给他做妻子。"缧(léi)"是绳子,"绁(xiè)"是绑起来。"在缧绁之中"指的是被关在监狱里成为囚犯。"虽在缧绁之中,非其罪也"是说,虽然成了囚犯,但并不是他有罪。"子"在这里指女儿。"以其子妻之"是说,孔子把自己的女儿嫁给了他。

孔子把自己的女儿嫁给了一个劳改释放犯,说明孔子在看待一个人的时候,并不是以他的社会遭遇如何,而是要看重一个人的品德。

这一章是孔子对公冶长的评论。

【译文】

孔子评论公冶长说:"可以嫁给他做妻子。虽然他坐过牢,但那不是他的罪过。"于是把自己的女儿嫁给了他。

5.2 子谓南容:"邦有道,不废;邦无道,免于刑戮。"以其兄之子妻之。

【解读】

"南容",孔子的学生,复姓南宫,名绹,字子容。《史记·仲尼弟子列传》作南宫括,古人的名与字取义相贯。如颜回字渊。回与渊取义相贯,回水为渊。绍、括与容都有包容的意思,故知为一人。"邦"即国。"兄之子",杨伯峻先生注:孔子之兄叫孟皮,见《史记·孔子世家》索隐引《家语》,这时孟皮可能已死,所以孔子替他女儿主婚。这一章是孔子对学生南宫绍的评论,孔子说他在国家有道的时候不被废弃,就是说他是个人才,会被起用为官。如果国家无道的时候,也不会受到刑罚,也就是说能保护好自己,不触犯刑律。于是就把哥哥的女儿嫁给了他。这一章也是用事实证明孔子是个看重品德的人。

这一章是孔子对南宫绍的评论。

【译文】

孔子评论南宫子容时说:"国家有道的时候,他会被起用;国家无道的时候,他也能免受刑罚。"于是把自己兄长的女儿嫁给他为妻。

5.3 子谓子贱:"君子哉若人！ 鲁无君子者,斯焉取斯?"

【解读】

"子贱"是孔子的学生,姓宓,名不齐,字子贱。《吕氏春秋》说他在治理单父(地名)时,"弹鸣琴,身不下堂,而单父治"。是个能用礼乐教化为政的人。"若人"是像这样的人,即这个人。"君子哉若人"是主谓倒置句,即"若人君子哉",是说,这个人是个君子呵！"斯"是指示代词,相当于这。前一个"斯"指这个人,后一个"斯"指的是宓子贱身上的君子品德。"鲁无君子者,斯焉取斯"是说,鲁国如果没有君子的话,这个人从哪里得到这些君子的品德的呢?

这一章是孔子对宓子贱的评论。

【译文】

孔子评论宓子贱说:"这是个君子呵！ 鲁国如果没有君子的话,这个人从哪里得到这些君子品德的呢?"

5.4 子贡问曰:"赐也何如?"子曰:"女,器也。"曰:"何器也?"曰:"瑚琏也。"

【解读】

子贡即端木赐,这个人很有才干,《论语》后面有评论。子贡也想了解一下老师对自己的评价,"赐也何如"是说,先生看我怎么样?"女"即汝。"器"是器皿。"女,器也"是说,你是个器皿。器皿是有用的东西,说"女,器也"是指子贡有才干,有用。注意,孔子没有肯定子贡的品德,只是肯定他有才干,孔子认为德重于才。"瑚琏"今读胡连,是古代祭祀时用的祭器,一般是用来盛放黍稷。据包咸注,夏朝时叫瑚,商朝时叫琏,周朝时称做簠簋。加了玉字旁,说明是珍贵的玉器。古代的祭祀之礼是为了设教立道,有重大的教化意义。在祭祀中用做贵重祭器是能派上大用场的意思。可见孔子对子贡的评价是:是个具有能派上大用场才能的人。

这一章是孔子对子贡的评论。

【译文】

子贡问孔子说:"我怎么样?"孔子回答说:"你好比是个有用的器皿。"子贡问:"什么器皿?"孔子说:"祭祀的礼器瑚琏。"

5.5 或曰:"雍也仁而不佞。"子曰:"焉用佞?御人以口给,屡憎于人。不知其仁,焉用佞?"

【解读】

"雍"是孔子的学生,姓冉,名雍,字仲弓。《论衡》说他是孔子的学生冉伯牛之子。在下一篇里说他"雍也可使南面"。是个很有政治素质的人。"佞(nìng)",下文孔子换言"口给(jǐ)",指的是口才捷给,即说话辩捷,伶牙利齿。"或曰:'雍也仁而不佞'"是说,有人对孔子说,冉雍这个人,有仁德,但口才不怎么样。"御"是防御,指对付。"焉用佞?御人以口给,屡憎于人"是说,要口才干什么?伶牙利齿地对付人,常常遭到人们的憎恨。"不知其仁,焉用佞"是一个假设复句,是说,如果一个人不知仁义,用伶牙利齿干什么?前人把"不知其仁"讲成是不知冉雍是否称得上仁,就是因为犯了把复句当单句去讲的错误。

这一章是孔子对冉雍的评论。

【译文】

有人说:"冉雍有仁德但口才不好。"孔子说:"用口才干什么?伶牙利齿地对付人,常常遭到人们的憎恨。如果不知仁义,要口才干什么?"

5.6 子使漆彫开仕。对曰:"吾斯之未能信。"子说。

【解读】

"漆彫开"是孔子的学生，复姓漆彫，名启，字子开。《家语》里说他通习《尚书》，但不乐意当官，是个洁身自好的人。"仕"是仕官，即当官从政。"信"是自信。这一章是说，孔子让漆彫开去当官从政，漆彫开说："我对于从政当官还没有自信。"也就是说，我现在这点学识和才能，恐怕还胜任不了。孔子认为他行，他自己认为还不行，显然是很谦虚。所以孔子很高兴。"子说"的"说"今作悦。"子说"是说，孔子听了很高兴。

这一章是孔子对漆彫开的评论。

【译文】

孔子让漆彫开去当官从政，漆彫开回答说："我对当官从政还没有自信。"孔子很高兴。

5.7　子曰："道不行，乘桴浮于海。从我者，其由与？"子路闻之喜。子曰："由也好勇过我，无所取材。"

【解读】

"道"是指孔子所奉行的道，在这里可以理解为学说。"不行"是不能在天下推行。"桴(fú)"是木筏。"浮于海"是说，漂洋渡海到个小岛上隐居起来。"从"是跟随。"其"是句首语。"由"是孔子的学生子路，名仲由。注意古代的风俗习惯，长辈对晚辈直接称呼名，同辈之间只能称呼字，以示尊敬。以上凡称字的都是孔子的学生或外人的称呼，孔子对学生只称名，仲由姓仲名由，孔子就直接称呼他"由"。"与"，今作欤，疑问语气词。"道不行，乘桴浮于海。从我者，其由与"是说，我的学说如果不能在天下得到推行，那就乘个木筏找个海岛隐居起来吧，能跟随我一块去的，大概只有仲由吧！这句话古今的注疏都讲得比较好，可惜的是忽略了一个很简单的道理。孔子在这里是说气话，像孔子那样以天下为己任，热衷于国计民生的人是根本不会去做隐士的。这样讲是出于一种痛心，一种无奈，一种对权势者的愤懑。知道了这一点，下文就好理解了。"子路闻之喜"是说，子路听到孔子说就带他一个人出海，觉得在那么多学生中自己是老师心目中最好的人，因此而沾沾自喜。孔子知道子路误会了自己的意思，所以评论说："由也好勇过我，无所取材。"这句话放在这样一个语境里是说,仲由呵在好勇这一点上胜过我,但并不是你所有方面都比别人强,要论一个人的综合素质,你并没有多少可取之处。这是想让子路认识到自己身上的缺陷还很多,不能因为自己说了一句话,就忘记了在其他方面向别人学习。"材"指的是仲由身上的素质。"无所取材"是说,仲由奉行大道的政治素质还比不上其他同学。这句话被人们讲得太离谱了,甚至有说成"无所取材者,无所取于桴材,以子路不解微言,故戏之耳"。意思是说,这句话是讲,没有地方去找编木筏的木材,因为子路没有理解孔子话里隐微的含义,所以孔子故意跟他开玩笑。孔子在那样的心情下怎么会开玩笑?在《公冶长》这一篇里都是孔子对学生的评价,正确评价一个学生是为了让他发扬优点、克服缺点。见到学生身上有不足之处,不给他正面指出来,还要与他逗着玩,这怎么可能呢?这样解释不仅是没有读懂这一句话,甚至会歪曲孔子的教育思想。

这一章是孔子对子路的评论。

【译文】

孔子说:"我奉行的道如果在天下得不到推行,就乘个木筏子漂流到海岛中去隐居起来,能跟随我一起去的,恐怕只有仲由吧!"子路听到后很高兴。孔子说:"仲由在好勇上胜过我,但要说一个人的综合素质就没的可取了。"

5.8 孟武伯问子路仁乎?子曰:"不知也。"又问。子曰:"由也,千乘之国,可使治其赋也,不知其仁也。""求也何如?"子曰:"求也,千室之邑,百乘之家,可使为之宰也。不知其仁也。""赤也何如?"子曰:"赤也,束带立于朝,可使与宾客言也,不知其仁也。"

【解读】

"孟武伯"是鲁国的大夫,姓仲孙,名彘,是仲孙何忌之子。"子路"即仲由。"孟武伯问子路仁乎?子曰:'不知也'"是说,鲁大夫孟武伯向孔子问道:"子路称得上仁吗?"孔子回答说:"不知道。""仁"在孔子的思想体系里是最高的道德,一个人能像天地那样造福人类,满怀公益,谓之大仁;一般人能做点舍己利人的事,谓之小仁。大仁要在对全社会的奉献中才能显示出来，所以只能说不知道。"不知也"等于说还看不出来。"又问"是孟武伯又问孔子，"那么子路是个什么样的人才"？"千乘之国"是能出一千辆兵车之赋的大国。"治其赋"是治理大国的兵赋。"由也，千乘之国，可使治其赋也，不知其仁也"是说，仲由可以胜任管理一个大国的兵赋之职，但要说他仁还是不仁，这还不好说。也就是说，他是个军事方面的人才。

"求"是孔子的学生冉求。"求也何如"是孟武伯问孔子，你的学生冉求怎么样？"邑"是大夫的封地，或称采邑、采地。"家"是卿或大夫采邑的行政区，不是家庭。卿或大夫从天子那里分割到一方土地，由他去治理，可以收用当地的租税，比诸侯国小一些，也可以独立行使政权。称它的行政区划就是家，称他的封地就是采邑，"邑"与"家"互文。"宰"是卿或大夫聘请的为自己管理采邑的家宰。卿、大夫本人因为要到天子那里任职，就得任用一个家宰替他去管理。孔子回答孟武伯："求也，千室之邑，百乘之家，可以使为之宰也。不知其仁也。"是说，冉求这个人，在有千户的采邑、能出百辆兵车之赋的行政区里，能够胜任做家宰的职务。仁还是不仁不好说。也就是说，他是个做地方官的人才。

"赤"是孔子的学生，复姓公西，名赤，字华。"赤也何如"是孟武伯又问公西赤怎么样。"束带"是指穿上朝服。"赤也，束带立于朝，可使与宾客言也，不知其仁也"是说，公西赤这个人，穿上朝服，立于朝廷之上，可以胜任接待宾客的职务，仁与不仁，还不好说。也就是说，他是个外交人才。

这一章是孔子对仲由、冉求、公西华的评论。

【译文】

孟武伯问孔子子路称得上仁吗？孔子回答说："不知道。"他又问。孔子说："仲由这个人，在能出千辆兵车之赋的大国里，可以让他负责管理兵赋的工作，有没有仁德我不知道。"孟武伯问："冉求怎么样？"孔子回答说："冉求这个人，可以让他在千户的采邑，能出百辆兵车之赋的封地里当家宰，仁与不仁我不知道。"孟武伯问："公西赤怎么样？"孔子说："公西赤这个人，穿上朝服，立于朝廷之上，可以让他接待宾客，仁与不仁我不知道。"

5.9　子谓子贡曰:"女与回也孰愈?"对曰:"赐也何敢望回? 回也闻一以知十,赐也闻一以知二。"子曰:"弗如也,吾与女弗如也。"

【解读】

"回"是颜回,"子贡"是端木赐,都是孔子的学生。"女"同汝。"愈"是更加,这里指的是更好一些。"女与回也孰愈"是说,孔子问子贡说:"你与颜回比起来谁更好一些?""望",指的是相比。"赐也何敢望回"是说,我怎么敢和颜回相比。"闻一以知十"是说,听到一件事能推知十件事,推理能力十分强。"闻一以知二"是说,听到一件事,能推知两件事,这当然是子贡的谦虚说法。孔子欣赏子贡的谦虚态度,又肯定颜回的杰出。"弗如也,吾与女弗如也。"是孔子回答子贡说:"你比不上他。"又安慰子贡说:"我和你都比不上他。"

这一章是孔子对颜回和子贡的评论。

【译文】

孔子对子贡说:"你与颜回比起来谁更好一些?"子贡回答说:"我怎么敢和颜回相比? 颜回是听到一件事能推知十件事,我听到一件事只能推知两件事。"孔子说:"比不上他,我和你都比不上他。"

5.10　宰予昼寝。子曰:"朽木不可雕也,粪土之墙不可杇也;于予与何诛?"子曰:"始吾于人也,听其言而信其行;今吾于人也,听其言而观其行。于予与改是。"

【解读】

"宰予"即孔子的学生宰我。"昼寝"是大白天睡觉。古人吃两顿饭,日出而作,日落而息,没有睡午觉的习惯。"朽木"是腐朽的木头。"雕"是雕刻出花纹。"粪土之墙"是用牛马粪和泥垒的墙。"杇"(wū)是用白灰刷墙。"朽木不可雕也,粪土之墙不可杇也"是说,腐朽的木头不能用于雕刻,粪土砌的墙无法粉刷,比喻宰予的不可造就。"于"是对于。"予"是宰予。"与"是语气词。"诛"是责备、批评。"于予与何诛"是说,对于宰予呀,还有什么值得批评呢! 就是说,批评是为了把学生造就成才,连批评都不值得了,那就是说宰予成不了才。

"听其言而信其行"是说，听到他那样说了，我就相信他会那样去做。"听其言而观其行"是说，听到他那样说了，我不敢相信他一定会那样去做，得看看他是不是那样去做。"是"相当这，指的是这种认识人的方法。"始吾于人也，听其言而信其行；今吾于人也，听其言而观其行。于予与改是"是说，起初我对于人，听他那样说了就相信他会那样做，现在我对于人，听他那样说了得看看他是不是那样去做。正是从宰予的身上，我改变了这种认识人的方法。可见，宰予是个总是下了保证又屡屡再犯的人。

这一章是孔子对宰予严厉的批评。

【译文】

宰予白天睡大觉。孔子说："腐朽的木头难以雕刻，用粪土砌的墙无法粉刷。对于宰予还有什么值得批评的呢！"孔子又说："起初我对人，听了他说的话，就相信他会那样做；现在我对于人，听了他说的话，得看看他是不是那样去做。从宰予的身上我改变了这种观察人的方法。"

5.11　子曰："吾未见刚者。"或对曰："申枨。"子曰："枨也欲，焉得刚？"

【解读】

"申枨"，枨旧读 chéng，依据音变应读作 cháng，孔子的学生。《史记·仲尼弟子列传》说他姓申，名党，字周。枨、堂、党一声之变。《索隐》又说他姓申，名堂，字周，是鲁国人。"吾未见刚者"是孔子在说自己的学生中没有见到刚强的人。"或对曰：'申枨'"是孔子的学生凭着自己同学相处了解的情况，有的人就说，申枨就是个刚强的人。"欲"是有欲望。"枨也欲，焉得刚"是孔子回答说，申枨有欲望，怎么能刚强呢？孔子认为欲望会改变一个人的立场态度，有欲望很难坚持正义，不能站在正义的立场上就不可能刚强。

这一章是孔子对申枨的评论。

【译文】

孔子说："我没见到刚强的人。"有人回答说："申枨就刚强。"孔子说："申枨有欲望，怎么能刚强呢？"

5.12 子贡曰:"我不欲人之加诸我也,吾亦欲无加诸人。"子曰:"赐也,非尔所及也。"

【解读】

"加"是强加。子贡的意思是说,我不想别人强加于我,我也不想强加于人。孔子认为这是恕道。恕就是"己所不欲,勿施于人"。子贡还达不到这样的境界。"及"是达到。"赐也,非尔所及也",就是说,端木赐呀,这是你还达不到的。

这一章是孔子对子贡的评论。

【译文】

子贡说:"我不想别人强加于我,我也不想强加于人。"孔子说:"端木赐呀,这是你还达不到的。"

5.13 子贡曰:"夫子之文章,可得而闻也;夫子之言性与天道,不可得而闻也。"

【解读】

"文章"与我们今天说的文章不同,杨伯峻先生注:"这里的文章该是指有关古代文献的学问而言。在《论语》中可以考见的有诗、书、史、礼等。""性"指人的本性。"天道"是天地自然的运行规律。有人认为这种运行规律是神在控制着,有人认为是天与人相互感应的,有人认为是天体自然展开运行的,孔子倾向于对社会的研究。《子罕》第一章里说:"子罕言利与命与仁。"《述而》第二十一章里说:"子不语怪、力、乱、神。"可见孔子基本上是对这个问题采取了回避态度。当时最大的争议还不是唯心、唯物的问题,而是是天地产生了神,还是神造出了天地。老子认为道"象帝之先",是道产生天地,天地产生了神,探讨的是自然与人的本性。而神话中流传的是神创造了天地。孔子相信鬼神的存在,但他不回答鬼神的本源,故弟子们很难了解他的天道观。这一章是子贡对孔子的介绍,意思是,孔子在人类文明方面的知识,我们能够听到,至于说人的本性和天道方面的学问,我们难得听到。

这一章说明孔子是个社会学家。

【译文】

子贡说:"老师在人类文明方面的学问我们可以听到,老师在人性和天道方面的学问,我们难得听到。"

5.14 子路有闻,未之能行,唯恐有闻。

【解读】

"有闻"是有所闻,即听到了一种道理。"行"是把这种道理变成自己的行动。这一章是说,子路是个非常注重实践的人,明白了一种道理,就会把这种道理付诸实践。如果自己还没有做到的话,甚至会担心再听到一种道理。可见是个注重用理论指导实践的人,与那种要求别人不要求自己的人截然相反。

这一章说明子路是个用理论要求自己的人。

【译文】

子路听到了一种道理,如果自己还没有做到,就会唯恐又听到什么新的道理。

5.15 子贡问曰:"孔文子何以谓之文也?"子曰:"敏而好学,不耻下问,是以谓之文也。"

【解读】

"孔文子"是卫国大夫,姓孔,名圉。"文"是谥号。邢昺疏引谥法:"勤学好问曰文。"古时候,一个知名人士死后,要依据他的生平事迹给他一个称号,作为对他的评价,这就是定谥。定谥分为多种类型。"文"是其中之一。按《逸周书·谥法解》的说法,经天纬地,道德博厚,勤学好问,慈惠爱民等可谥为"文",要求是很高的。像周文王那样的圣人才谥为"文"。孔圉没有做出那样大的贡献,所以子贡问孔子:"孔文子为什么会给他定个文的谥号?""下问"是向比自己地位低的人去问。孔子回答子贡的意思是说,"文"也包括勤学好问。孔圉能做到孜孜不倦地学习,又不以向比自己低下的人问问题为耻,所以定谥为文。

这一章倡导"敏而好学,不耻下问"的学习态度。

【译文】

子贡问孔子说:"孔文子为什么会给他定个文的谥号?"孔子回答说:"因为他既勤敏又爱学习,有不以下问为耻的谦虚态度,因此给了他'文'的谥号。"

5.16 子谓子产:"有君子之道四焉:其行己也恭,其事上也敬,其养民也惠,其使民也义。"

【解读】

"子产",杨伯峻先生注:"公孙侨,字子产,郑穆公之孙,为春秋时郑国的贤相,在郑简公、郑定公之时执政二十二年。其时于晋国当悼公、平公、昭公、颂公、定公五世,于楚国当共王、康王、郏敖、灵王、平王五世,正是两国争强,战争不息的时候。郑国地位冲要,而周旋于这两大强国之间。子产却能不低声下气,也不妄自尊大,使国家得到尊敬和安全,的确是古代中国的一位杰出的政治家和外交家。""子谓子产"意为,孔子评论子产。"有君子之道四焉"是说,在四个方面具有君子之道。下面是分别说明,一是"其行己也恭","行己"是对自己的行为要求。是说,他自己的行为做到了谦恭,包括待人接物以及敬业等。二是"其事上也敬","事上"是事奉国君。是说,事奉国君尊敬。三是"其养民也惠","养民"是教养百姓。是说,在教养百姓方面有恩惠。四是"其使民也义","使民"是役使人民。是说,在役使人民方面合情合理。"义"是合宜。

这一章是孔子对郑子产的评论。

【译文】

孔子评论郑子产:"他有四个方面的君子之道:一是自己的行为谦恭,二是事奉国君尊敬,三是教养百姓有恩惠,四是役使人民合乎情理。"

5.17 子曰:"晏平仲善与人交,久而敬之。"

【解读】

"晏平仲",春秋时齐国的贤大夫,姓晏名婴,字平仲。历任齐灵公、庄公、景公三朝,景公时为相。《史记》卷六十二有传。他的大量事迹还被保留在《晏子春秋》里。"善与人交"是说,善于与人交往。"久而敬之"是说,与人交往得越久,人们越加敬重他。

这一章是孔子对晏平仲的评论。

【译文】

孔子说:"晏平仲善于与人交往,时间越久人们越加敬重他。"

5.18 子曰:"臧文仲居蔡,山节藻棁,何如其知也?"

【解读】

"臧文仲",鲁国的大夫臧孙臣,字文仲。"蔡"是蔡龟。《汉书·食货志》:"元龟为蔡。"蔡是一种大龟。因为蔡地产大龟,因此得名。刘宝楠《论语正义》说:"《白虎通》引《礼·三正记》:'天子龟为蔡,长一尺二寸。诸侯一尺,大夫八寸,士六寸。'"古代用龟腹甲占卜,认为龟越大,活得年代越久远,占卜越灵应。故以大龟为宝龟。一尺二寸大的蔡龟应当纳于天子放在宗庙里做守龟。臧文仲没有这样做,而是把蔡龟存放在自己的家庙里。"居蔡"就是存放蔡龟。"节"是柱子上的斗拱。"藻"是水草似的花纹。"棁(zhuō)"是梁上的短柱。"山节藻棁"是指柱子上的斗拱层层叠叠如山。梁上的短柱画着花纹。这一般是天子宗庙的建筑才应有的装潢,臧文仲为了存放蔡龟把自己家庙里的建筑也搞成了这样的规格,孔子认为他太过分了。"知"今作智,指的是臧文仲的聪明智慧。孔子的意思是说,臧文仲私自收藏蔡龟,把存放蔡龟的地方修建得雕梁画栋,装潢得如同天子的宗庙,这怎么能说是明智呢?《左传·文公二年》里说:"仲尼曰:'臧文仲,其不仁者三,不知者三。下展禽,废六关,妾织蒲,三不仁也。作虚器,纵逆祀,祀爰居,三不知也。'"意思是说,臧文仲有三件事不仁,有三件事不智。让展禽位居下僚,废弃六个关塞,让妾编蒲席,这是三件不仁的事。造室藏龟,纵容逆祀,祭祀海鸟,这是三件不智的事。其中的"作虚器"就是指他私藏大蔡之龟。

这一章是孔子对臧文仲的评论。

【译文】

孔子说:"臧文仲私藏大蔡之龟,在存蓄的庙堂里修建成山形的斗拱,梁上短柱藻饰上花纹,他的明智究竟怎么样呢?"

5.19 子张问曰:"令尹子文三仕为令尹,无喜色;三已之,无愠色。旧令尹之政,必以告新令尹。何如?"子曰:"忠矣。"曰:"仁矣乎?"曰:"未知,焉得仁?"

"崔子弑齐君,陈文子有马十乘,弃而违之。至于他邦,则曰:'犹吾大夫崔子也。'违之。之一邦,则又曰:'犹吾大夫崔子也。'违之。何如?"子曰:"清矣。"曰:"仁矣乎?"曰:"未知,焉得仁?"

【解读】

"子张",孔子的学生颛孙师。令尹子文,楚国贤相,姓斗,名彀於菟(gòuwūtú),字子文。楚国称宰相为令尹,称乳为彀,称虎为於菟。《左传·宣公四年》记载:若敖娶了个邓地的妻子,生下了斗伯比。后来若敖死了,斗伯比随母寄养在邓地,长大后与邓子的女儿私通,生下了子文,邓夫人就把他扔在云梦泽里。邓子打猎时见到虎在喂孩子奶,以为是大贵之征,让邓夫人又把他抱回来养大成人。斗伯比死后,子文嗣为大夫,在楚成王时拜为令尹。"三仕为令尹",史书上没有明确记载。"已"是罢免。"令尹子文三仕为令尹,无喜色;三已之,无愠色"是说,令尹子文三次被提拔为楚国的宰相,没见他有什么高兴;三次被免去宰相的职务,也没见他有什么怨恨。"旧令尹之政,必以告新令尹。何如"是说,每次被免去职务,都把宰相的政事向新任命的宰相交待清楚。这个人怎么样?子张认为这种得之不喜、失之不忧的修养十分难能可贵,想听听孔子怎样评价。"子曰:'忠矣。'曰:'仁矣乎?'曰:'未知,焉得仁?'"这几句是说,孔子回答说:"可以算得上对国君忠了。"子张又问:"能算得上仁吗?"孔子回答说:"不知道。怎么能算得上仁呢?"也就是说,仁要比忠高得多,没见他对人类做出什么贡献,还算不上仁。

"崔子"是齐国大夫崔杼。《左传·襄公二十五年》记载,齐庄公与崔杼的妻子姜氏私通,崔杼埋伏下甲兵去捉奸,庄公跳墙逃跑,被射中大腿掉了下来,崔杼就把庄公杀了。陈文子是齐国大夫,名须无,文是谥号。关于他出国避乱的事,史书没有记载。按《论语》的说法,他对崔杼弑君的事很不满,不愿生活在乱臣主事的齐国。"有马十乘"是指家里有四十匹马,四马为一乘。《曲礼》里说:"问大夫之富,数马以对。"意思是说,要问大夫家里的贫富,按养的马数来说明。"有马十乘"是说,陈文子家里很富有。"违之"是离去。"崔子弑齐君。陈文子有马十乘,弃而违之。至于他邦,则曰:'犹吾大夫崔子也。'违之。之一邦,则又曰:'犹吾大夫崔子也。'违之。"意思是说,崔杼杀了齐庄公,陈文子抛弃了家里的好日子不过,到别的国家去,想找一个有道的国家过清清白白的生活,结果很失望,于是说这里的头头跟我国的崔杼差不多,就离开了。

再到一个国家,还是如此,又说这个国家的头头也跟我国的崔杼差不多,就离开了这个国家。"何如?"是想听听孔子对他的评价。"子曰:'清矣。'曰:'仁矣乎?'曰:'未知,焉得仁。'"意思是说,孔子回答说:"陈文子可以算是个清白的人。"再问:"陈文子算不算仁呢?"孔子回答说:"不知道,怎么能算得上仁呢?""仁"比"清"要高得多。以上两例,在春秋时期都是被人们称道的贤人。孔子肯定了他们的优点,但不承认他们做到了仁。

这一章是孔子对令尹子文和陈文子的评论。

【译文】

子张问孔子说:"楚国的令尹子文三次被提拔为令尹,不见他有高兴的颜色;三次被免去令尹的职务,也不见他有怨恨的颜色。每次都把政务向新令尹交待清楚。这样的人怎么样?"孔子说:"这可以算是忠于国君的人。"子张又问:"能称得上是仁吗?"孔子说:"不知道,怎么算得上是仁呢?"

子张问道:"崔杼杀掉齐庄公,陈文子家有四十匹马的财产,扔下不顾,逃出齐国寻找有道之国。到了一个国家,就说:'这里的执政者同我国的崔杼差不了多少。'于是离开到别的国家去。到了别的国家,又说道:'这里的执政者同我国的崔杼差不了多少。'于是又离去另找地方。这个人怎么样?"孔子说:"这可以算是个清白的人。"子张又问:"能算得上仁吗?"孔子说:"不知道,怎么能算得上仁呢?"

5.20 季文子三思而后行。子闻之,曰:"再,斯可矣。"

【解读】

"季文子",鲁国大夫季孙行父。"文"是谥号。郑玄注:"文子忠而有贤行,其举事寡过。"意思是说,《左传》里说他要出使晋国的时候,先打听好遭遇到丧事该如何尽到友国的礼仪,到了晋国后果然遇到了晋国襄公的丧事。他作为鲁国的使者,处理得很得体,是个做事先有准备的人。"季文子三思而后行"是说,季文子做事要经过三次思考之后才去动手。"再"是两次。"斯"是这。"子闻之,曰:'再,斯可矣'"是说,孔子听到后说:"经过两次思考,这样就可以了。"孔子认为过分谨慎,会狐疑不决,影响办事效率。

这一章是孔子对季文子的评论。

【译文】

季文子办事经过三次思考才行动。孔子听到后说:"思考两遍,这就可以了。"

5.21 子曰:"宁武子,邦有道,则知;邦无道,则愚。其知可及也,其愚不可及也。"

【解读】

"宁武子",是卫国大夫,姓宁,名俞。"武"是谥号。《左传》记载他在卫成公时期辅政十九年。晋国多次想加兵卫国,宁武子通过外交斡旋,保住了国内的安宁,是个文韬武略都较杰出的人。"知"今作"智"。"邦有道,则知"是说,国家有道的时候,他就表现得很有智慧。"邦无道,则愚"是说,国家无道的时候,他就表现得很愚钝。总之,是说他能适应形势,用之则行,不用则藏。能发挥作用时很能干,不能发挥作用时就不干。"其知可及也,其愚不可及也"是说,他的聪明能干人们能赶得上,他的大智若愚人们赶不上。孔子认为大智若愚更难做到。

这一章是孔子对宁武子的评论。

【译文】

孔子说:"宁武子在国家有道的时候,就聪明能干;在国家无道的时候,就大智若愚。他的聪明能干人们能赶得上,他的大智若愚人们就赶不上了。"

5.22 子在陈,曰:"归与! 归与! 吾党之小子狂简,斐然成章,不知所以裁之。"

【解读】

"陈"是国名,大约在今天的淮阳一带。孔子在陈国住了三年,陈国不想任用孔子。正赶上晋国与楚国争霸,陈国两头受气。孔子觉得发挥不了作用。正好季康子也透露出想起用孔子的愿望,孔子想回去执政,但话又不好明说。当时除了随从孔子在陈的学生外,鲁国还有一批学生留在原籍,所以说想回去教书。"党"指乡党。按《周礼》的说法是"五党为州,五州为乡"。这里理解为老家就可以了。"小子"指学生。

"狂"是志向远大，行为张扬。"简"是简直，即思考简单，性格直爽。"斐然成章"是文采斐然，与孔子说的文质彬彬差不多。"裁"是裁制。这一章是说，孔子在陈国住得时间长了，觉得发挥不了作用，于是感叹说："回去吧，回去吧！我家乡里的孩子们志向高远，行为张扬又简直，对于怎样成为文采斐然的君子还不知道怎样去裁制。我还是回去教他们吧。"前人对这几句的说法不太统一。应当是："狂简"是指家乡学生的秉性，"斐然成章"是孔子要把他们教育成的样子。

这一章是孔子对年轻人的评论。

【译文】

孔子住在陈国，说："回去吧，回去吧！我家乡里的孩子们目光高远而张扬，思想简单而性格爽直，对于怎样成为一个斐然成章的君子，还不知道怎样去裁制。"

5.23 子曰："伯夷、叔齐不念旧恶，怨是用希。"

【解读】

伯夷、叔齐，是孤竹国君的两个儿子，父亲死了，互相让位，后来听说周文王是个圣人，就投奔到周，正遇上周武王伐纣，他们觉得以臣伐君是大逆不道，立志不食周粟，直到饿死在首阳山。孔子认为他们是历史上的贤人。"不念旧恶"是不记恨过去的仇恨。"怨"是怨恨。"是"是指示代词。"用"用如"以"。"是用"是以此、因此的意思。"希"是少。这一章是说，孔子评论伯夷、叔齐时说："伯夷、叔齐不记恨过去的旧仇，人们对他们的怨恨因此很少。"孔子提倡的是一种宽宥容人不记仇的精神。

这一章是孔子对伯夷、叔齐的评论。

【译文】

孔子说："伯夷、叔齐不记恨过去的旧仇，人们对他们的怨恨因此很少。"

5.24 子曰："孰谓微生高直？或乞醯焉，乞诸其邻而与之。"

【解读】

"孰"相当于谁。微生高在《庄子》里作尾生高,说他与一个女孩相约在桥下见面,到时候女孩没来,他在桥下死等,大水涨起来也不走,最后被淹死在水里。古人认为他是个守信用的贤士。"直"在这里是戆直的意思,指办事不灵活。"醯(xī)"是醋。这一章是说,孔子说:"谁说微生高戆直,有人向他要点醋,他家里没有,到邻居家里要点来给了人家。"孔子赞扬微生高为人厚道的品德。前人对这一点理解错了,以为孔子在批评尾生高,这就与孔子的原意不合了。正是因为前人对微生高的评价过于偏激了,孔子才说,微生高应当肯定。

这一章是孔子对微生高的评论。

【译文】

孔子说:"谁说微生高戆直,有人向他去要点醋,他家里没有,就到邻居家里要了一点给了人家。"

5.25　子曰:"巧言、令色、足恭,左丘明耻之,丘亦耻之。匿怨而友其人,左丘明耻之,丘亦耻之。"

【解读】

"左丘明",鲁国太史,与孔子同时代的人。姓左丘,名明。《史记》说他撰写了《春秋左氏传》和《国语》。"巧言"是花言巧语。"令色"是讨好人的面色。"足恭"是十足的恭顺,都是为了诱惑人的虚假行为。"耻之"是以之为耻。"丘"是孔子自称。"巧言、令色、足恭,左丘明耻之,丘亦耻之"是说,花言巧语,讨好人的脸色,十足的恭顺,一副诌媚的样子,左丘明以之为耻,我也以之为耻。"匿"是隐匿。"怨"是怨恨。"匿怨"是把对人的怨恨隐藏不露。"友其人"是以其人为友。"匿怨而友其人,左丘明耻之,丘亦耻之"是说,把心中的怨恨隐藏起来,装出一副对人友好的样子。左丘明认为是可耻,我也认为是可耻。

这一章批判包藏祸心的虚伪行为。

【译文】

孔子说:"花言巧语,讨好人的脸色,十足地恭顺诌媚,左丘明认为可耻,我也认为可耻。把怨恨隐藏起来,装出一副对人友好的样子,左丘明认为可耻,我也认为可耻。"

　　5.26 颜渊季路侍。子曰："盍各言尔志?"子路曰："愿车马衣轻裘与朋友共,敝之而无憾。"颜渊曰："愿无伐善,无施劳。"子路曰："愿闻子之志。"子曰："老者安之,朋友信之,少者怀之。"

【解读】

　　"颜渊"即颜回。"季路"即子路。"侍"是侍奉,这里表示学生对老师的恭敬,相当于侍立。"盍"相当于"何不"。"颜渊季路侍。子曰:'盍各言尔志'"是说,颜渊、季路两个人陪着孔子侍立在身边。孔子就说:"何不各人说一说自己的志向?"

　　"车马衣轻裘",按阮元在《校勘记》的考证,"轻"字是后人误加的字。原文应为"车马衣裘"。多出一个"轻"字不顺。"车马衣裘",四个名词的并列结构,中间加一个形容词"轻",不伦不类。有人认为"衣"作动词用,那就应当是"御车马衣轻裘",两个动宾结构并列。反正"车马衣轻裘"总是不通。阮元的考证可从。"共"是共同使用。"敝"是用坏了。"无憾"是没有遗憾。"子路曰:'愿车马衣轻裘与朋友共,敝之而无憾。'"意思是说,子路说:"愿意把自己的车马衣裘与朋友共同使用,用坏了也无遗憾。"子路的志向不仅体现了重义轻财的思想,也包含着无私助人的意思。"伐"是自夸。"伐善"是夸耀自己的好处。"施"是施加。"施劳"是把劳苦的事施加在别人身上。有人把"施劳"讲成表白功劳。这样讲不好,一是句意重复,二是《论语》里有"勿施于人"的句子。"勿施于人"与"无施劳"句法结构很接近,不能讲成两种不同的意思。"颜渊曰:'愿无伐善,无施劳。'"意思是说,颜渊说:"我愿意做一个不夸耀自己的好处,也不把劳苦施加给别人的人。"

　　"子路曰:'愿闻子之志。'"意思是说,子路对孔子说:"希望听听先生你的志向。""老者安之"是老者使之安,即让老年人都得到安乐。"朋友信之"是对朋友讲诚信。朋友指的是同辈的人。"少者怀之"是对少年人关怀。"少者"包括年轻的人。可见孔子的理想是让一切人都得到社会的关照。

　　这一章说明孔子的理想。

【译文】

颜渊、季路陪侍在孔子身边。孔子说:"何不各人说说自己的志向?"子路说:"我愿意把自己的车马衣裘与朋友共同使用,使用坏了也没有什么遗憾。"颜渊说:"我愿做一个不夸耀自己的好处,不把劳苦施加给别人的人。"子路说:"希望听听先生的志向。"孔子说:"使老年人得到安乐,对朋友讲诚信,对少年人关怀。"

5.27　子曰:"已矣乎,吾未见能见其过而内自讼者也!"

【解读】

"已矣乎"相当于算了吧。表示一种无可奈何的语气。"过"是过错。"讼"是责备。这一章是孔子见到犯了错误不但不去自责,反而找客观理由文过饰非成为一种普遍的社会风气,而发的感慨。意思是说,算了,算了,我没有看见过能省察自己的错误在内心里深深自责的人。

这一章孔子提倡自觉地进行自我批评。

【译文】

孔子说:"算了吧! 我没有见过能看到自己的错误而从内心里进行责备的人。"

5.28　子曰:"十室之邑,必有忠信如丘者焉,不如丘之好学也。"

【解读】

"室"是家。"邑"是村子。"十室之邑"是十户人家的小村子。"必有忠信如丘者"是说,肯定也会有在忠信方面像我孔丘一样的人。"不如丘之好学也"是说,但是没有人能像我一样好学。

这一章是孔子对自己的评论。

【译文】

孔子说:"十户人家的小村子,一定有像我这样忠信的人,但不如我这样好学。"

雍也第六

6.1 子曰："雍也可使南面。"

【解读】

"南面"是面向南听理政务，《周易·说卦》云："圣人南面而听天下，向明而治。""可使南面"是说，冉雍有圣人之德。孔子对冉雍的评价比较高，前一篇说他"仁而不佞"，这里又说他"可使南面"，足见对他的道德作了充分肯定。

这一章是孔子对冉雍的评论。

【译文】

孔子说："冉雍这个人可以让他坐北向南听理政务。"

6.2 仲弓问子桑伯子。子曰："可也简。"仲弓曰："居敬而行简，以临其民，不亦可乎？居简而行简，无乃大简乎？"子曰："雍之言然。"

【解读】

"仲弓"是冉雍的字。"子桑伯子"，刘宝楠《论语正义》认为是与孔子同时的隐士。引《说苑·修文篇》说："简者，易野也。易野者，无礼文也。孔子见子桑伯子，子桑伯子不衣冠而处。弟子曰：'夫子何为见此人乎？'曰：'其质美而无文，吾欲说而文之。'孔子去，子桑伯子门人不说曰：'何为见孔子乎？'曰：'其质美而文繁，吾欲说而去其文。'故曰文质修者谓之君子，有质而无文谓之易野。子桑伯子易野，欲同人道于牛马。仲弓曰大简。此即孔子所指为简之事。当时隐者多是如此。仲弓正之曰：'居敬而行简，以临其民。'居敬则有礼文，礼毋不敬也。居敬，即大舜之恭己；行简临民，即大舜之无为而治。"这段话的意思是说，简是粗略简易的意思,不讲究礼仪。孔子去见子桑伯子。子桑伯子不穿衣戴帽和他相见。孔子的学生们埋怨说:"先生为什么要见这种人?"孔子回答说:"他的本质是很优秀的,只不过是礼文方面还差一些,我想说服他讲究些礼文。"孔子走了之后,子桑伯子的学生也很不高兴,埋怨子桑伯子说:"先生为什么要见这种人呢?"子桑伯子回答说:"这个人的本质还是很优秀的,可惜就是太讲究礼文了。我想说服他去掉礼文。"所以说,本质与礼文都有修养才能叫做君子,仅有本质而无礼文,就属于粗略简易。子桑伯子就是这种人,想让人与牛马一样成为野人。冉雍说他太简,这就是孔子所说的简,当时的隐士大多都是如此。冉雍纠正说:"要自己恭敬,行为上简略,来统治人民。"自己恭敬,就有了礼文,礼就是一切谦恭。"居敬"就是大舜那种对自己要求谦恭地对待一切的精神,"行简临民"就是大舜那种无为而治的统治方法。从这段话里可知,"简"是顺天应人不扰民,"敬"是居身谦恭守礼,教民化俗。"仲弓问子桑伯子"是说,冉雍问孔子子桑伯子这个人怎么样?"可也简"是"简可也"的倒置,孔子回答说:"他在简易方面还行,还可以。"仲弓曰:"居敬而行简,以临其民,不亦可乎?居简而行简,无乃大简乎?"是说,冉雍回答说:"如果自己谦恭守礼施政简易,用以统治自己的人民,不也可以吗?如果自己本身就简易而不注重谦恭礼仪,施政也简易,这不是太简易了吗?"子曰:"雍之言然。"是孔子说:"冉雍的话对。"

这一章是对子桑伯子的评论。

【译文】

仲弓向孔子问子桑伯子的为人。孔子说:"在简易方面还行。"仲弓说:"自己居身恭敬,行为简易,用以统治人民,不也可以吗?如果自己居身简易,行为又简易,岂不是太简易了吗?"孔子说:"冉雍你说得很对。"

6.3 哀公问:"弟子孰为好学?"孔子对曰:"有颜回者好学,不迁怒,不贰过,不幸短命死矣。今也则亡,未闻好学者也。"

【解读】

"孰"是哪一个、谁。"迁怒"是转移自己的怒气。即在一个地方受了气无法发作，就到其他地方乱发作。"贰过"是重犯同一个错误。"短命"指颜回死的时候才三十一岁。"亡"同"无"。这一章的意思是说，鲁哀公问孔子说："在你的学生里谁好学?"孔子回答说："有一个叫颜回的好学，不拿他人出气，不犯同样的过失，不幸短命死了。现在学生中没有他那样的人了，没听说好学的人。"

这一章是孔子对颜回的评论。

【译文】

鲁哀公问孔子说："你的弟子谁好学?"孔子回答说："有一个叫颜回的好学，不乱撒怒气，不犯同样的错误，不幸短命死了。现在没有了，没听说有好学的人。"

6.4　子华使于齐，冉子为其母请粟。子曰："与之釜。"请益。曰："与之庾。"冉子与之粟五秉。子曰："赤之适齐也，乘肥马，衣轻裘。吾闻之也，君子周急不继富。"

【解读】

"子华"是孔子的学生，姓公西，名赤，字子华。"冉子"，郑玄注说是孔子的学生冉有。"粟"是小米。"釜(fǔ)"、"庾(yǔ)"、"秉(bǐng)"都是古代的量器名。马融说一釜是六斗四升，包咸说一庾是十六斗。马融说十六斛(hú)是一秉，五秉合八十斛。古今量器大小不一，合今天的数量有待确考。"子华使于齐"是说，公西华出使齐国。"冉子为其母请粟"是说，冉有因为公西华出门在外，家中老母无人奉养，就代他母亲请求粮食补贴。"子曰:'与之釜'"是说，孔子说："补贴给他母亲一釜小米。""益"是增加，"请益"是冉有觉得补贴太少，请求再增加一些。"曰:'与之庾'"是说，孔子说："那就给他一庾。""冉子与之粟五秉"是说，冉有觉得一庾也太少，于是私自给公西华母亲补贴了五秉小米。"子曰:'赤之适齐也，乘肥马，衣轻裘。吾闻之也，君子周急不继富'"是说，孔子觉得冉有的做法不妥，对冉有说："公西华到齐国去，乘驾着肥马，身上穿的是轻暖的皮衣，很豪华了。我听说过，君子救济穷困的人，不再给富有的人增加财富。""周"是周济。"急"是急困。"继富"是在富有的基础上再增加财富。孔子认为公西华家里并不困难，冉有的做法是继富的行为。

这一章说明孔子周急济困的思想。

【译文】

公西华出使齐国,冉有替他的母亲请求补贴。孔子说:"给他一釜小米。"冉有要求增加一些。孔子说:"给他一庾。"冉有私下给了五秉小米。孔子说:"公西赤到齐国去,乘驾着肥马,穿着轻暖的皮衣。我听人们说,君子周济那些贫困的人,不继续给富有的人增加财富。"

6.5 原思为之宰,与之粟九百,辞。子曰:"毋,以与尔邻里乡党乎!"

【解读】

"原思"是孔子的学生原宪,字子思。"宰"是家宰,贵族家里雇佣的总管。"原思为之宰"是说,原思在孔子家里做家宰。"与之粟九百"是说,孔子给他小米九百斛作报酬。"辞"是推辞,即原思不要孔子给的报酬。"子曰:'毋,以与尔邻里乡党乎!'"意为,孔子说:"不要推辞,你可以用多余的粮食送给自己的邻里乡亲们。"

这一章说明孔子按劳付酬的思想。

【译文】

原思给孔子做家宰,孔子给他九百斛的报酬,原思推辞不要。孔子说:"不要推辞,你可以把剩余的粮食送给邻里乡亲们!"

6.6 子谓仲弓,曰:"犁牛之子骍且角,虽欲勿用,山川其舍诸?"

【解读】

"谓"在这里是评论的意思。"仲弓"即冉雍。冉雍出身低微,但却是个难得的人才。前面说他"可使南面"。"犁牛"是耕地的牛。"骍(xīn)"是赤色。"角"指牛角长得周正。"骍且角"是古代选用牺牛的标准。"舍"是舍弃。"诸"是"之乎"的合音。这一章是孔子对冉雍的称赞。意思是说,孔子在评论冉雍时说:"耕牛生出的赤色牛,犄角又长得周正,即使人们不想用它做祭祀用的牺牛,山川之神难道会舍弃它吗?"就是说,冉雍虽然出身微贱,但本人却很杰出,完全可以派上大用场。

这一章是孔子对冉雍的评论。

【译文】

孔子评论冉雍时说:"耕牛生出赤色又牛角周正的牛来,即使人们不想用它做祭祀用的牺牛,山川之神难道会舍弃它吗?"

6.7　子曰:"回也,其心三月不违仁,其余则日月至焉而已矣。"

【解读】

"回"是颜回。"违"是离开。"其余"指的是孔子的其他学生。这一章是说,孔子说:"颜回能做到三个月不离开仁,其余的人只不过是日月的短期内达到仁。"说明颜回能持守仁的道德。

这一章是孔子对颜回的评论。

【译文】

孔子说:"颜回呀,他的心能三个月不离开仁,其余的人只不过是日、月之内达到仁。"

6.8　季康子问:"仲由可使从政也与?"子曰:"由也果,于从政乎何有?"曰:"赐也可使从政也与?"曰:"赐也达,于从政乎何有?"曰:"求也可使从政也与?"曰:"求也艺,于从政乎何有?"

【解读】

"从政"指的是当官理政。"何有"即有什么。因为季康子问的是当官行不行的问题,"何有"就是有什么不行的意思。这一章是孔子对自己的学生子路(仲由)、子贡(端木赐)、冉求(冉有)从政才能的肯定。意思是说,季康子问孔子,仲由这个人是个当官的料吗? 孔子回答说:"仲由办事果断,让他当官理政有什么不行呢?"季康子又问:"子贡是个当官的料吗?"孔子回答说:"端木赐办事通达,让他当官理政有什么不行呢?"季康子又问:"冉求是个当官理政的料吗?"孔子回答说:"冉求多才多艺,让他当官理政有什么不行呢?"孔子虽然多次批评子路,但对他的从政才能还是肯定的,在《颜渊》第十二章里也说:"片言可以折狱者,其由也与?"至于端木赐,在《先进》第二章里,孔子认为他是个很有语言才能的人。冉求是个政事方面的异能之士,后来也确实做了季氏的家宰。

这一章是孔子对仲由、子贡、冉求的评论。

【译文】

季康子向孔子问道:"仲由可以让他当官理政吗?"孔子回答说:"仲由果断,对于当官理政有什么难的呢?"季康子又问:"端木赐可以让他当官理政吗?"孔子回答说:"端木赐通达,对于当官理政有什么难的呢?"季康子又问:"冉求可以让他当官理政吗?"孔子回答说:"冉求多才多艺,对于当官理政有什么难的呢?"

6.9　季氏使闵子骞为费宰。闵子骞曰:"善为我辞焉。如有复我者,则吾必在汶上矣。"

【解读】

"闵子骞"是孔子的学生,姓闵,名损,字子骞。"费(mì)"是季氏的封邑,故城在今山东费县西北。"复我"是再来召我。"汶上"是汶水北岸,属齐国。这一章的意思是说,季氏让闵子骞做他费地的家宰。闵子骞对使者回答说:"好好替我辞掉吧。如果再来召我的话,我就一定会跑到汶水的北边去。"表示永远不会给季氏做家宰。《史记·仲尼弟子列传》里加了一句说:"闵子骞不仕大夫,不食污君之食。"认为为季氏做家宰有污于鲁君。

这一章说明闵子骞不食污君之禄的为人。

【译文】

季氏派使者召闵子骞做费地的家宰。闵子骞对使者说:"好好替我辞掉吧,如果再来找我的话,我一定会跑到汶水的北边去。"

6.10　伯牛有疾,子问之,自牖执其手,曰:"亡之,命矣夫! 斯人也而有斯疾也,斯人也而有斯疾也!"

【解读】

"伯牛"是孔子的学生,姓冉,名耕,字伯牛。"疾"是疾病。《史记·仲尼弟子列传》说:"伯牛有恶疾,孔子往问之。""恶疾"可能是指一种恶性的传染病。"牖(yǒu)"是窗户。孔子去探病时,病人需要隔离,所以从窗户里握住病人的手。"亡之"是使动用法,意为,让这样的人死。"命矣夫"是说,这真是命呀! 言外之意是说,这样的人不该死。孔子认为冉伯牛有德行,命不该绝。"斯人也而有斯疾也"是说,这样的人竟会得这样的病! 反复言之,说明孔子非常痛惜。

这一章说明孔子对冉伯牛的痛惜之情。

【译文】

冉伯牛生了病,孔子去探问他。从窗户里握着他的手,说:"让这样的人死,这真是命呵! 这样的人竟会得这样的病,这样的人竟会得这样的病!"

6.11　子曰:"贤哉,回也! 一箪食,一瓢饮,在陋巷,人不堪其忧,回也不改其乐。贤哉,回也!"

【解读】

"贤哉,回也"是个主谓倒装句,一般是为了突出谓语。是说,大贤呵,颜回。"箪(dān)"是盛饭的竹编器。"饮"指饮用水。"陋巷"是破陋的巷子。"一箪食,一瓢饮,在陋巷,人不堪其忧,回也不改其乐"是说,有一篓饭,有瓢水就很满足,住在破巷子里,别人都忍受不了那样的忧苦,颜回却能不改变他的快乐。最后又说"贤哉,回也"! 是孔子对颜回安贫乐道的赞叹。

这一章说明孔子对颜回安贫乐道的赞叹。

【译文】

孔子说:"大贤人呵,颜回! 一竹篓饭,一瓢水,住在破巷子里,人都受不了这样的忧苦,颜回也不改变他的快乐。大贤人呵,颜回!"

6.12　冉求曰:"非不说子之道,力不足也。"子曰:"力不足者中道而废,今女画。"

【解读】

"冉求"即冉有。这个人在性格上有点畏葸不前,孔子多次鼓励他积极努力,克服裹足不前的毛病。这一章也有相同的意思。"说"同悦。冉求说:"非不说子之道,力不足也。"是说,并不是我不喜欢先生的学说,实在是我的能力达不到。"中道"是半道。"废"是废止。"画"是划定范围。孔子说:"力不足者中道而废,今女画。"是说,如果是能力不足的话,就会走到半路上走不动了才停下来。现在你还没走,就先给自己划出了范围,止步不前了。

这一章孔子批评冉有的裹步不前。

【译文】

冉求说:"我并不是不喜欢先生的学说,只不过是能力不足。"孔子说:"能力不足走到中途再停步,现在你是自己划定界限止步不前。"

6.13　子谓子夏曰:"女为君子儒,无为小人儒。"

【解读】

"子夏"即卜商。这个人心眼有点小。孔子认为他办事顾虑太多,总是达不到火候。孔子死后,他给魏文侯做国师。儿子死了,他哭得双目失明。这一章是孔子看出他顾虑太多,鼓励他要成为君子。"女"即汝。"女为君子儒,无为小人儒"是说,你要做个君子式的学者,不要做小人式的学者。

这一章是孔子对子夏的批评和鼓励。

【译文】

孔子对子夏说:"你要做一个君子样的儒者,不要做小人样的儒者。"

6.14　子游为武城宰。子曰:"女得人焉耳乎?"曰:"有澹台灭明者,行不由径,非公事,未尝至于偃之室也。"

【解读】

"子游"是孔子的学生,姓言,名偃,是个办事很认真的人。武城是地名,在今山东费县境内。"子游为武城宰"是说,子游做了武城的邑宰。孔子说:"女得人焉耳乎?"是说,你在武城发现什么人才没有?澹台灭明看来当时还不是孔子的学生。《史记·仲尼弟子列传》说他姓澹台,名灭明,字子羽,长相凶恶。在取予去就方面要求严格,后来投身孔子门下当了学生。《水经注》里说他,有一次带着千金之璧在延津渡黄河,两条蛟龙夹舟而行,掀起滔天大浪,要夺他的玉璧。他说:"我的为人是可以义取,不可以强夺。"拔剑杀了蛟龙,把玉璧扔到河里。扔了三次,玉璧又跳回来三次,他把玉璧砸了,又扔到河里。可见是个很有操守的人。"径"是小路斜径。子游回答说:"有澹台灭明者,行不由径,非公事,未尝至于偃之室也。"是说,有一个澹台灭明的人是个人才,从来不走斜径小路,要不是公事,从来没有到我的屋里找过我。

这一章孔子既鼓励子游任用人才,又赞扬澹台灭明的正直。

【译文】

子游做了武城的邑宰。孔子问他:"你在当地发现人才了吗?"子游说:"有一个叫澹台灭明的人,不走斜径小道,若不是公事,从不到我屋里来。"

6.15　子曰:"孟之反不伐,奔而殿,将入门,策其马,曰:'非敢后也,马不进也。'"

【解读】

"孟之反"是鲁国大夫。《左传·哀公十一年》记载作孟之侧,看来"侧"是名,"反"是字。这一章所说的事件,指的是鲁国与齐国的一次战争,鲁军被齐军打得大败。军士溃逃,孟之反一直为鲁军殿后,阻止齐军的追击,尽力挽救失败的损失。"伐"是自夸。"奔"是逃奔。"殿"是殿后。"孟之反不伐,奔而殿"是说,孟之反不炫耀自己,军队溃败逃命,他一直殿后。可见是战场上有功的人。"策"是用鞭子赶马快走。"将入门,策其马"是说,快进鲁国的城门时,他打着马向前赶,不愿让军士看到他是有意殿后。"曰:'非敢后也,马不进也'"是说,进了城之后,他向人们说:"并不是我敢殿后,是因为我的马跑不快,不得不落在后边。"可见是真的不想炫耀自己。

这一章孔子赞扬孟之反不自夸的优良品质。

【译文】

孔子说:"孟之反不自我炫耀,在军队溃逃时他一直殿后,快进城门时,打着马向前跑,对人们说:'不是我敢殿后,是我的马跑不快。'"

6.16　子曰:"不有祝鮀之佞,而有宋朝之美,难乎免于今之世矣。"

【解读】

"祝鮀",卫国大夫,字子鱼,是个能言善辩的人。《左传·定公四年》记载,在召陵召开的诸侯会盟中,原定在歃血时,蔡国排在卫国的前面。

经过祝鮀私下里的活动,歃血时把卫国排在了蔡国之前。"佞"是口才好。"宋朝"是宋国的公子朝。《左传·定公十四年》记载:"卫侯为夫人南子召宋朝。"杜预说:"南子,宋女也;朝,宋公子,旧通于南子。在宋呼之,是朝为宋之美人而善淫也。"孔子在《公冶长》第五章里说:"焉用佞?御人以口给,屡憎于人。不知其仁,焉用佞?"对于能言善辩的人持否定态度。在孔子生活的年代,虽然还没有像战国时那样游说成风,但能言善辩已经被社会普遍重视了。孔子在这里把"佞"与"美"进行对比,正是对社会上这种看重"佞"的痛心。"免"是免于灾难。孔子说:"不有祝鮀之佞,而有宋朝之美,难乎免于今之世矣。"就是说,当今的世道,如果没有祝鮀那样的能言善辩,即使像宋朝那样的美男子,也难免受到灾祸。

这一章批判崇尚能言善辩的世风。

【译文】

孔子说:"如果没有祝鮀的口才,即使有宋朝的美貌,在当今之世也难免受到灾祸。"

6.17 子曰:"谁能出不由户?何莫由斯道也?"

【解读】

"户"即门户。"道"是天下通行的大道,即人们说的真理。孔子说:"谁能出不由户,何莫由斯道也?"是说,谁出入时能不走门户?什么事能不由大道而来?也就是说,什么事都得受大道的支配,违背大道没有出路。

这一章说明大道决定一切的巨大作用。

【译文】

孔子说:"谁能出来不走门户?什么事不由大道来决定?"

6.18 子曰:"质胜文则野,文胜质则史。文质彬彬,然后君子。"

【解读】

"质"是质朴。"文"是文饰。"史"是古代的史官。古代史官职掌沟通天人,日常负责巫祝卜筮之类的工作,常说一些玄虚而难以证实的话,所以引申出虚浮飘渺的意思。"彬彬"是有文采的样子。孔子说:"质胜文则野,文胜质则史,文质彬彬,然后君子。"意为,质朴胜过文饰就未免粗野,文饰胜过质朴就未免虚浮。文饰与质朴配合得有文采,然后才称得上君子。也就是说,一个人质朴又文明才是君子。

这一章说明文与质不可或缺的辩证关系。

【译文】

孔子说:"质朴超过了文饰,就会显得粗野;文饰超过了质朴,就会显得虚浮。文饰与质朴配合得有文采,才称得上是君子。"

6.19 子曰:"人之生也直,罔之生也幸而免。"

【解读】

"直"是正直。"罔"是欺罔,与直并列,指的是不正直。"幸"是侥幸。"免"是免于灾祸。孔子说:"人之生也直,罔之生也幸而免。"是说,人生活在世上,靠的是正直;不正直的人生活在世,只不过是侥幸而免于灾祸。"而"是用于状语和动词之间的连词。

这一章说明正直对人生的重要。

【译文】

孔子说:"人生在世靠的是正直,不正直的人活在世上,不过是侥幸免于灾祸。"

6.20 子曰:"知之者不如好之者,好之者不如乐之者。"

【解读】

"好(hào)"是爱好的意思。孔子说:"知之者不如好之者,好之者不如乐之者。"是说,人无论是在学习、工作、事业等各个方面,只要是有所追求的话,对它了解的人比不上爱好它的人,爱好它的人又比不上以此为乐的人。这是在强调人的主观能动作用。有了兴趣才会有主观能动性,才可能敬业,敬业的人才能出成果。

这一章说明对事业培养兴趣的重要性。

【译文】

孔子说:"知道它的人不如爱好它的人,爱好它的人不如以它为乐的人。"

6.21 子曰:"中人以上,可以语上也;中人以下,不可以语上也。"

【解读】

"中人"指的是中等智力的人。孔子在《季氏》第九章里说:"生而知之者上也,学而知之者次也;困而学之者又其次也;困而不学,民斯为下矣。"中人指"学而知之者"或"困而学之者","可以语上"的"上"指的是高深的道理。孔子说:"中人以上,可以语上也;中人以下,不可以语上也。"意思是说,中等智力以上的人,才可以对他讲高深的道理;中等智力以下的人,不可以对他讲高深的道理。在《卫灵公》第八章里,孔子说:"可与言而不与之言,失人;不可与言而与之言,失言。知者不失人,亦不失言。"对中等智力以下的人讲高深的道理就是"失言",白费唇舌。

这一章说明孔子因材施教的思想。

【译文】

孔子说:"中等智力以上的人,才可以对他讲高深的道理;中等智力以下的人,不可以对他讲高深的道理。"

6.22 樊迟问知。子曰:"务民之义,敬鬼神而远之,可谓知矣。"问仁。曰:"仁者先难而后获,可谓仁矣。"

【解读】

"樊迟"是孔子的学生,姓樊,名须,字子迟。这个人孔子认为他起点不高,甚至说他"小人哉樊须也"。所以给他讲的都是一些具体实际的道理,以便于操作。因此我们也不能按照孔子回答樊迟的话去理解孔子的深刻思想。只能看做是在某个方面的应用。比如樊迟问智,"知"即智。孔子回答说:"务民之义,敬鬼神而远之,可谓知矣。""务民"是从事于民,即做一个人。"义"是"宜也",即应当的做法。"远之"是远离它,也就是说,不要沉迷在它身上,成天与它泡在一起。孔子的意思是说,一个人应当的做法是敬奉鬼神,但不要沉迷于鬼神,这就可以算做智了。樊迟又问什么是仁。孔子回答说:"先难而后获,可谓仁矣。"是说,先经历艰苦的努力然后获得它的成果,就可以算做是仁了。显然,智与仁远不止这么简单。孔子这样回答,是为了讲究教育的实效,是他因材施教思想的一种体现。

这一章是孔子针对樊迟解释智与仁的含义。

【译文】

樊迟问怎样才算智。孔子说:"作为一个人的应当做法,是敬奉鬼神但要远离它,这就可以算做智了。"樊迟又问怎样才算仁。孔子回答说:"先经过艰苦努力然后获得它的成果,这就可以算做仁了。"

6.23 子曰:"知者乐水,仁者乐山。知者动,仁者静。知者乐,仁者寿。"

【解读】

这一章是用比兴的方法说明智与仁的不同,理解起来困难一些。孔子在《易·系辞》里说:"知崇礼卑,崇效天,卑法地。""智"与"礼"对比来说,智是效法天的崇高,礼是效法地的卑下。又说:"天尊地卑,贵贱定矣。卑高以陈,贵贱位矣。动静有常,刚柔断矣。""智"与"仁"对比来说,智是效法天的动,仁是效法地的静。由此可知,孔子说的"智"是天的属性,知天道者叫做智;"仁"是地的属性,行地道者叫做仁。这是孔子对智和仁的深刻思想。孔子说:"知者乐水,仁者乐山。知者动,仁者静。知者乐,仁者寿。"是说,智者的属性是动,所以喜欢水的流动;仁者的属性是静,所以喜欢山的沉稳。智者与天道的运转不息一致,所以喜欢动;仁者与地道的深厚稳固一致,所以喜欢静。智者与天道的畅通无阻一致,所以乐;仁者与地道的恒久不变一致,所以长寿。看一个人的爱好,就基本上可以判断他所属的类型。

这一章是孔子告诉人们判断仁与智的基本方法。

【译文】

孔子说:"智者喜欢水,仁者喜欢山。智者喜欢动,仁者喜欢静。智者快乐,仁者长寿。"

6.24 子曰:"齐一变,至于鲁;鲁一变,至于道。"

【解读】

这一章是孔子对当时各国文明状况的分析。鲁国因为受周公长期的熏陶,文武之道未坠于地,在礼仪教化方面远远高于其他国家,百姓的素质还比较好。齐国与鲁国相邻,受其影响,文明程度虽比不上鲁国,但比其他国家还是要高。但因为圣人不在位,都还没有达到文武治世的程度。所谓"齐一变,至于鲁;鲁一变,至于道",是说,就目前的状况看,齐国如果能推行文武之道,可以达到鲁国的程度,鲁国如果能推行文武之道,就可以达到合乎大道的程度,其他国家还提不上。

这一章是孔子对当时各国文明状况的分析。

【译文】

孔子说:"齐国的文明一变革,可以达到鲁国的水平。鲁国的文明一变革,可以达到合乎大道的水平。"

6.25 子曰:"觚不觚,觚哉,觚哉!"

【解读】

"觚(gū)",马融注:"礼器。一升曰爵,二升曰觚。"是礼仪中使用的酒杯。颜师古说:"觚者,棱也。"但他说是写字用的木牍,恐怕不确,木牍的觚,应作柧,此字从角,可知是角质的酒杯。《燕礼》说公用"象觚",可见也有用象牙制作的。觚棱,可能是上古复辅音的遗存,到现在演变成圪塝儿。循声求义,可知觚上有棱。有棱的酒杯称做觚。王应麟《史记补注》说,"破觚为圜",就是说把带棱的变成圆形的。孔子见到的觚,可能是圆形的酒杯了。所以才说:"觚不觚,觚哉,觚哉!"意思是说,名称叫觚却没有棱了,觚呵,觚呵! 这一章是孔子对当时许多名实不相符现象的不满。君不君,臣不臣,父不父,子不子,社会秩序乱了套,连个酒杯也名不符实,所以反复慨叹。

这一章是孔子对名实不符现象的慨叹。

【译文】

孔子说:"觚不像觚了,觚呵,觚呵!"

6.26 宰我问曰:"仁者,虽告之曰,'井有仁焉',其从之也?"子曰:"何为其然也? 君子可逝也,不可陷也;可欺也,不可罔也。"

【解读】

"宰我"即宰予。《史记·仲尼弟子列传》里说:"吾以言取人,失之宰予。"虽然后来孔子认为他还是很不错的一个学生,但当时确实认为他头脑有问题,尽问一些怪问题。这一章就是其中的一例。"仁者,虽告之曰,'井有仁焉',其从之也"是说,一个有仁义的人,即使告诉他井里边有仁义,他会跳到井里去吗? 孔子觉得他问的问题很可笑,但还是耐心地向他做了解释。"何为其然也"是说,为什么会这样呢?"君子可逝也,不可陷也。""逝"是消失,也就是死掉。"陷"是陷害。意思是说,君子可以去死,但不可能受陷害。"可欺也,不可罔也。""罔"是愚弄。意思是说,君子可以受欺骗,但不可能受愚弄。君子为什么会受欺骗,《孟子·万章》里说:"君子可欺以其方,难罔以非其道。"举了个例子说,有人送给郑子产一条活鱼。郑子产让校人放在池子里养起来。校人偷偷把鱼煮着吃了。回来向郑子产报告说:"刚一放到池子里,鱼还有点呆愣,一会儿就活动起来了,然后就忽然游到水深处不见了。"郑子产还高兴地说:"鱼得到好地方了,得到好地方了。"校人出来说:"谁说郑子产聪明,我把鱼煮着吃了,他还说得到好地方了,得到好地方了。"可见在合乎情理的情况下君子也可能受骗,但宰我说的"井里有仁义",这是完全违背情理的事,君子当然不会受到愚弄。

这一章说明君子以合乎情理处世,不会受到陷害和愚弄。

【译文】

宰我问孔子说:"有仁德的人,即使告诉他'井里有仁义',他会跳到井里去吗?"孔子回答说:"为什么会这样呢? 君子可以去死,但却不可去陷害他;可以欺骗,但不可去愚弄他。"

6.27 子曰:"君子博学于文,约之以礼,亦可以弗畔矣夫!"

【解读】

"博"是广博。"文"是文献。"约"是约束。"畔"通叛,指离经叛道。孔子说:"君子博学于文,约之以礼,亦可以弗畔矣夫!"是说,君子用广博的文献知识丰富自己,用礼节来约束自己,也可以不离经叛道了。在《子罕》第十一章里颜渊说:"夫子循循然善诱人,博我以文,约我以礼。"说明孔子确实是这样教育学生的。

这一章说明君子应具备的条件。

【译文】

孔子说:"君子广泛学习文献,用礼节约束自己,也可以不离经叛道了。"

6.28 子见南子,子路不说。夫子矢之曰:"予所否者,天厌之,天厌之!"

【解读】

"南子"是卫灵公的夫人,美而淫乱,名声不好。据《史记·孔子世家》说,孔子从蒲返回卫国,南子知道孔子在社会上声望很高,邀请孔子相见,孔子不愿去见,但鉴于南子是卫灵公身边最宠信的人,还是出于礼貌地去见了一面。子路这个人很直率,认为孔子不该去见。"子见南子,子路不说。""说"即悦。是说,孔子见了南子,子路很不高兴。"矢"通誓。"夫子矢之曰"是说,孔子发誓说。"否"是不的意思。"厌"是厌弃。《史记·孔子世家》里加了一句说明:"孔子曰:'吾乡为弗见,见之礼答焉。'"接着才是"子路不说"云云。意思是说,孔子向子路说明,原来我没打算去见南子,但因为礼节上的需要又不得不去见。我去见她,只不过是一种礼仪上的应酬。这里的"予所否者,天厌之,天厌之"是说,如果我不是礼仪上的应酬,让天厌弃我!"天厌之"是当时发誓的习惯说法。

这一章说明孔子为人正派。

【译文】

孔子去见南子,子路很不高兴。孔子对他发誓说:"如果我没有按照礼仪去做,让天厌弃我,让天厌弃我!"

6.29 子曰:"中庸之为德也,其至矣乎! 民鲜久矣。"

【解读】

"中"是适中,"庸"是常,"中庸"就是适中又通常的道。用孔子自己的话说,就是"无过,无不及",不左不右,恰到好处。"至"是达到最高了。"鲜"是少。孔子说:"中庸之为德也,其至矣乎! 民鲜久矣。"是说,中庸作为一种道德,该是最高的了,百姓已经长久地缺少它了。这是针对当时社会上为了一己的私利,往往采用过激而让对方无法接受的行为成为风气说的。如果每个人都能按中庸之道办事,采取彼此都能接受的方法,社会就会安定和谐。

这一章说明孔子的中庸理想。

【译文】

孔子说:"中庸作为一种道德,可以说是达到最高了吧! 百姓已经很久缺少它了。"

6.30　子贡曰:"如有博施于民而能济众,何如? 可谓仁乎?"子曰:"何事于仁,必也圣乎! 尧舜其犹病诸! 夫仁者,己欲立而立人,己欲达而达人。能近取譬,可谓仁之方也已。"

【解读】

"博施"是广泛地施予。"济众"是救济大众。子贡说:"如有博施于民而能济众,何如? 可谓仁乎?"是说,如果一个人能对人民广泛地施予恩惠,又能救济大众,怎么样? 可以称得上仁吗? 子贡因为孔子对仁的要求很高,所以找出一种最高的人来问孔子。但事实上这种人在世上很难见到,要按子贡的要求,那只有活菩萨才能做到这样。要求脱离现实,对宣传孔子的仁道很不利,所以孔子回答说:"何事于仁,必也圣乎! 尧舜其犹病诸!"意思是说,这哪里仅仅是仁的问题,那肯定是圣德了! 连尧和舜还常常担心自己做不到呢! "病诸"是以此为病的意思,也就是以此为缺点。接着孔子讲自己关于仁的要求。"夫仁者,己欲立而立人,己欲达而达人。能近取譬,可谓仁之方也已。"意思是说,仁的品德,那是自己想树立什么,也让别人能树立什么;自己想达到什么,也让别人能达到什么。能够将他人比作自己,这样就是推行仁的方法了。"近取譬"指用自己的心去比。《周易·系辞》里说:"近取诸身,远取诸物。""近取譬"就是用自身去相比。这也很不容易,在现实中我们见到的,一般父母对儿女才有这样的心肠。把这种心肠推广到对其他人的身上就可以是仁了。但这可以做得到。到这里我们可以看出,孔子说的圣人那是活菩萨级的人物,所以去要求帝王;仁是对待众人像父母对待儿女般的人物,可以去要求君子;中庸是采取彼此都能接受的方式去做事的人,可以去要求一般民众。圣是大仁大智,要求有巨大的能量或一定的权力为条件,这才可能"博施于民而能济众"。要求君子去当圣人不大现实。

这一章说明孔子仁的思想。

【译文】

子贡说:"一个人如果能做到广泛地对人民施予恩惠,又能救济大众,怎么样? 可以说是仁了吗?"孔子回答说:"岂止是仁呢,那一定是达到圣了! 尧和舜也会担心自己做不到呢! 所谓仁,就是自己想要有所成就,也让他人有所成就;自己想要通达,也让他人通达,能够用自身去比别人,这就是推行仁的方法了。"

述而第七

7.1 子曰："述而不作,信而好古,窃比于我老彭。"

【解读】

"述"是传述。"作"是编造。"信"是诚信,真实。"老彭",包咸注:"殷贤大夫,好述古事。"刘宝楠《论语正义》:"窃者,《广雅·释诂》云:'私也。'夫子谦言,不敢显比老彭,故言私比也。老彭,殷大夫,夫子亦殷人,故加'我'以亲之。"又云:"《庄子音义》引《世本》云:"彭祖,姓篯,名铿,在商为守藏史,在周为柱下史,以彭祖为商人。与郑语(郑玄注)及《五帝纪》不合。"《史记·五帝纪》说彭祖是尧时人。《史记·老子列传》司马贞《索隐》认为"老"是老子,"彭"是彭祖,老彭是两个人。《世本》认为彭祖活了八百岁,在商朝是守藏史,在周朝时就是老子,做柱下史。总之,彭祖被传为一个神话人物。真人还是应该有的。依据包咸注,彭祖应为商朝人。做过守藏史,管理国家的文献档案,姓篯,名铿。老彭指的是彭祖。孔子的先祖也是殷商的后裔,故称他为"我老彭"。孔子说:"述而不作,信而好古,窃比于我老彭。"是说,我只是传述古圣先贤之道而不自己编造,尽量做到真实而爱好钻研古代文献,私下里把自己和我的老彭相比。刘宝楠说,依据《中庸》的说法,"非天子不议礼,不制度,不考文。议礼、制度、考文,皆作者之事。然必天子乃得为之……虽有其位,苟无其德,不敢作礼乐焉。虽有其德,苟无其位,亦不敢作礼乐焉"。孔子删诗书,定礼乐,肯定是加入了个人意见的,不过他认为自己的做法都有历史文献作依据,而不是自己的编造。可见他说的"作"指的是编造,与我们今天说的"创作"不尽相同。

这一章是孔子自己说明他的作品是"述而不作,信而好古"。

【译文】

孔子说:"传述而不编造,真实而爱好钻研古代文献,我私下里把自己和我的老彭相比。"

7.2　子曰:"默而识之,学而不厌,诲人不倦,何有于我哉?"

【解读】

"识(zhì)"是记住。"何有于我"是对我来说有何难以做到,即可以做到。"何有"在《论语》里一般都是"何难之有"的省略。如《里仁》第十三章:"能以礼让为国乎? 何有?"《雍也》第八章:"由也果,于从政乎何有?""赐也达,于从政乎何有?""求也艺,于从政乎何有?"孔子说:"默而识之,学而不厌,诲人不倦,何有于我哉?"是说,默默地记在心里,不厌倦地去学习,不厌倦地去教导别人,这对我有什么难的呢? 意思是说,这些都是人可以做到的,我不难,你们也不难。只要自己努力,可以做到,希望自己的学生不要把这些看成是高不可攀的事情,应该尽力去做。

这一章孔子说明自己的做法为学生做表率。

【译文】

孔子说:"默默地记住,不厌倦地学习,不厌倦地教导他人,这对我有什么难的呢?"

7.3　子曰:"德之不修,学之不讲,闻义不能徙,不善不能改,是吾忧也。"

【解读】

"讲"是讲求,探讨。"徙"(xǐ)是迁移。在这里是追随着去做的意思。孔子说:"德之不修,学之不讲,闻义不能徙,不善不能改,是吾忧也。"是说,不能修养道德,不能讲求学问,听到道义不能追随,行为不善不能改,这是我忧虑的。孔子这样说,也是以身作则,实际上是对学生的要求。

这一章说明君子应当忧虑的内容。

【译文】

孔子说:"不能修养道德,不能讲求学问,听到道义不能追随,有缺点不能改,这是我所忧虑的。"

7.4　子之燕居,申申如也,夭夭如也。

【解读】

"燕居",刘宝楠《论语正义》:"《礼记》有仲尼燕居、孔子闲居二篇。郑目录云:'退朝而处曰燕居,退燕避人曰闲居。'""申申"是舒展的样子。"夭夭"是润泽的样子。《诗·周南·桃夭》"桃之夭夭",朱熹注:"夭夭,少好貌。""孔子燕居,申申如也,夭夭如也"是说,孔子回到家里,显出舒展的样子,润泽的样子。

这一章说明孔子平时的仪容。

【译文】

孔子平时的仪容,一副舒展的样子,润泽的样子。

7.5　子曰:"甚矣吾衰也,久矣吾不复梦见周公!"

【解读】

这两句都是主谓倒装句。"周公",姓姬,名旦,周文王的儿子,周武王的弟弟,周成王的叔父,鲁国始封之祖。是孔子心目中的圣人。孔子说:"甚矣吾衰也,久矣吾不复梦见周公!"是说,我衰老得太快了,好久没有梦见周公了。这说明孔子为不能在有生之年实现周公之治的梦想而焦虑。

这一章说明孔子为不能实现自己的理想而忧虑。

【译文】

孔子说:"我衰老得太快了,好久没有梦见周公了。"

7.6　子曰:"志于道,据于德,依于仁,游于艺。"

【解读】

"艺"指六艺,即礼、乐、射、御、书、数。孔子说:"志于道,据于德,依于仁,游于艺。"是说,君子应该立志掌握道,用德作为人生的根据,用仁作为归依,游心于六艺。

这一章孔子说明君子的人生追求和内容。

【译文】

孔子说:"立志于道,根据于德,归依于仁,游心于六艺。"

7.7 子曰:"自行束脩以上,吾未尝无诲焉。"

【解读】

"行"是行礼。"脩"是干肉。"束脩"是一捆干肉。"诲"是教诲。孔子说:"自行束脩以上,吾未尝无诲焉。"是说,只要能给我一捆干肉以上的拜师礼,吾从来没有不教诲的。这是孔子想说明自己办教育,不是为了挣钱,而是要传播文化。

这一章说明孔子的办学目的。

【译文】

孔子说:"只要带一捆干肉以上的拜师礼,我从来没有不加以教诲的。"

7.8 子曰:"不愤不启,不悱不发,举一隅不以三隅反,则不复也。"

【解读】

"愤"是愤懑,指自己想知道总是不知道,而感到憋闷的时候。"悱(fěi)"同悲,是心里想说而说不出来,觉得憋塞的时候。"启"、"发"都是开导的意思。"隅"是墙角。孔子说:"不愤不启,不悱不发,举一隅不以三隅反,则不复也。"是说,教学生,不到他想求明白而不得的时候,不去启发他;不到他想说出来而又说不出来的时候,不去开导他;教给他一个墙角,他不能反推出其他三个墙角,就不要再教给他了,也就是说,让他自己去想。这就是孔子创造的启发式教学。

这一章说明孔子的教学方法。

【译文】

孔子说:"不到他想知道而憋闷的时候,不要启发他。不到他想说出来而憋塞的时候,不要去开导他。举例说明一个墙角,他不能类推其他三个墙角,就不要再讲了。"

7.9 子食于有丧者之侧,未尝饱也。

【解读】

“有丧者”指有丧事的人。“侧”是旁边。“子食于有丧者之侧,未尝饱也”是说,孔子在死了亲人的人旁边吃饭,从来没有吃饱过,说明孔子关心他人的痛苦,能体谅人。

这一章说明孔子关心他人疾苦。

【译文】

孔子在有丧事的人身边吃饭,从未吃饱过。

7.10 子于是日哭,则不歌。

【解读】

“是”相当于这。“子于是日哭,则不歌”是说,孔子在这一天哭泣过,就不再唱歌了。刘宝楠《论语正义》:“《曲礼》‘哭日不歌’。《檀弓》‘吊于人,是日不乐’。毛氏奇龄《稽求篇》谓《檀弓》即指夫子此事是也。郑注《檀弓》云:‘君子哀乐不同日。’又郑志答临硕云:‘谓一日之中,既以哀事哭,又以乐而歌,是为哀乐之心无常。言人既以哀事哭,则竟一日当常有哀心也。’此惟哀哭在前则然。若已歌,而后闻他人之丧,则吊哭,正礼所宜矣。”毛奇龄的意思是说,如果这一天已经唱过歌了,又听到别人的丧事,那就得去哭吊,这合乎礼仪。所以应当把这一章与前一章分开。其实分了还是一样,这一章应该与前一章合在一起。原文是“哭则不歌”。是哭过后就不再唱歌,没有说“歌则不哭”。

这一章也是说明孔子能体谅他人的痛苦。

【译文】

孔子在这一天哭过了,就不再唱歌。

7.11 子谓颜渊曰:“用之则行,舍之则藏,惟我与尔有是夫!”子路曰:“子行三军,则谁与?”子曰:“暴虎冯河,死而无悔者,吾不与也。必也临事而惧,好谋而成者也。”

【解读】

颜渊是孔子最得意的学生颜回,孔子对他说:“用之则行,舍之则藏,惟我与尔有是夫!”意思是说,社会乐于采用自己的主张,就把自己的主张推行于世。社会舍弃了自己的主张,那就退而隐藏起来。只有我和你才会这样去做吧！子路觉得孔子在这么多学生里就看得起一个人，心里不平。觉得颜渊的优势不过是用在施政上，如果用在军事上未必比自己强。于是问孔子说："子行三军，则谁与？"意思是说，先生如果在三军里推行你的主张，那么会选择和谁在一起？孔子听出了子路对自己的军事才能很自负，就有意地给他泼了点冷水。"暴虎"是徒手与虎搏斗。"冯(píng)河"是徒步渡河。都是依赖自己的体能与外界勇敢抗争，不懂得借用其他有利条件。孔子说："暴虎冯河，死而无悔者，吾不与也。必也临事而惧，好谋而成者也。"是说，那种徒手搏虎，徒步渡河，死了也不知悔恨的人，我不会选择和他在一起。一定要选择的话，我选择临事知道恐惧，善于谋略能把仗打胜的人。

这一章说明孔子主张君子要重智谋轻勇力。

【译文】

孔子对颜渊说："社会采用自己的主张就把它推行于世，社会不采用自己的主张那就隐藏起来。只有我和你才有这样的品德吧！"子路说："先生在军事上推行自己的主张，会选择与谁一起共事呢？"孔子回答说："那种徒手搏虎，徒步渡河，死了也不后悔的人，我不会选择与他一起共事。一定要选择的话，我选择临事知道恐惧，善于谋划而能把事办成的人。"

7.12 子曰："富而可求也，虽执鞭之士，吾亦为之。如不可求，从吾所好。"

【解读】

"执鞭之士"指的是为达官贵人警跸开路的人，相当于警备人员，在士人谋求的职位中属低贱的职位。孔子说："富而可求也，虽执鞭之士，吾亦为之。如不可求，从吾所好。"是说，富贵如果可以谋求而得到的话，即使是做个低贱的执鞭人，我也会干。如果不可以谋求的话，我选择干我自己喜欢的事。孔子这样说有一个前提，就是下文提到的"不义而富且贵，于我如浮云"。在合乎道义的情况下去追求富贵。"可"与"不可"取决于合不合道义。孔子虽然讲"天命"，但这里不能理解为是由天命决定的。孔子自己就是鲁国的大夫，他从富贵中退了出来，就是取决于道义。

这一章说明孔子"君子爱财,取之有道"的思想。

【译文】

孔子说:"富贵如果可以求取的话,即使是当个执鞭的人我也干。如果不可以求取的话,我选择干我自己喜欢的事。"

7.13　子之所慎:齐、战、疾。

【解读】

"齐(zhāi)",今作斋,指祭祀前所做的洁净身心的工作。祭祀要求虔诚,故要斋戒。"子之所慎:齐、战、疾"是说,孔子对三件事小心谨慎:斋戒、战争、疾病。战争关乎国家存亡,疾病关乎人的生死。孔子为什么把斋戒看得与生死存亡一样重要呢? 这主要是因为孔子讲求人的诚敬。人生在世,要对得起天地良心,鬼神不欺。舍此而生,类同行尸走肉。

这一章说明孔子重视的三件大事。

【译文】

孔子慎重对待的有三件事:斋戒、战争和疾病。

7.14　子在齐闻《韶》,三月不知肉味,曰:"不图为乐之至于斯也。"

【解读】

"韶"是大舜时的乐曲。在《八佾》篇里,孔子说《韶》"尽美矣,又尽善也",认为是尽善尽美的音乐作品。《史记·孔子世家》里说,孔子在三十五岁时,因鲁昭公逃奔到齐国,鲁国内乱,他也到了齐国,与齐太师谈论音乐,听到了演奏《韶》的乐曲。可见这是孔子第一次听到《韶》乐。"子在齐闻《韶》,三月不知肉味,曰:'不图为乐之至于斯也'"是说,孔子在齐国听到演奏《韶》的乐曲,三个月吃肉都觉不到香味,于是说:"没想到演奏音乐竟然有这样大的魅力。"亲身所感使孔子把乐的教化作用看得非常重。

这一章说明孔子亲身感受到音乐移人性情的作用。

【译文】

孔子在齐国听到演奏《韶》的乐曲,三个月吃肉都觉不出味来,于是慨叹说:"没想到音乐竟然有这样大的魅力。"

7.15 冉有曰:"夫子为卫君乎?"子贡曰:"诺,吾将问之。"入,曰:"伯夷、叔齐何人也?"曰:"古之贤人也。"曰:"怨乎?"曰:"求仁而得仁,又何怨?"出,曰:"夫子不为也。"

【解读】

"卫君"是卫出公辄,卫灵公的孙子。卫灵公在世时立蒯聩为太子。蒯聩因不满卫灵公夫人南子的淫乱,闯下了祸,被卫灵公赶出卫国。灵公死后,立蒯聩的儿子辄为卫君。蒯聩得知后,在晋军的支持下回国与儿子争君位。父子之间闹得不可开交。孔子在鲁哀公二年由楚返回卫国,正赶上卫国这件事。冉有想知道孔子会站在哪一边,所以问子贡说:"夫子为卫君乎?"意思是说,先生会支持卫出公吗?"为"在古汉语里作动词用时用法很活,这里就是支持的意思。子贡说:"诺,吾将问之。"是说,好吧,我去问问。子贡进入屋里问孔子说:"伯夷、叔齐何人也?"意思是问,伯夷、叔齐是什么样的人呢?《史记·伯夷列传》里说,伯夷、叔齐是孤竹国君的儿子。孤竹君想立叔齐为国君,死后,叔齐认为伯夷是兄长,要把君位让给伯夷,伯夷认为父王要立的是叔齐,不接受。两人为了给对方让位躲了起来,最后国人立中子做了国君。两人听说西伯昌(周文王)能养老,就一起去投奔西伯昌,到了之后西伯昌死去了,周武王伐纣,两人又扣马而谏。武王不听,灭了商朝,两人义不食周粟,隐于首阳山采薇而食,直到饿死。这两个人与卫君父子之间争位的情况截然相反,故子贡问孔子怎样评价伯夷、叔齐。孔子说:"古之贤人也。"是说,伯夷、叔齐是古代的贤人。子贡又问:"怨乎?"是说,伯夷、叔齐是不是后悔自己的做法呢? 孔子说:"求仁而得仁,又何怨?"是说,他们求的是仁义得到了仁义,又有什么可后悔的呢? 子贡得知孔子对伯夷、叔齐的看法,走出来对冉有说:"夫子不为也。"意思是说,先生不会支持出公一方。当然孔子也不会支持蒯聩一方。

这一章说明孔子的仁义立场。

【译文】

冉有问子贡说:"先生会支持卫君吗?"子贡说:"好吧,我去问问。"子贡进了孔子的房间,问道:"伯夷、叔齐是什么样的人呢?"孔子说:"是古代的贤人。"子贡又问:"他们悔恨自己的做法吗?"孔子说:"追求仁义,最后得到了仁义,又有什么可悔恨的呢?"子贡出来后对冉有说:"先生不会支持卫君。"

7.16 子曰:"饭疏食饮水,曲肱而枕之,乐亦在其中矣。不义而富且贵,于我如浮云。"

【解读】

"饭"作动词用,是吃的意思。"疏食"是粗粮。"曲肱(gōng)"是把胳膊弯起来。"枕之"是把弯起的胳膊放在头下做枕头,枕在上面。"浮云"是过眼浮云,虚而不实。孔子说:"饭疏食饮水,曲肱而枕之,乐亦在其中矣。不义而富且贵,于我如浮云。"是说,吃粗食,饮凉水,弯起胳膊当枕头,其中也有快乐。不仁义而得来富贵,对我来说好比是过眼浮云。

这一章说明孔子珍爱仁义,轻视富贵。

【译文】

孔子说:"吃粗食,饮冷水,弯起胳膊做枕头,其中照样也有快乐。不仁义而得到富贵,对我来说如同过眼浮云。"

7.17 子曰:"加我数年,五十以学《易》,可以无大过矣。"

【解读】

"加"是加多的意思。"《易》"是《易经》,是伏羲首创,经历了黄帝、周文王等历代圣人修定的一部揭示天地之道的书,集中了古代圣人的智慧和认识。孔子说:"加我数年,五十而学《易》,可以无大过矣。"是说,让我多活几年,五十岁时去学习《易经》,便可以不犯大错了。孔子确实在五十岁后学习了《易经》,并为《易经》传下了注释的《十翼》。《史记·孔子世家》里说:"孔子晚而喜易,序彖、系、象、说卦、文言。"

这一章说明孔子对《易经》的高度评价。

【译文】

孔子说:"如果我能多活几年,到五十岁开始学习《易经》,就可以不犯大的错误了。"

7.18 子所雅言,《诗》、《书》、执礼,皆雅言也。

【解读】

"雅言"指的是中原地区的通用语。当时各地的方言很多,迫于传播与交流的需要,因为中原地区一直是我国文化的中心,所以逐渐形成了以中原地区为中心的一种读书音,这就是雅言。"子所雅言,《诗》、《书》、执礼,皆雅言也"是说,孔子说中原通用语的时候,读《诗经》、《尚书》和行礼仪的时候,都用的是中原通用语。

这一章说明孔子所用的语言。

【译文】

孔子使用中原通用语的情况:读《诗经》、《尚书》和举行礼仪的时候,都使用中原通用语。

7.19 叶公问孔子于子路,子路不对。子曰:"女奚不曰,其为人也,发愤忘食,乐以忘忧,不知老之将至云尔。"

【解读】

"叶公",楚国大夫沈诸梁,字子高。封地在叶,故称叶公。《左传》定公五年、哀公十六年有关于他的记载。"叶公问孔子于子路"是说,叶公问子路孔子是个什么样的人。"子路不对"是说,子路没有回答。孔子知道后对子路说:"女奚不曰,其为人也,发愤忘食,乐以忘忧,不知老之将至云尔。"是说,你为什么不回答他说,他的为人,发愤工作时会忘了吃饭,快乐起来会忘了忧愁,不知道衰老将要到来了呢。"云"用在句尾表示"不可尽言",犹言等等。"尔"相当于如此罢了。

这一章是孔子对自己的鉴定。

【译文】

叶公问子路孔子是个什么样的人,子路没有回答。孔子说:"你怎么不告诉他说,他的为人,发愤工作起来就忘了吃饭,快乐起来就忘了忧愁,连自己快要老了都不知道,如此而已。"

7.20 子曰:"我非生而知之者,好古,敏以求之者也。"

【解读】

"好古"是爱好钻研古代文化。"敏"是勤敏。孔子说:"我非生而知之者,好古,敏以求之者也。"是说,我并不是生下来就有知识,只不过是爱好钻研古代文化,勤敏地去求取得到知识的人。在《季氏》第九章里,孔子说:"生而知之者,上也;学而知之者,次也;困而学之者,又其次也;困而不学,民斯为下矣。"孔子把人分为四等,把自己列入了第二等。

这一章说明孔子不以天才自居。

【译文】

孔子说:"我不是生下来就有知识的人,只不过是爱好钻研古代文化,勤敏地求取得来知识的人。"

7.21　子不语怪、力、乱、神。

【解读】

"怪"是怪异。"力"是勇力。"乱"是暴乱。"子不语怪、力、乱、神"是说,孔子不谈论怪异、勇力、暴乱、鬼神之类的事情。怪异、鬼神玄虚难明,勇力、暴乱不值得提倡。讲得太多于人无益。孔子教育学生,讲的内容要有理有据,有益于人。这些内容应当排除。《左传》里也记载了孔子向人们解释海鸟爰居、防风氏骨节专车等怪异不经的事,这一般是别人向孔子请教的时候,作出正面的回答,孔子一般不主动去讲这些东西。

这一章说明孔子的教学内容有据有益。

【译文】

孔子不谈论怪异、勇力、暴乱、鬼神。

7.22　子曰:"三人行,必有我师焉,择其善者而从之,其不善者而改之。"

【解读】

孔子说:"三人行,必有我师焉。"意思是说,三个人在一起走路,其中肯定会有人值得我学习。学习什么? 孔子下面作了解释:"择其善者而从之,其不善者而改之。"是说,他身上有优点我就向他学习优点,他身上有缺点我就改正自己身上存在的同样缺点。每个人身上都有缺点、优点,这样就无处不可学了。《老子》说:"善人,不善人之师;不善人,善人之资。"表达了同样的意思。说孔子"无常师",正是表现了孔子随处能学的方法。

这一章说明孔子善于学习的方法。

【译文】

孔子说:"三个人在一起走路,其中肯定会有我值得学习的人。选择他的优点加以学习,他身上的缺点,自己也有就加以改正。"

7.23 子曰:"天生德于予,桓魋其如予何!"

【解读】

《孔子世家》里记载:孔子周游列国,在离开鲁国到宋国去的路上,停在一棵大树下面与自己的学生演习礼仪,宋国司马桓魋(tuí)欲杀孔子,拔除了大树,孔子离开了宋国,这可能是因为孔子的祖先弗父何是宋愍公的长子,把君位让给了弟弟宋厉公。弗父何的曾孙正考父辅佐过戴公、武公、宣公,在宋国享有盛誉。一直到孔子的六世祖孔父嘉被华督所杀,孔子的曾祖孔防叔为躲避华氏的迫害才逃奔鲁国。孔子作为孔父嘉的后人又来到宋国,有重振祖业之嫌,故宋国司马桓魋想杀孔子,孔子看到自己不受欢迎,所以离开了宋国。

孔子说:"天生德于予,桓魋其如予何。"是说,上天给我生就了道德,桓魋能把我怎么样!

这一章说明孔子吉人自有天相的观点。

【译文】

孔子说:"上天给我生就了道德,桓魋又能把我怎么样!"

7.24 子曰:"二三子以我为隐乎?吾无隐乎尔。吾无行而不与二三子者,是丘也。"

【解读】

"二三子"是对学生的称呼。"尔"第二人称代词,古汉语里也可称复数,这里相当于"你们"。孔子说:"二三子以我为隐乎?我无隐乎尔。我无行不与二三子者,是丘也。"是说,学生们你们以为我有什么隐瞒不肯讲给你们的吗?我对你们没有隐瞒,我没有什么行为不向你们公开的。这就是我孔丘的为人。孔子的学生总觉得从老师身上有学不完的东西,即使学过的东西,在应用上也总觉得赶不上老师,有人怀疑孔子是不是有什么秘诀不肯传授,所以孔子向学生说明自己的真实情况。

这一章说明孔子教学从不保守。

【译文】

孔子说："学生们以为我对你们有所隐瞒而不肯讲的吗？我对你们没有隐瞒，我没有什么不对你们公开的，这就是我孔丘的为人。"

7.25　子以四教：文、行、忠、信。

【解读】

"文"指文化知识。"行"是社会行为，即实践。"子以四教：文、行、忠、信"是说，孔子教学生可以概括为四个方面的内容：一是文化知识，二是社会实践，三是对人的忠实，四是交际中的诚信。孔子能在两千多年以前就懂得德育、智育并重的教育方法，这十分难能可贵。

这一章说明孔子的教学内容。

【译文】

孔子在四个方面教育学生：文化知识，社会实践，对人忠实，交往讲诚信。

7.26　子曰："圣人，吾不得而见之矣；得见君子者，斯可矣。"子曰："善人，吾不得而见之矣；得见有恒者，斯可矣。亡而为有，虚而为盈，约而为泰，难乎有恒矣。"

【解读】

孔子说："圣人，吾不得而见之矣；得见君子者，斯可矣。"是说，世道衰微，道德沦丧，圣人我难得见到了，能看见君子，这也就可以了。孔子又说："善人，吾不得而见之矣；得见有恒者，斯可矣。""有恒"指操守有常。是说，善人我难得见到了，能见到操守有常的人，这也就可以了。"亡"用如无。"约"与"泰"对举，指的是寒酸与体面。"亡而为有，虚而为盈，约而为泰，难乎有恒矣"是说，本来没有却装作有，本来空虚却装作满盈，本来寒酸却装作体面，这很难保持长久。爱要面子是人们的通病，孔子认为这没有必要。

这一章说明道德缺失的世风。

【译文】

孔子说："圣人，我难得见到了，能够见到君子也可以了。"孔子说：

"善人我难得见到了,能够见到操守有常的人也可以了。无而装作有,空而装作满,寒酸而装作体面,这很难有常守。"

7.27 子钓而不纲,弋而不射宿。

【解读】

"钓"是钓鱼。"纲"指用网横截水面捕鱼。"弋"(yì)是用带丝绳的箭去射,这里指射。"宿"指鸟归巢。"子钓而不纲,弋而不射宿"是说,孔子钓鱼,但不用网横截水面去捕鱼;射鸟,但不射归巢而宿的鸟。《史记·孔子世家》里说:"丘闻之也,刳胎杀夭则麒麟不至郊,竭泽涸渔则蛟龙不合阴阳,覆巢毁卵则凤凰不翔。"意思是说,剖开肚子杀死动物胎中的小生命,麒麟就不会到郊野来了;淘干水去捕鱼,蛟龙就不兴云致雨调和阴阳了;覆巢毁掉鸟卵,凤凰就不来飞翔了。人与动物也要阴阳调和,所以不主张人对动物下毒手。

这一章说明孔子主张人与动物之间要保持阴阳调和。

【译文】

孔子钓鱼,但不用网横截水面捕鱼;孔子射鸟,但不射归巢而宿的鸟。

7.28 子曰:"盖有不知而作之者,我无是也。多闻,择其善者而从之。多见而识之,知之次也。"

【解读】

"作"指造作。孔子说:"盖有不知而作之者,我无是也。"是说,大概会有不知而生编硬造的人,我没有这样的事情。"多闻,择其善者而从之;多见而识之,知之次也。""闻"不仅指听,也指学习古人的书本知识。是说,多多学习,选择其中好的加以接受。多多地看,记在心里,这是次一等的认知。一个人亲眼所见的东西再丰富也不可能与书本上的知识相比,所以列在第二位。

这一章说明孔子认知的方法和反对不懂装懂的做法。

【译文】

孔子说:"大概会有不知而生编硬造的人,我没有这样的事情。多多学习,选择其中好的加以接受。多多地看,记在心里,这是次一等的认知。"

7.29　互乡难与言，童子见，门人惑。子曰："与其进也，不与其退也，唯何甚？人洁己以进，与其洁也，不保其往也。"

【解读】

"互乡"，地名，确处不可考。《元和郡县志》说是滕县东二十三里的合乡，可备一说。"难与言"，郑玄注说："言语自专，不达时宜。""难与言"的字面义是"难以交谈"。依据上下文义，用通俗的话说是爱抬杠的意思，不愿听到不同意见。可以把"互乡难与言"理解为互乡的人爱抬杠。"童子见"是互乡的一个童子得到了孔子的接见。"门人惑"是说，孔子的学生对孔子接见这样一个人感到迷惑，也就是说难以理解。孔子向自己的学生解释说："与其进也，不与其退也，唯何甚？人洁己以进，与其洁也，不保其往也。""与"是肯定，赞扬，这里可以灵活理解为鼓励。"不与"是否定，批评。"与其进也，不与其退也"是说，要鼓励他的进步，批评他的退步。也就是说，要表扬他的优点，批评他的缺点。"唯"是语气词，"何甚"是为什么要把事情做得太过分。"唯何甚"实际就是说，不能把事做绝了。"洁己"的字面义是把自己收拾干净。这里指的是品德上的干净。"人洁己以进，与其洁也，不保其往也"是说，人家改正了缺点有了进步，就要称赞他的进步，并不保证他以前都好。"往"是以前。

这一章说明孔子鼓励有缺点的人进步。

【译文】

互乡的人爱抬杠，有一个童子得到了孔子的接见。学生们感到困惑不解。孔子说："应当鼓励他的进步，不鼓励他的退步，何必太过分？人家改正了缺点有了进步，鼓励他改正缺点，并不保证他以前都好。"

7.30　子曰："仁远乎哉？我欲仁，斯仁至矣。"

【解读】

孔子说："仁远乎哉？我欲仁，斯仁至矣。"是说，仁这种道德离我们很远吗？我想要行仁，这样仁就会来到。关键是你想不想用仁去要求自己，仁义并不是像"圣"那样难以达到，只要你肯去按仁义做，仁义的品德就会来到你的身上。

这一章说明仁道不远,行之即是。

【译文】

孔子说:"仁这种道德离我们很远吗? 我想行仁,这样仁就会来到。"

7.31 陈司败问:"昭公知礼乎?"孔子曰:"知礼。"孔子退,揖巫马期而进之,曰:"吾闻君子不党,君子亦党乎? 君取于吴,为同姓,谓之吴孟子。君而知礼,孰不知礼?"巫马期以告。子曰:"丘也幸,苟有过,人必知之。"

【解读】

"陈司败"是陈国大夫,姓陈。"司败"是陈国的官名,"司败"如同后世的"拾遗"、"补阙"、"谏议"等,负责对君王的失策加以补救。"昭公"指的是鲁昭公。孔子到了陈国,陈司败向孔子打听鲁国的情况。"陈司败问:'昭公知礼乎'"是说,陈司败问孔子鲁昭公这个人懂不懂礼? 因为他问的是孔子的国君,孔子不能说自己国君的坏话,只好说:"知礼。"但陈司败知道鲁昭公办的事不合礼的规定,孔子说了假话。所以又去问孔子的学生巫马期。巫马期姓巫马,名施,字子期。《孔子家语》里说他是陈国人。"孔子退,揖巫马期而进之"是说,孔子走了以后,陈司败向巫马期拱拱手,让他到自己的跟前来。问他说:"吾闻君子不党,君子亦党乎?""党"是拉党结派。这里是护短的意思。是说,我听说君子不护短,君子也会护短吗? 接着说:"君取于吴,为同姓,谓之吴孟子。君而知礼,孰不知礼?""取"今作"娶"。按当时礼的规定同姓不娶。鲁昭公从吴国娶了个夫人,吴国与鲁国都是姓姬,这显然违背了礼的规定,鲁昭公知道自己违背规定,夫人本来应叫吴姬,但他为了掩盖错误,把夫人称做吴孟子。陈司败把这件事揭露出来,证明孔子说了假话。意思是说,鲁昭公从吴国娶了个夫人,这是娶的同姓夫人,把她称做吴孟子,鲁昭公懂得礼,谁又能不懂得礼呢?

"巫马期以告"是说,巫马期把陈司败说的话告诉了孔子。孔子说:"丘也幸,苟有过,人必知之。"意思是说,我很幸运,假若有了错误,人家能够知道。孔子出于"为尊者讳"的考虑,不得不说假话,但他并不希望自己的话造成不良后果,自己没有办法出来说明,别人能给他指出来,所以说自己很幸运。

这一章说明孔子不隐晦自己的错误。

【译文】

陈司败问:"鲁昭公懂得礼吗?"孔子回答说:"懂得礼。"孔子走出来后,陈司败对巫马期拱拱手,让他进前来,说:"我听说君子不护短,君子也护短吗? 鲁君从吴国娶了个夫人,与自己是同姓,称做吴孟子。鲁君懂得礼,谁又不懂得礼呢?"巫马期把陈司败的话告诉孔子,孔子说:"我太幸运了,假如有了过错,人家一定能够知道。"

7.32　子与人歌而善,必使反之,而后和之。

【解读】

"反"是反复。"子与人歌而善,必使反之,而后和之"是说,孔子同别人一起唱歌,如果觉得唱得好,一定要请他再唱一遍,自己与他和着唱。

这一章说明孔子重视矫正音乐。

【译文】

孔子与人一同唱歌,觉得他唱得好,一定要人家再唱一遍,自己跟着和唱。

7.33　子曰:"文,莫吾犹人也。躬行君子,则吾未之有得。"

【解读】

"文"指文化知识。"莫"义同莫非,这里是大约、勉强的意思。孔子说:"文,莫吾犹人也。躬行君子,则吾未之有得。"是说,在文化知识方面,大约我同别人差不多。在亲身实践君子的道德方面,我还没有达到。

这一章说明孔子谦虚的品德。

【译文】

孔子说:"在文化知识方面,我勉强同别人差不多。在亲身实践君子的道德方面,我还没有所得。"

7.34 子曰:"若圣与仁,则吾岂敢? 抑为之不厌,诲人不倦,则可谓云尔已矣。"公西华曰:"正唯弟子不能学也。"

【解读】

这一章与上一章语气相贯,应合并为一章。孔子说:"若圣与仁,则吾岂敢?"是说,至于说圣与仁,我岂敢担当?"抑"是表选择的连词,相当于或者。"抑为之不厌,诲人不倦,则可谓云尔已矣"是说,或许与别人相比,做起来不知满足,教诲人不知厌倦,可以说是如此罢了。公西华说:"正唯弟子不能学也。"是说,这正是弟子不能学到的。

这一章说明孔子不以"圣"、"仁"自居的谦虚品德。

【译文】

孔子说:"如果说到圣与仁,我怎敢担当? 或许做起来不知满足,教导人不知厌倦,还可以说是如此罢了。"公西华说:"这正是弟子做不到的。"

7.35 子疾病,子路请祷。子曰:"有诸?"子路对曰:"有之,诔曰:'祷尔于上下神祇。'"子曰:"丘之祷久矣。"

【解读】

"疾"是病。"病"是病重。"祷"是祈祷。"子疾病,子路请祷"是说,孔子病重了,子路请求为孔子祈祷。孔子说:"有诸?"是说,有这么回事吗?"诸"相当于"之乎"。子路回答说:"有之,诔曰:'祷尔于上下神祇。'"是说,有这么回事,诔文里说"替你向天神地祇祈祷"。"诔(lèi)"是祈祷的文章。"上下"指天地。"祇(qí)"是地神。孔子说:"丘之祷久矣。"是说,那么我早就向天地祈祷过了。孔子问的"有诸",指的是有没有得了病祈祷一下就能病好这么一回事,子路回答的是有向天地祈祷这样一种说法,并没有拿出向天地祈祷能使病好的依据。孔子认为向天地祈祷那是正常的活动,平常自己就在做,所以说要是那样的话,我早就在祈祷了。

这一章说明孔子不同意没有根据的祈祷。

【译文】

孔子病重了,子路请求为孔子祈祷。孔子说:"有这么回事吗?"子路回答说:"有,诔文里说:'替你向天神地祇祈祷。'"孔子说:"那我早就祈祷过了。"

　　7.36 　子曰："奢则不孙,俭则固。与其不孙也,宁固。"

【解读】

"奢"是奢侈。"孙(xùn)"今作逊。"不孙"是骄纵的意思。"俭"是省俭。"固"是固陋,寒伧。孔子说："奢则不孙,俭则固。与其不孙也,宁固。"是说,奢侈就显得不谦逊,节俭就显得寒伧。与其不谦逊,宁可寒伧一些。孔子在骄纵与寒伧之中,选择寒伧,是因为寒伧更接近礼的谦逊要求。

这一章说明孔子倡导谦逊之风。

【译文】

孔子说："奢侈就显得骄纵,节俭就显得寒伧。与其选择骄纵,宁可选择寒伧。"

　　7.37 　子曰："君子坦荡荡,小人长戚戚。"

【解读】

"戚戚"是忧愁的样子。孔子说："君子坦荡荡,小人长戚戚。"是说,君子的心里坦坦荡荡,小人的心里充满忧愁。君子心地光明,故坦荡。小人心地狭隘,故充满忧愁。

这一章说明君子、小人心地不同。

【译文】

孔子说："君子心里坦坦荡荡,小人心里充满忧愁。"

　　7.38 　子温而厉,威而不猛,恭而安。

【解读】

"温"是温和。"厉"是严厉。"子温而厉,威而不猛,恭而安"是说,孔子看着很温和,实际上又很严厉;看着有威仪,但实际上并不凶猛;看上去很谦恭,实际上很安详。

这一章说明孔子的为人状貌。

【译文】

孔子温和而严厉,威严而不凶猛,谦恭而安详。

泰伯第八

8.1 子曰:"泰伯,其可谓至德也已矣。三以天下让,民无德而称焉。"

【解读】

"泰伯"是周先祖古公亶父的长子,古公亶父有三子,二子为仲雍,三子季历。季历的儿子姬昌才德兼优,古公亶父想让姬昌继位,泰伯为了让父亲实现自己的心愿,在古公亶父得病后,以外出采药为名,远避吴越,断发文身,隐居起来,直到古公亶父去世也没有回去。后来季历继位,季历死后传位给姬昌,成了后来的周文王。泰伯在吴定居下来。这里说的三让,可能指的是一让仲雍,二让季历,三让姬昌。因为他是以实际行动让位,并没有向人们声明自己要让位,所以人们也说不出他的贤德。孔子说:"泰伯,其可谓至德也已矣。三以天下让,民无德而称焉。"是说,泰伯可以说是道德最高的了,把天下三次让给人,百姓无话可称赞他的贤德。这与庄子说的"至德无德",意思相近。泰伯自己要让出王位,又不使被让的人显得不谦让,这样的让才是最令人信服的让。

这一章说明泰伯的道德高尚。

【译文】

孔子说:"泰伯可以说是道德最高的了吧!三次把天下让给人,百姓却无话可称赞他的贤德。"

8.2 子曰:"恭而无礼则劳,慎而无礼则葸,勇而无礼则乱,直而无礼则绞。君子笃于亲,则民兴于仁;故旧不遗,则民不偷。"

【解读】

"劳"是烦劳。"葸(xǐ)"是怯懦退缩。"绞"是紧急,使人紧急指逼迫刺人。孔子说:"恭而无礼则劳,慎而无礼则葸,勇而无礼则乱,直而无礼则绞。"是说,人如果一味地恭敬而没有礼来节制就会烦劳,一味地谨慎没有礼来节制就会退缩,一味地勇敢而没有礼来节制就会乱闯,一味地直率而没有礼来节制就会逼迫刺人。"笃"是厚。"偷"是减,指淡薄。"君子笃于亲,则民兴于仁;故旧不遗,则民不偷"是说,在位的君子如果对待自己的亲戚感情深厚,百姓就会起来跟着变得仁爱;君子如果不遗弃自己的故旧,百姓就不会对人感情淡薄。

这一章说明礼的重要和上行下效的作用。

【译文】

孔子说:"恭敬而没有礼的节制就会劳烦,谨慎而没有礼的节制就会退缩,勇敢而没有礼的节制就会乱闯,直率而没有礼的节制就会刺人。在位的君子对亲戚感情深厚,百姓会变得仁爱;不遗弃故旧,百姓感情就不会淡薄。"

8.3　曾子有疾,召门弟子曰:"启予足,启予手!《诗》云:'战战兢兢,如临深渊,如履薄冰。'而今而后,吾知免夫,小子!"

【解读】

"曾子"是孔子的学生,姓曾,名参,字子舆。《史记·仲尼弟子列传》说:"曾参,孔子以为能通孝道,故授之业,作《孝经》,死于鲁。"是个以孝著称的人。"启"是开,这里是揭开被子看一看的意思。郑玄注:"启,开也。曾子以为受身体于父母,不敢毁伤,故使弟子开衾而视之也。""战战兢兢,如临深渊,如履薄冰"是《诗经·小雅·小旻》篇里的句子,意思是说,战战兢兢,如临深渊害怕掉下去一样,如踩在薄冰上害怕冰塌陷了一样。古人认为身之肤发,受之父母,不敢毁伤,损伤了肉体就是对父母的不孝,尤其是不能触犯法律受到刑戮。曾子得了病,觉得自己不久于人世,把弟子们召来说:"启予足,启予手!《诗》云:'战战兢兢,如临深渊,如履薄冰。'而今而后,吾知免夫,小子!"是说,揭开被子看看我的脚,揭开被子看看我的手,《诗经》里说,战战兢兢,如临深渊,如履薄冰,从今以后,我知道自己可以免于刑戮了,孩子们！也就是说,从今以后,我可以不担心身体受到毁伤,对父母不孝了。

这一章说明曾子以不毁伤身体为孝。

【译文】

曾子得了病,把他的学生召集来,说:"揭开被子看看我的脚,揭开被子看看我的手,《诗经》里说:'战战兢兢,如临深渊般地小心,如履薄冰般地谨慎。'从今以后,我知道自己可以免于刑戮了,孩子们！"

8.4 曾子有疾,孟敬子问之。曾子言曰:"鸟之将死,其鸣也哀;人之将死,其言也善。君子所贵乎道者三:动容貌,斯远暴慢矣;正颜色,斯近信矣;出辞气,斯远鄙倍矣。笾豆之事,则有司存。"

【解读】

"孟敬子"是鲁国大夫,武伯之子,名捷。包咸注说他在礼仪方面"忽大务小"。"曾子有疾,孟敬子问之"是说,曾子得了病,孟敬子来探视病人。曾子说:"鸟之将死,其鸣也哀;人之将死,其言也善。"是说,鸟要死的时候,鸣声悲哀;人要死的时候,说出话充满善意。就是说,我说的话是善意的,希望你能听得进去。"君子所贵乎道者三:动容貌,斯远暴慢矣;正颜色,斯近信矣;出辞气,斯远鄙倍矣。笾豆之事,则有司存。""道"在这里指的是礼方面的道。"暴慢"是粗暴轻慢。"鄙倍"是粗鄙背戾。"倍"用如背。"笾豆"是古代的礼器,形似高脚盘子。竹编的称做笾,木制的称做豆。"有司"是主管的人。意思是说,君子在待人接物上,看重三个方面的礼仪:容貌上要有威仪,这样就可避免别人对你粗暴轻慢;脸色上要端庄,这样才会得到他人的诚信;说话要注意措辞语气,这样才可避免别人对你粗鄙顶撞。至于笾豆这些礼仪上的具体安排,那些有主管人员来负责。

这一章说明执政的人要遵守的礼仪。

【译文】

曾子病了,孟敬子来探问。曾子对他说道:"鸟临死的时候,叫声就悲哀;人临死的时候,说出的话充满善意。在位的君子贵在遵循三个方面的礼仪之道:待人接物容貌要有威仪,这样就可避免别人对你粗暴轻慢；面色上要端庄，这样别人才会对你有诚信；说话要注意措辞语气，这样才可避免别人对你粗鄙顶撞。至于笾豆这些礼仪上的具体安排，那些自有主管人员来负责。"

8.5　曾子曰："以能问于不能，以多问于寡；有若无，实若虚，犯而不校，昔者吾友尝从事于斯矣。"

【解读】

"校"是计较。"吾友"，马融注"友谓颜渊"。曾子说："以能问于不能，以多问于寡；有若无，实若虚，犯而不校，昔者吾友尝从事于斯矣。"是说，有才能却能向没有才能的人请教，学识丰富却能向学识不多的人请教，有知识却像没有知识，学问充实却像学问空虚，别人触犯了自己，并不计较。从前我的一位朋友曾经这样做了。

这一章说明"不耻下问"是一种优良的品质。

【译文】

曾子说："才能高的人能向才能低的人请教，学识多的人能向学识少的人请教，自己有学问好像没有学问，自己充实好像很空虚，别人触犯了自己，并不计较。从前我的一位学友曾经这样做了。"

8.6　曾子曰："可以托六尺之孤，可以寄百里之命，临大节而不可夺也。君子人与？君子人也。"

【解读】

"六尺"指个子不高的小孩。古代尺短，一尺相当于今天的六寸，"六尺"相当于三尺六寸。"托"是托付，古代帝王把自己未成年的继位人托付给人，称托孤。"百里之命"是出使百里之外的使命，即外交使命。"寄"义同托。曾子说："可以托六尺之孤，可以寄百里之命，临大节而不可夺也。君子人与？君子人也。"是说，可以把继位的孤儿托付给他，可以把外交的使命托付给他，面临生死存亡的大节而不动摇，这样的人是君子吗？是君子呵！

这一章说明君子的德行。

【译文】

曾子说："可以把继位的孤儿托付给他，可以把外交的使命托付给他,面临大节而不动摇,这样的人是君子吗? 是君子呵!"

8.7 曾子曰:"士不可以不弘毅,任重而道远。仁以为己任,不亦重乎? 死而后已,不亦远乎?"

【解读】

"弘"是广大。"毅"是坚毅。曾子说:"士不可以不弘毅,任重而道远。仁以为己任,不亦重乎? 死而后已,不亦远乎?"是说,读书人不可以不心胸宽广,意志坚毅。因为他的任务重大,道路遥远。把实现仁作为自己的任务,不也重大吗? 一直到死才罢休,不也遥远吗?

这一章说明读书人的德行。

【译文】

曾子说:"读书人不可以不心胸广大,意志坚毅。因为他的任务重大,道路遥远。把实现仁作为自己的任务,不也重大吗? 一直到死才能罢休,不也遥远吗?"

8.8 子曰:"兴于《诗》,立于礼,成于乐。"

【解读】

"兴"是兴起,指一个人的品德受到《诗》的感染而兴起。孔子说:"兴于《诗》,立于礼,成于乐。"是说,一个人的品德,受《诗经》的感染而兴起,受礼仪的约束而立身,受音乐的感染而成就。

这一章说明《诗》、礼、乐对人的教化作用。

【译文】

孔子说:"一个人的品德,受《诗》的感染而兴起,受礼仪的约束而立身,受音乐的感染而成就。"

8.9 子曰:"民可使由之,不可使知之。"

【解读】

"由之"是按道去做。孔子说:"民可使由之,不可使知之。"是说,百姓可以让他们按道去做,不可以让他们知道为什么这样做。这是因为古代的教育不普及,百姓不受教育,不可能懂得大道。

这一章说明领导人民的方法。

【译文】

孔子说:"百姓可以让他们按大道去做,不可以让他们知道为什么这样做。"

8.10　子曰:"好勇疾贫,乱也。人而不仁,疾之已甚,乱也。"

【解读】

"疾"是嫉恨。孔子说:"好勇疾贫,乱也。人而不仁,疾之已甚,乱也。"是说,喜欢勇敢而嫉恨贫穷,就会造成祸乱。对不仁的人嫉恨太过,也会造成祸乱。

这一章说明造成祸乱的原因。

【译文】

孔子说:"喜欢勇敢而嫉恨贫穷,就会造成祸乱。人如果有不仁,嫉恨太过,也会造成祸乱。"

8.11　子曰:"如有周公之才之美,使骄且吝,其余不足观也已。"

【解读】

"周公"即周公姬旦,是孔子心目中的圣人。"吝"是不知羞悔,见《周易》。孔子说:"如有周公之才之美,使骄且吝,其余不足观也已。"是说,一个人即使有周公那样的才能,那样的美德,如果骄傲又不知羞悔,其余的就不值得一看了。

这一章说明人要戒除骄吝。

【译文】

孔子说:"人即使有周公那样的才能和美德,假使骄傲又不知羞悔,其余的就不值得一看了。"

8.12　子曰:"三年学,不至于穀,不易得也。"

【解读】

"穀"是古代做官的俸禄。"不至于穀"是不想到当官。孔子说:"三年学,不至于穀,不易得也。"是说,读书三年,不存在当官的念头,这也难得。孔子虽然主张"学而优则仕",但更主张读书是为了修身。修身未到先想到当官拿俸禄,那样就把学习当成"为稻粱谋"的手段,而不是为修养自己的道德。所谓"古之君子,其学也为己;今之君子,其学也为人",正是指出学习的动机不纯。

这一章说明学习的动机要纯洁。

【译文】

孔子说:"三年学习,不存在当官的念头,这也十分难得。"

8.13　子曰:"笃信好学,守死善道。危邦不入,乱邦不居。天下有道则见,无道则隐。邦有道,贫且贱焉,耻也;邦无道,富且贵焉,耻也。"

【解读】

"笃信"是坚定地相信。相信的是道。《子张》第二章里说:"执德不弘,信道不笃,焉能为有? 焉能为亡?"可以互证。"危邦"指国君昏暴将要灭亡的国家。"乱邦"指臣弑君、子弑父,秩序颠倒的国家。这样的国家不可能推行道德,故君子不入不居。孔子说:"笃信好学,守死善道。危邦不入,乱邦不居。"是说,坚定地相信大道,努力地学习它,誓死保全它。不进入危亡的国家,不居留在祸乱的国家。"天下有道则见,无道则隐。邦有道,贫且贱焉,耻也;邦无道,富且贵焉,耻也。""见"今作现。意思是说,天下有道就出来从政,天下无道就隐退不出。国家有道,自己贫穷低贱,是耻辱;国家无道,富有尊贵,是耻辱。

这一章说明君子以道为守。有道则行,无道则藏。

【译文】

孔子说:"坚定地相信大道,努力学习它,誓死保全它。不进入危亡的国家,不居留在祸乱的国家。天下有道就出来从政,天下无道就隐退不出。国家有道,自己贫穷低贱,是耻辱;国家无道,富有尊贵,是耻辱。"

8.14　子曰:"不在其位,不谋其政。"

【解读】

"位"指的是权力职位。孔子说:"不在其位,不谋其政。"是说,不在那个职位上,就不考虑那个职位上的政务。孔子这样说,主要是想让各阶层的人都安分守己，维护正常的社会秩序。要从积极方面说，"不在其位，不谋其政"，可以防止越权处理问题，干预他人正常地进行职权范围内的工作。但事实上孔子就是个不在其位而谋其政的人物。他在一生中制礼作乐，教化百姓，这些都是帝王应当去做的工作。《庄子·渔父》里说："子既上无君侯有司之势，而下无大臣职事之官，而擅饰礼乐，选人伦，以化齐民，不泰多事乎？"意思是说，你上无君侯和主管人员的权势，下无大臣任职的官位，而擅自修治礼乐，制定人伦，教化平民，这不是过分多事了吗？孔子为什么说"不谋其政"，而实际上却在谋其政呢？可见"不谋其政"不能作绝对化的理解，"不谋其政"是为了避免僭越，"谋其政"是为了把天下治好。时至今日，这个问题依然存在，在行政执法上，递条子、打招呼、权大于法等等，这就违背了"不在其位，不谋其政"的要求。而百姓对当官的行施正常的监督，参与制定国家的行政法规，这不能按"不在其位，不谋其政"去限制。孔子的这句话要作正面理解。

这一章告诫人们不要僭越自己的地位。

【译文】

孔子说："不在那个职位上，不要去考虑那个职位的政务。"

8.15 子曰："师挚之始，《关雎》之乱，洋洋乎盈耳哉！"

【解读】

"师挚"是鲁国的乐师。"乱"是乐曲的结束。"关雎"是《诗经·国风》里的一篇。当时可以配乐演奏。"洋洋"是盛大。孔子说："师挚之始，《关雎》之乱，洋洋乎盈耳哉！"是说，从师挚演奏开始，直到把《关雎》演奏完毕，满耳都是盛大的音乐。孔子认为《关雎》是雅正的音乐，故加以歌颂。

这一章是孔子对雅正乐曲的赞美。

【译文】

孔子说："从师挚演奏开始，直到把《关雎》演奏完毕，满耳都是盛大的音乐。"

8.16 子曰："狂而不直，侗而不愿，悾悾而不信，吾不知之矣。"

【解读】

"侗"(tóng),孔安国注:"未成器之人。"《尚书·顾命》:"在后之侗。"《传》解释为"侗稚",焦循在《补疏》里认为"侗"是"僮"的假借。《庄子·山木》里说:"侗乎其无识,傥乎其怠疑。"可见,"侗"是年幼无知。"愿",《广雅·释言》:"愿也",是谨厚老实的意思。"悾悾(kōng)",郑玄注"诚愿也"。杨伯峻先生认为是"无能"。按上下文意,此说为长。即傻乎乎的意思。孔子说:"狂而不直,侗而不愿,悾悾而不信,吾不知之矣。"是说,一个人狂妄而不直率,无知而不老实,无能而不守信,我不知道他会怎么样。也就是说,这种表里不一的人,不可能会在社会上行得通。

这一章批判表里不一的人。

【译文】

孔子说:"狂妄而不直率,无知而不老实,无能而不守信,这种人我不知道他会怎么样。"

8.17 子曰:"学如不及,犹恐失之。"

【解读】

"及"是赶上。这里是达到彻底了解的意思。孔子说:"学如不及,犹恐失之。"是说,学习如果没有达到彻底搞明白,还会担心它会失去。也就是说,彻底掌握的知识才可能巩固。一知半解,学了如同没学,还会失去。

这一章说明学习应当深透。

【译文】

孔子说:"学习如果不深透,还要担心它会失去。"

8.18 子曰:"巍巍乎,舜禹之有天下也,而不与焉!"

【解读】

"巍巍"是高大的样子。"与"是参与,在这里是谋求、求取的意思。"不与"指的是不为自己谋求,也就是不下手为自己捞好处。孔子说:"巍巍乎,舜禹之有天下也,而不与焉!"是说,高大呵!舜和禹拥有天下,但他们都不谋求私利。

这一章歌颂舜禹不谋求私利的高尚品德。

【译文】

孔子说："高大呵！舜与禹拥有天下，但他们都不谋求私利。"

8.19　子曰："大哉，尧之为君也！巍巍乎，唯天为大，唯尧则之！荡荡乎，民无能名焉！巍巍乎，其有成功也！焕乎，其有文章！"

【解读】

这一章赞颂尧无私如天的品德。"则"是效法。孔子说："大哉，尧之为君也！巍巍乎，唯天为大，唯尧则之！"是说，尧作为天子太伟大了！只有天最高最大，只有尧能效法天道。"荡荡"是广远的样子。"无能名"是不知道怎么去称赞。"焕"是明亮。"文章"是文采，指制定的礼仪制度。"荡荡乎，民无能名焉！巍巍乎，其有成功也！焕乎，其有文章"是说，道德广大呵，百姓简直不知道怎样称赞他！高大呵，他取得的功绩！光彩夺目呵，他制定的礼仪制度！尧效法天道治世，天道出于自然，故无可名状。

这一章赞颂尧效法天道治世。

【译文】

孔子说："尧作为天子太伟大了！高大呵，只有天最高最大，只有尧能效法天道治世！广大呵，百姓简直不知道怎样去称赞他！高大呵，他取得的功绩！焕烂呵，他制定的礼仪制度！"

8.20　舜有臣五人而天下治。武王曰："予有乱臣十人。"孔子曰："才难，不其然乎？唐虞之际，于斯为盛。有妇人焉，九人而已。三分天下有其二，以服事殷。周之德，其可谓至德也已矣。"

【解读】

"五人"，孔安国注："禹、稷、契、皋陶、伯益。"这五个人都是舜的贤臣。大禹总理政务，稷主管农业，契主管百姓，皋陶主管法制，伯益主管山林畜牧。"乱臣"是治理混乱的臣子，也是贤臣。"十人"，马融注："谓周公旦、召公奭、太公望、毕公、荣公、大颠、闳夭、散宜生、南宫适。其一人谓文母。"这十个人除了文母太姒负责后宫的教化外，其余的都是直接理民的官。"舜有臣五人而天下治。武王曰:'予有乱臣十人'"是说,舜有贤臣五人天下就得到了治理。周武王说:"我有治世的贤臣十人。""才难"是人才难得的意思。"唐虞"就是唐尧、虞舜。孔子说:"才难,不其然乎? 唐虞之际,于斯为盛。"是说,人才难得,不是这样吗? 尧、舜的时候,人才可以说是够多的了。就是说,最多的时候也不过只有真正的人才五个。"有妇人焉,九人而已"是承上文武王的话说的,是说,周武王说他有十个贤臣,十人之中还有一个女的只管后宫,剩下直接理民的不过只有九个人罢了。"三分天下有其二"指的是周文王时期,周文王做商朝的西伯时,实际上已经控制了天下三分之二的诸侯。"以服事殷"是指周文王当时还服从商纣王的领导。"三分天下有其二,以服事殷。周之德,其可谓至德也已矣"是说,周文王已经控制了三分之二的天下,仍然向商纣王称臣,周朝的道德,可以说是最高的了。

这一章说明人才的可贵。

【译文】

舜有五个贤臣,天下便得到治理。周武王说:"我有治世的贤臣十人。"孔子说:"人才难得呵,不是这样吗? 尧、舜之际,人才够多的了。(周武王的十人),其中有一个还是只管后宫的妇女,剩下的不过只有九人罢了。周文王有了三分之二的天下,还臣服商王,周朝的道德,可以说是最高的道德了吧!"

8.21 子曰:"禹,吾无间然矣。菲饮食而致孝乎鬼神,恶衣服而致美乎黻冕,卑宫室而尽力乎沟洫。禹,吾无间然矣!"

【解读】

"间"是分离,这里指的是从他的行为中分离出缺点。"无间"是找不出缺点,没的可批评的意思。"菲"是菲薄,用以指饮食,是说饮食简单,吃得很差。"黻冕(fúmiǎn)"是穿的礼服和帽子。孔子说:"禹,吾无间然矣。菲饮食而致孝乎鬼神,恶衣服而致美乎黻冕,卑宫室而尽力乎沟洫。禹,吾无间然矣!"是说,禹的行为无可指摘了。自己吃的很简单,但对祖先鬼神的祭祀却很丰盛;自己穿的衣服很差,但礼服却很华美;自己住的宫室修得很矮小,却竭尽全力去治理河渠。禹的行为我无可指摘了!

这一章赞颂大禹的功德。

【译文】

孔子说:"夏禹,我没的可批评了。自己吃的很差,祭祀祖先的鬼神却很丰盛;自己穿的很坏,礼服却极其华美;自己住的宫室很低小,却竭尽全力地治水。夏禹,我没的可批评了。"

子罕第九

9.1 子罕言利与命与仁。

【解读】

对这一章的理解,最大的争议在于"利"指的是私利还是公利。旧注根据《周易·乾卦·文言》说:"利者,义之和也。"认为利是"公利"。后人认为利就是"功利",指的是私利。通观《论语》,孔子不赞同谋利,他在《里仁》篇里说:"君子喻于义,小人喻于利。"他提倡仁,仁是公益,指的是"公利"。把利讲成是"私利",符合孔子的思想。"罕"是稀少。"子罕言利与命与仁"是说,孔子很少谈及功利、天命和仁。不谈及利,是因为人不应当为私利而活着。不谈及"天命"是因为"天道远,人道近"。天道玄虚说不清。至于"仁",孔子说的并不少,在《里仁》篇里,仁是全篇说明的重点。对仁"罕言",实际指孔子很少说哪一个人实现了仁。如《公冶长》的第八章,连着说了三个"不知其仁也"。因为"仁"不仅是一种道德,还是一种实际体现,没有仁的实绩,就不能说仁。

这一章说明孔子是个务实的人。

【译文】

孔子很少论及功利、天命和仁。

9.2 达巷党人曰:"大哉孔子! 博学而无所成名。"子闻之,谓门弟子曰:"吾何执? 执御乎? 执射乎? 吾执御矣。"

【解读】

"达巷",街道名,依据上下文,应在孔子的家乡附近。"党人",乡党之人。五百家为一党。说"党人"犹言乡里人。"无所成名",义为"无成名之所",即没有一种足以成名的专长。"达巷党人曰:'大哉孔子! 博学而无所成名'"是说,达巷的老乡们说:"伟大呵孔子! 学问广博,可惜没有一种足以成名的专长。""子闻之,谓门弟子曰:'吾何执? 执御乎? 执射乎? 吾执御矣'"是说,孔子听到了老乡们的议论,对自己的学生说:"我掌握哪种专长呢? 掌握赶车的专长呢,还是掌握射箭的专长呢? 我还是赶车吧。"御、射是古代的六艺之一。孔子都精通,但并不是专门从事该行业而出了名的人。

这一章说明孔子道艺的赅博。

【译文】

达巷的乡里人说:"伟大呵孔子! 学问广博却没有一样出名的专长。"孔子听到后,对自己的学生说:"我去干什么呢? 赶车呢,还是射箭呢? 我去赶车好了。"

9.3　子曰:"麻冕,礼也;今也纯,俭,吾从众。拜下,礼也;今拜乎上,泰也。虽违众,吾从下。"

【解读】

"麻冕",用细麻布做成的礼帽。依据郑玄《丧服》注,这种细麻布织造出来相当费事,要求用二千四百根经线织成二尺二寸宽的麻布,细密难成。"纯"是丝。蚕丝很细,织成细的帛布较容易。孔子说:"麻冕,礼也;今也纯,俭,吾从众。"是说,礼帽用麻线织成的布来做,这合乎传统礼制的要求。现在大家都用丝线织成的帛布,这样省事些,我服从大家的做法。孔子在奢费与省俭中选择了省俭。"拜"指的是臣子对君主的跪拜之礼。"下"指堂下。按古代礼仪的规定,臣下拜见君王,应在堂的阶下跪拜,君王说了免礼之后再到堂上行一次礼,这才符合要求。"上"指堂上,指的是免去了阶下跪拜的程序。"泰"是骄泰,居傲不恭。"拜下,礼也;今拜乎上,泰也,虽违众,吾从下"是说,臣见君在堂下跪拜,这合乎传统礼仪的规定,现在大家都在堂上跪拜,这是居傲不恭的,虽然违背了大家的做法,我还是服从堂下跪拜的礼制。在居傲与谦恭上,孔子选择了谦恭。这主要是在孔子生活的春秋时期,臣强君弱,臣下对君王缺少了应有的恭敬,不简单地仅是个仪式上的问题。

这一章说明孔子从恭、从俭的为人。

【译文】

孔子说："礼帽用麻线织成的布来做,这符合传统礼制的规定,现在大家都用丝线织成的帛布,这样省事一些,我服从大家的做法。臣下拜见君王,在堂下跪拜,这符合传统礼制的规定,现在大家都在堂上跪拜,这是居傲不恭,虽然违背大家的做法,我服从堂下跪拜的礼制。"

9.4　子绝四:毋意,毋必,毋固,毋我。

【解读】

"绝"是杜绝。"毋"是不要。"意"是凭空猜想。"必"是认为必然。"固"是固执己见。"我"是唯我独是。"子绝四:毋意,毋必,毋固,毋我"是说,孔子杜绝四种做法:不凭空猜想,不绝对认为必然,不固执己见,不唯我正确。总之是要戒除主观性,尊重客观性。

这一章说明孔子尊重客观的为人。

【译文】

孔子杜绝四种做法:不凭空意想,不绝对肯定,不固执己见,不唯我独是。

9.5　子畏于匡,曰:"文王既没,文不在兹乎?天之将丧斯文也,后死者不得与于斯文也。天之未丧斯文也,匡人其如予何?"

【解读】

"匡"地名,在卫国到陈国的路上。今河南省长垣县西南十五里有匡城。《史记·孔子世家》记载:"将适陈,过匡,颜刻为仆,以其策指之曰:'昔吾入此,由彼缺也。'匡人闻之,以为鲁之阳虎,阳虎尝暴匡人,匡人于是遂止孔子。孔子状类阳虎,拘焉五日。"意思是说,孔子要到陈国去,从匡经过。颜刻给孔子赶车,用马鞭子指着匡的城墙说:"当年我进入匡城,就是从那个城墙豁子里进去的。"匡人听到后,以为孔子是鲁国的阳虎,阳虎曾经残害过匡。于是匡人就把孔子围住不让走了。孔子长得很像阳虎。匡人把孔子扣留了五天。直到弄清孔子不是阳虎,才把孔子放过。孔子畏于匡,"畏"是受到威胁的意思,指的就是这件事。孔子说:"文王既没,文不在兹乎?""没"今作殁。"文"是文明教化。

"兹"是这里。是说,周文王死了之后,文明不在我这里吗？"天之将丧斯文也,后死者不得与于斯文也；天之未丧斯文也,匡人其如予何？""丧"是灭绝。"斯"是这。"后死者"指孔子自己。"与"这里作得到讲。"予"是我。是说,上天如果要灭绝这种文明,我也就不会得到这些文明；上天如果不灭绝这种文明,匡人能把我怎么样？孔子认为,上天不会断绝文明的传承,自己也就不会死。

这一章说明孔子以传承文明为己任的天命观。

【译文】

孔子在匡地遇到危险,说："周文王去世之后,文明不在我这里吗？上天要灭绝文明,我也就得不到这些文明；上天不灭绝文明,匡人又能把我怎么样？"

9.6 太宰问于子贡曰："夫子圣者与？何其多能也？"子贡曰："固天纵之将圣,又多能也。"子闻之,曰："太宰知我乎？吾少也贱,故多能鄙事。君子多乎哉？不多也。"

【解读】

"太宰",官名,这里应指鲁国的太宰。"太宰问于子贡曰：'夫子圣者与？何其多能也？'""能"指技艺。是说,太宰问子贡说："孔先生是个圣人吗？为什么又会这么多技艺呢？"太宰认为孔子的才智是天生的,想在子贡这里得到证实。子贡曰："固天纵之将圣,又多能也。""固"是固然,本来。"天纵之"是上天纵任他。是说,子贡回答说："这本是上天要让他成为圣人,又让他多才多艺。"子贡的回答也认为孔子的才智是天生的。"子闻之,曰：'太宰知我乎？吾少也贱,故多能鄙事。君子多乎哉？不多也。'""鄙事"是低贱的事,指劳动技巧。"君子"与"贱"对比而言,指出身高贵的人。是说,孔子听到后,说："太宰了解我吗？我小时候穷苦,所以学会了很多低贱的技艺,出身高贵的人会有这么多技艺吗？不会有这么多。"孔子虽然出身在大夫之家,但三岁时便死去父亲,与母亲艰难度日,孔子说"我少也贱",指生活艰难,不是出身低贱。他与"君子"相比,是与同样出身于贵族家庭的人对比。孔子不承认自己是天生如此,而是从实践中得来。

这一章说明孔子的知识来源于实践。

【译文】

太宰问子贡说:"孔先生是个圣人吗? 为什么会有那么多技艺呢?"子贡回答说:"这本是上天纵任他做圣人,又让他多技艺。"孔子听到后,说:"太宰了解我吗? 我小时候穷困,所以学会了不少鄙贱的技艺。出身高贵的人能有这样多的技艺吗? 不会这样多的。"

9.7 牢曰:"子云,'吾不试,故艺'。"

【解读】

"牢",郑玄注:"牢,弟子子牢也。"《孔子家语》说是孔子的学生"琴张,一名牢,字子开,亦字子张,卫人也"。《史记·仲尼弟子列传》里没有记载。"试"是任用的意思。牢曰:"子云,'吾不试,故艺'。"是说,孔子的学生子牢说:"孔子说,'我不被国家任用,所以多技艺'。"这里指孔子年轻时候的事。后来还是被国家任用了。

这一章进一步说明孔子多技艺的原因。

【译文】

子牢说:"孔先生说,'我不被国家任用,所以多劳动技艺'。"

9.8 子曰:"吾有知乎哉? 无知也。有鄙夫问于我,空空如也。我叩其两端而竭焉。"

【解读】

这一章的"知"被人们讲得错误百出,不知所云了。"知"今作"智"。孔子说:"吾有知乎哉? 无知也。"是说,我是一个天生就有先见之明的智者吗? 我没有这样的先见之明。"鄙夫"指的是农夫,称代无知识的人。"有鄙夫问于我,空空如也"是说,有一个农夫来问我,我其实对这件事情一无所知。"叩"是问。"两端"指的是这样做或那样做的两种可能。"竭"是尽。"我叩其两端而竭焉"是说,我问他要这样做或那样做的两种可能,然后把这两种可能的好与坏分析彻底,告诉他该怎么办。这是孔子告诉人们自己分析问题的方法。任何问题,无非是这样或那样两种可能,把这两种可能分析清楚了,自然会得到一个正确的答案。这是个分析方法的问题,不是什么天生的智慧。

这一章说明孔子分析问题的方法。

【译文】

孔子说:"我是一个天生就有先见之明的智者吗?我没有这样的先见之明。有一个农夫来问我,我其实对这件事一无所知,但我可以问他这样或那样的两种可能,然后把两者的好坏分析穷尽,告诉他该怎么办。"

9.9 子曰:"凤鸟不至,河不出图,吾已矣夫!"

【解读】

"凤"是传说中的神鸟。"图"是河图。《易·系辞》:"河出图,洛出书,圣人则之。"孔安国注:"圣人受命则凤鸟至,河出图。今天无此瑞,吾已矣夫者,伤不得见也。"意思是说,圣人受天命降世,就会有凤凰来仪、黄河出图的祥瑞出现,现在没有这样的祥瑞出现。"吾已矣夫"者,是叹伤自己不得见。孔子说:"凤鸟不至,河不出图,吾已矣夫!"是说,凤凰也不飞来,黄河也不出河图,我这一生怕是完了呵!孔子伤叹自己没有遇上圣人治世的好时候,自己的学说得不到推行。

这一章孔子伤叹生不逢时。

【译文】

孔子说:"凤凰不飞来,黄河不出河图,我这一生怕是完了呵!"

9.10 子见齐衰者、冕衣裳者与瞽者,见之,虽少,必作;过之,必趋。

【解读】

"齐衰(zīcuī)"都是孝服。"齐衰"指把边缝起来的孝服,"斩衰"指不缝而留毛边的孝服。古代礼制规定,死了父母要穿斩衰三年,其他人死了,要根据亲属的远近分别穿不同时间的斩衰和齐衰。这里的"齐"相当于"齐衰","衰"相当于斩衰。"冕衣裳者"指的是穿着礼服的人,古人一般在祭祀时穿礼服。"瞽者"指盲人。"作"是站起来。"趋"是快步走。"子见齐衰者、冕衣服者与瞽者,见之,虽少,必作;过之,必趋"是说,孔子见到穿孝服的、穿礼服的与盲人,见到他们,虽然他们年龄很小,一定会站起来;从他们身边走过时,一定会加快脚步。这些人都遭遇了不幸,孔子这样做是出于同情。

这一章说明孔子极具同情心。

【译文】

孔子见到穿孝服的人、穿礼服戴礼帽的人和瞎了眼睛的人，见到他们，虽然年轻，孔子一定站起身来；从他们身边走过的时候，一定会快走几步。

9.11　颜渊喟然叹曰："仰之弥高，钻之弥坚；瞻之在前，忽焉在后。夫子循循然善诱人，博我以文，约我以礼，欲罢不能，既竭吾才，如有所立，卓尔，虽欲从之，末由也已。"

【解读】

这一章的难点在"如有所立，卓尔"。古注认为是"孔子所立"，今人注以为是颜渊所立。今注逊于古注。"喟然"是感慨的样子。"弥"是更加。"颜渊喟然叹曰：'仰之弥高，钻之弥坚；瞻之在前，忽焉在后"是说，颜渊感慨地赞叹说："老师的学说高深，越抬头看，越觉得高；越钻研，越觉得艰深。老师的思想灵活而富于变化，看着在前边，忽然又到后边去了。""循循"是有次序，有步骤。"诱"是诱导。"卓尔"是卓荦不群。"末"是没有。"夫子循循然善诱人，博我以文，约我以礼，欲罢不能，既竭吾才，如有所立，卓尔，虽欲从之，末由也已"是说，老师善于有步骤地诱导人，用文献丰富我们的知识，用礼仪约束我们的行为，想停止不前都不可能，已经竭尽了我们的全力，他如果树立一种思想，总是卓荦不群，虽然想要追随它，总觉得没有道路可循。这是说孔子的思维总是高人一筹。同样的问题经孔子一说，总会比别人高明。这是颜渊的切身感受，不是吹捧孔子。

这一章说明孔子的天纵之才和学说的高明。

【译文】

颜渊感慨地赞叹说："先生的学说越仰头看，越觉得高远；越刻苦钻研，越觉得艰深。看着在前面，忽然又到了后边。先生善于有次序地诱导人，用文献丰富我们的知识，用礼仪约束我们的行为，想停步不前都不可能，已经竭尽了我们的全力，他如果树立一种思想，总是卓荦不群，虽然我们想要去追随，总觉得没有道路可循。"

9.12　子疾病，子路使门人为臣。病间，曰："久矣哉，由之行诈也！无臣而为有臣。吾谁欺？欺天乎？且予与其死于臣之手也，无宁死于二三子之手乎！且予纵不得大葬，予死于道路乎？"

【解读】

"病"，包咸注"疾甚曰病"。"臣"，家臣。按封建制的规定，大夫有封地，故有家臣。士没有封地不应有家臣。孔子是鲁大夫，做过鲁国司寇，原有家臣。后来他离开鲁国，自己离职，应待以士礼，不应再有家臣。子路想按大夫之礼安排孔子的丧事，所以让弟子充当家臣。"病间"，孔安国注"少差曰间"，就是说，病好点了称做间。"子疾病，子路使门人为臣"是说，孔子病重了，子路让孔子的弟子充当家臣。"病间"是说，孔子病好点了。孔子说："久矣哉，由之行诈也！无臣而为有臣，吾谁欺？欺天乎？且予与其死于臣之手也，无宁死于二三子之手乎！且予纵不得大葬，予死于道路乎？"是说，子路想搞这种欺诈的行为已经很长时间了。没有家臣却安排了家臣，我欺骗谁呢？欺骗天吗？再说我与其死在家臣的手里，还不如死在弟子的手里。况且，我纵然不能按大夫之礼举行大葬，难道就会死在路上吗？"与其……无宁"是表选择的连词。说死在道路上，是因为孔子正在返回鲁国的路上，孔子不相信会病得到不了家。

这一章说明孔子不欺诈。

【译文】

孔子病重了，子路让弟子充当家臣。孔子病稍好点了，说："仲由想搞这种斯诈行为已经很长时间了。没有家臣却安排了家臣。我欺骗谁呢？欺骗天吗？再说我与其死在家臣的手里，还不如死在弟子的手里。况且纵然我不能按大夫之礼举行大葬，难道就会死在路上吗？"

9.13 子贡曰："有美玉于斯，韫椟而藏诸？求善贾而沽诸？"子曰："沽之哉，沽之哉！我待贾者也。"

【解读】

"韫（yùn）"，包藏起来。"椟（dú）"，匣子。"贾"通价。"沽（gū）"，卖出。子贡说："有美玉于斯，韫椟而藏诸？求善贾而沽诸？"是说，有一块美玉在这里,是把它包好藏在匣子里呢,还是等个好价钱把它卖掉呢? 孔子听出子贡话里的意思,是想问问孔子是不是打算用世。所以回答说:"沽之哉,沽之哉! 我待贾者也。"是说,卖掉呵,卖掉呵! 我就是在等待个好价钱。说等个好价钱,意思是只要物有所值就卖掉。也就是说,只要能发挥我的作用,我就用世。

这一章说明孔子的用世思想。

【译文】

子贡说:"有一块美玉在这里,是把它包好藏在匣子里呢,还是找个好价钱把它卖掉呢?"孔子说:"卖掉呵,卖掉呵! 我就是在等个好价钱。"

9.14　子欲居九夷。或曰:"陋,如之何?"子曰:"君子居之,何陋之有?"

【解读】

"九夷",东方少数民族称夷,九夷是九种夷人。《后汉书·东夷传》:"夷有九种:曰畎夷、干夷、方夷、黄夷、白夷、赤夷、玄夷、风夷、阳夷。"散布在今淮河流域及朝鲜、日本等地。"或"是有的人。"陋"是鄙陋,指民俗落后,文明程度不高。"子欲居九夷"是说,孔子想进住九夷地区。这是因为孔子看到自己的主张在中原得不到推行,不得已而求其次,想到九夷去开发。"或曰:'陋,如之何'"是说,有人说:"九夷民俗太落后了,不懂礼仪,去了怎么办?"孔子说:"君子居之,何陋之有?"是说,有君子进住,有什么落后呢? 就是说,君子去了可以化民,百姓就会知礼仪。

这一章说明孔子退而求其次的用世思想。

【译文】

孔子想进住九夷。有人说:"那里太鄙陋了,怎么办?"孔子说:"有君子进住,有什么鄙陋?"

9.15　子曰:"吾自卫反鲁,然后乐正,雅颂各得其所。"

【解读】

"反"今作"返"。"雅颂"是《诗经》里的分类。"雅"包括大雅、小雅。"颂"又细分为周颂、鲁颂、商颂。孔子说:"吾自卫反鲁,然后乐正,雅颂各得其所。"是说,我从卫国返回到鲁国,经过整理,使乐曲正过来,雅与颂分开安排到应有的类别里。孔子这里说"乐正",当然指的是乐曲。可见孔子不仅是对《诗经》的篇章进行了整理,也对演奏篇章的乐曲作了整理。

这一章说明孔子整理了《诗》、《乐》。

【译文】

孔子说:"我从卫国返回鲁国,使乐曲正过来,雅与颂才各归其类。"

9.16 子曰:"出则事公卿,入则事父兄,丧事不敢不勉,不为酒困,何有于我哉?"

【解读】

"事"是侍奉。"公卿"是春秋时期的等级分类。按当时的分类,天子以下,其次是公,公下为卿,卿下为大夫,大夫下为士。孔子属大夫阶层,故对自己的上级公卿都应当侍奉。"何有"是何难之有,从语气上可以理解为,这很容易,有什么? 不过如此的意思。孔子在这一章里是说,出外侍奉公、卿,回家侍奉父、兄,丧事不敢不勉力去做,不被酒所困扰,我不过如此罢了。

这一章说明孔子躬行礼仪。

【译文】

孔子说:"出门在外侍奉公卿,回到家里侍奉父兄,丧事不敢不勉力去办,不被酒所困扰,我不过如此罢了,有什么呢?"

9.17 子在川上,曰:"逝者如斯夫,不舍昼夜。"

【解读】

"川"是河流。"川上"指河的岸上。"逝者"指流逝的东西,这里指时间。"舍",舍弃,这里指停止。"子在川上"是说,孔子站在河流的岸上。"逝者如斯夫,不舍昼夜"是说,流逝的光阴就像这河水吧,昼夜不停。

这一章说明孔子对时间的珍惜。

【译文】

孔子在河边上说:"流逝的光阴就像这河水吧,昼夜不停。"

9.18 子曰:"吾未见好德如好色者也。"

【解读】

"好(hào)",爱好。"色"指女色。孔子说:"吾未见好德如好色者也。"是说,我没有见到过喜爱道德像喜爱美女那样的人。

这一章说明孔子对人们不爱好道德的痛惜。

【译文】

孔子说:"我没有见过爱好道德像爱好美女那样的人。"

9.19 子曰:"譬如为山,未成一篑,止,吾止也。譬如平地,虽覆一篑,进,吾往也。"

【解读】

"为山"是堆积山。"篑(kuì)"是装土的筐。"覆"是倒出来。孔子说:"譬如为山,未成一篑,止,吾止也。譬如平地,虽覆一篑,进,吾往也。"是说,修养自己的道德,比如是堆积土成山,只差一筐土就成了,停了下来,这是我自己停了下来。比如是平地上,虽然仅倒下了一筐土,只要是不停地进行,这是我自己在坚持。

这一章说明修养道德贵在坚持。

【译文】

孔子说:"比如堆土成山,只差一筐土就成了,停了下来,这是我自己停止不前。比如平地上,虽然仅倒下了一筐土,继续进行,这是我自己在坚持前往。"

9.20 子曰:"语之而不惰者,其回也与!"

【解读】

"回"是孔子的学生颜回,字子渊,孔子评价自己的学生,颜回的德行第一,领悟力也最强,为人也极好,又最好学。在《论语》里几乎见不到对他的贬辞。《史记·仲尼弟子列传》说:"回年二十九,发尽白,蚤死。"可惜死得太早了。孔子说:"语之而不惰者,其回也与!"是说,告诉他怎样做而不懈怠的人,大概只有颜回吧!

这一章赞扬颜回不懈怠的进取精神。

【译文】

孔子说:"告诉他怎样做而不懈怠的,大概只有颜回吧!"

9.21　子谓颜渊,曰:"惜乎! 吾见其进也,未见其止也。"

【解读】

"惜"是痛惜。颜渊死得太早,故孔子痛惜。"子谓颜渊"是孔子评论颜渊。孔子说:"惜乎! 吾见其进也,未见其止也。"是说,可惜这个人了! 我见他一生中只知道前进,没有见到他停止不前。

这一章赞颂颜回在修养道德方面前进不息。

【译文】

孔子在评论颜渊时说:"可惜这个人了! 我见他一生中只有前进,没有见到他停止不前。"

9.22　子曰:"苗而不秀者有矣夫! 秀而不实者有矣夫!"

【解读】

"秀",植物扬花吐穗。"实",结果实。孔子说:"苗而不秀者有矣夫! 秀而不实者有矣夫!"是说,植物长出苗但并不扬花吐穗的有呵! 扬花吐穗但不结果的有呵! 用以比喻人在道德修养上半途而废的人有的是。勉励人们不要在有了点成果时就停步不前。

这一章说明不继续努力会半途而废。

【译文】

孔子说:"长苗而不扬花吐穗的有呵! 扬花而不成熟结果的有呵!"

9.23　子曰:"后生可畏,焉知来者之不如今也? 四十、五十而无闻焉,斯亦不足畏也已!"

【解读】

"后生"指年少的人。"今"与"来者"相对而言指今者。孔子说:"后生可畏,焉知来者之不如今也? 四十、五十而无闻焉,斯亦不足畏也已!"是说,年龄小的人可畏呵,怎么能知道将来他不如现在的人呢? 四十岁、五十岁如果还没有名望,也就不值得惧怕了。

这一章勉励少年及早进取。

【译文】

孔子说："年龄小的人可怕呵,怎么知道他将来不如现在的人呢?四十岁、五十岁如果还没有名望,也就不值得惧怕了。"

9.24 子曰:"法语之言,能无从乎? 改之为贵。巽与之言,能无说乎? 绎之为贵。说而不绎,从而不改,吾末如之何也已矣。"

【解读】

合乎标准,具有经典意义叫做"法"。如供人仿效的字帖,叫"法帖"。"法语"指合标准的话。"巽(xùn)"是顺从,《周易·说卦》"巽为风",风吹一边倒为顺从。"与"是赞同。"巽与之言"是顺从赞同的话。"说"同悦。"绎(yì)"是分析条理。孔子说:"法语之言,能无从乎? 改之为贵。巽与之言,能无说乎? 绎之为贵。说而不绎,从而不改,吾末如之何也已矣。"是说,合于标准的话,能不听从吗? 重要的是改正。顺从赞同的话,能不高兴吗? 重要的是加以分析。高兴而不分析,听从而不改正,我对他没有办法了。孔子提出"巽与之言"、"绎之为贵",是要人们听到赞扬的话要加以分析,最起码也要分析一下人家赞扬的是你身上的哪一点,一般情况下不可能是对你的全盘肯定,所以要分析,至于说人们有意的恭维奉承,那就更应该加以分析。

这一章说明贵在正确认识自己而后去行动。

【译文】

孔子说:"合乎标准的话,能不听从吗? 重要的是改正。顺从赞同的话,能不喜欢吗? 重要的是分析。喜欢而不分析,听从而不改正,我对他没有什么办法了。"

9.25 子曰:"主忠信,毋友不如己者,过则勿惮改。"

【解读】

这一章与《学而》第八章重出。只不过论述的重点不同。《学而》篇论述为人子弟应具备的道德品行,是一种普遍性的要求。《子罕》篇主要说明孔子自身的道德品行,突出勤于实践的意义。两者有相同之处,故重出。不是内容的重复,读的时候要把握不同的侧重点。孔子说:

"主忠信,毋友不如己者,过则勿惮改。"是说,要把忠实诚信当成一种主要的品德树立起来,不与不如自己的人交为密友,有了错误要不怕改正。

这一章是对交友的指导。

【译文】

孔子说:"要把忠实诚信当成一种主要的品德树立起来,不与不如自己的人交为密友,有了过错就不要害怕改正。"

9.26　子曰:"三军可夺帅也,匹夫不可夺志也。"

【解读】

"三军",周制,大的诸侯国可拥有上、中、下三军,或称中、左、右三军。每军一万二千五百人。"匹夫",庶民。邢昺疏:"士大夫以上有妾媵,庶人贱,但夫妇相匹配而已,故云匹夫。"孔子说:"三军可夺帅也,匹夫不可夺志也。"是说,三军之中可以劫夺它的主帅,一个庶民不能劫夺他的志向。

这一章说明志向的坚定不移。

【译文】

孔子说:"三军之中可以劫夺它的主帅,一个庶民不能劫夺他的志向。"

9.27　子曰:"衣敝缊袍,与衣狐貉者立而不耻者,其由也与?'不忮不求,何用不臧?'"子路终身诵之。子曰:"是道也,何足以臧?"

【解读】

"衣"作动词用,是穿的意思。"敝"是破旧。"缊袍"是旧丝絮做成的棉袍。"狐貉(hé)"是用狐皮、貉皮做成的轻裘。"不忮不求,何用不臧"是《诗经·邶风·雄雉》篇里的句子。"忮"是嫉妒。"求"是贪求。"何用"相当于何以。"臧"是善。意思是说,一个人不嫉妒别人,也不贪求他的东西,怎么会不好? 孔子说:"衣敝缊袍,与衣狐貉者立,而不耻者,其由也与?'不忮不求,何用不臧?'"是说,穿着破旧的袍子,与穿着狐貉轻裘的人站在一起,而没有羞惭之感的,大概只有仲由吧!《诗经》里说:"不嫉妒也不贪求,怎么能不好起来。"就是说,贫富贵贱不过是人生遭际,没什么可耻不可耻的。自己有自己的操守,不羡慕,也不嫉妒别人,到哪里也会保持自己善良的品质。"子路终身诵之"是说,仲由听到孔子夸奖自己,于是老是念叨《诗经》上的这两句话,以为这就是终身的座右铭了。孔子觉得仅仅如此要求自己还不够,于是说:"是道也,何足以臧?""是"相当于这。"道"指修身之道。是说,仅仅把这当成修身之道,怎么足以成为大善。也就是说,这不过是一个人最起码的品质,你应该对自己提出更高的要求。

这一章孔子表彰仲由的品质,同时说明孔子对人的循循善诱。

【译文】

孔子说:"穿着破旧的袍子和穿着狐貉轻裘的人站在一起,而没有羞惭之感的,大概只有仲由吧!《诗经》里说:'不嫉妒也不贪求,怎么会不善?'"子路老是念叨这两句话。孔子说:"仅仅把这当成修身之道,怎么足以成为大善?"

9.28 子曰:"岁寒,然后知松柏之后彫也。"

【解读】

"彫"今作凋,指树木落叶。孔子说:"岁寒,然后知松柏之后彫也。"是说,天气寒冷了,然后才能知道松、柏树是后落叶的。这是比喻在艰苦的条件下才能考验出一个人的品质是否坚贞。

这一章说明艰苦条件下才能考验一个人的坚贞。

【译文】

孔子说:"天气寒冷,才知道松柏树是后落叶的。"

9.29 子曰:"知者不惑,仁者不忧,勇者不惧。"

【解读】

"知"今作智。孔子说:"知者不惑,仁者不忧,勇者不惧。"是说,有智慧的人不会迷惑,有仁德的人不忧患,勇敢的人无所畏惧。邢昺疏:"知者明于事,故不惑乱;仁者知命,故无忧患;勇者果敢,故不恐惧。"

这一章说明智、仁、勇的表现。

【译文】

孔子说："有智慧的人不会迷惑,有仁德的人不忧患,勇敢的人无所畏惧。"

9.30　子曰:"可与共学,未可与适道;可与适道,未可与立;可与立,未可与权。"

【解读】

"适"是走向,去到。"立"是有所树立。"权"是权宜,即灵活处理问题。孔子说:"可与共学,未可与适道;可与适道,未可与立;可与立,未可与权。"是说,可以一同学习的人,未必可以一同走向常道;可以一同走向常道的人,未必可以一同树立常道;可以一同树立常道的人,未必可以一同能通权达变。道是规律,掌握了规律的人,不一定会灵活应用规律。"道"与"权"相对而言,可以推知这里说的"道"指常道,即正常规律。

这一章说明贵在知经知权,同时说明孔子的循循善诱。

【译文】

孔子说:"可以一同学习的人,未必可以一同走向常道;可以一同走向常道的人,未必可以一同树立常道;可以一同树立常道的人,未必可以一同通权达变。"

9.31　"唐棣之华,偏其反而。岂不尔思?室是远而。"子曰:"未之思也,夫何远之有?"

【解读】

古本把这一章与上一章合为一章,认为讲的是知权反而合道。这有点生拉硬扯。杨伯峻先生把这一章独立出来。细按上下文意,这一章应当独立出来。"唐棣之华,偏其反而。岂不尔思?室是远而"这四句是逸诗,今本《诗经》里没有。但《诗经·小雅》里有一篇《常棣》,讲的是兄弟的亲情胜过朋友,而人们往往能与朋友有福共享,却与兄弟反目为仇,据说是描写周公痛惜管、蔡之乱的心情。《诗》里讲到"常棣之华,鄂不韡韡"。又说"是究是图,亶不然乎"。"究"、"图"都有思考的意思,与"岂不尔思?室是远而"意思上有共同点。可能是今本《诗经·小雅·

常棣》里被删除的句子。"唐棣"、"常棣"都是指海棠一类的树。"华"即花。"反",旧注说海棠开花"反而后合",这不近情理。任何植物开花都是先含苞后开花,即使有的花干枯时又合在一起,那也得先含苞。这里说"偏",又说"反",又说"远",应当是指海棠树分开枝叉,开花时偏东一枝偏西一枝,方向相反,不在一起。这才与同本而疏远的兄弟相应,诗句无非是用海棠起兴,进行类比。所以这几句诗应当理解为:海棠开花,东一枝西一枝不在一起。难道不思念你吗? 只不过是住的太远罢了。"而"是句末语气词。孔子说:"未之思也,夫何远之有?"是说,他还是不思念,真的思念有什么远的! 不过孔子这里用于泛指,说的是他还是不想修道,真想修道,道有什么远的! 关键是他想不想去学。

这一章孔子强调个人努力的重要。

【译文】

"海棠开花,偏东一枝偏西一枝方向相反。难道不思念你吗? 只不过是住得太远罢了。"孔子说:"还是不去思念,真的思念有什么远的!"

乡党第十

10.1 孔子于乡党,恂恂如也,似不能言者。其在宗庙朝廷,便便言,唯谨尔。

【解读】

"乡党",古代地方居民单位名称,一般以五家为邻,二十五家为里,五百家为党,一万二千五百家为乡。"恂恂(xún)",王肃注:"温恭貌。""便便(pián)",自如的样子。《史记·孔子世家》作"辩辩",旧注以为"便"通"辩","便,辩也"。于义不协。"便"是方便,随便的意思。"便便"这里应作自如去理解。下文有"唯谨尔"。自如才有谨不谨的问题。"孔子于乡党,恂恂如也,似不能言者。其在宗庙朝廷,便便言,唯谨尔"是说,孔子在家乡里与乡亲们交往,温和恭顺,就像不善说话的样子。在宗庙朝廷上,自如地言讲,只是比较谨慎。

这一章说明孔子日常的言行。

【译文】

孔子在本乡里,温和恭顺的样子,好像是个不善说话的人。他在宗庙里,朝廷上,说话自如,只是比较谨慎。

10.2 朝,与下大夫言,侃侃如也;与上大夫言,訚訚如也。君在,踧踖如也,与与如也。

【解读】

"侃侃",坦率。"如"作形容词词尾,相当于"……的样子"。"侃侃如",是坦率而言的样子。"也"是判断语气词。旧注讲作"和乐"的样子。"訚訚(yín)",诚恳而言的样子。旧注讲作"中正之貌"。"与与",慎重而言的样子。旧注讲作"威仪中适之貌"。以上三个叠音词,描写孔子对待不同级别的人,说话时的态度不同。级别越高,孔子的态度越谦恭。国君在场,甚至会踧踖(cùjí)不安。应该从孔子自身的表现去区别词义。"侃侃"有坦率的意思。"訚訚"有诚恳的意思。《先进》第十三章里说:"闵子侍侧,訚訚如也;子路,行行如也;冉有、子贡,侃侃如也。"从闵子、冉有、子贡的为人可以推知。"与与",古代有小心谨慎的意思。如《老子》第十五章"与兮若冬涉川",河上公注:"与与兮若冬涉川,心犹难之也。""朝,与下大夫言,侃侃如也;与上大夫言,訚訚如也。君在,踧踖如也,与与如也"是说,孔子上朝时,与下大夫说话,坦率的样子;与上大夫说话,诚恳的样子。有国君在,举止不安的样子,说话小心谨慎的样子。

这一章说明孔子在上朝时的举止。

【译文】

孔子上朝时,与下大夫说话,坦率而言的样子;与上大夫说话,诚恳而言的样子。有国君在,举止紧张不安的样子,说话小心谨慎的样子。

10.3 君召使摈,色勃如也,足躩如也。揖所与立,左右手。衣前后,襜如也。趋进,翼如也。宾退,必复命曰:"宾不顾矣。"

【解读】

"摈"同傧,傧相,接待客人的人。"勃",骤然而变,这里指脸色一下子变得庄重起来。"躩(jué)",动作变快,这里指加快脚步。"左右手",郑玄注:"揖左人,左其手;揖右人,右其手。""衣前后",旧注以为"一俯一仰",恐未确。古人穿长衣,衣服的前摆后裾很容易乱。为了显得端庄,常需整理一下前摆后裾。"衣"应看成是整理衣服的动词用法。"衣前后"是整理一下前摆后裾。"襜(chān)如"是整齐的样子。"翼如"是左右对称的样子,指端正。"不顾"是不回头,指走了。"君召使摈,色勃如也,足躩如也。揖所与立,左右手。衣前后,襜如也。趋进,翼如也。宾退,必复命曰:'宾不顾矣。'"意思是说,国君召孔子去接待宾客,脸色一下变得庄重起来,加快了脚步。向两旁的人作揖,迎左边的人向左拱手,迎右边的人向右拱手。整理一下前摆后裾,衣服整整齐齐的样子。快步前迎,身体端正的样子。客人走了之后,一定向国君报告说:"客人已经走了。"

这一章说明孔子接待宾客的举止。

【译文】

国君召他接待宾客,脸色一下变得庄重起来,同时加快了脚步。向两旁的人作揖,迎左边的人向左拱手,迎右边的人向右拱手。整理好前摆后裾,衣服整整齐齐的样子。快步前行,身体端正的样子。客人走了之后,一定向国君回报说:"客人已经走了。"

10.4 入公门,鞠躬如也,如不容。

立不中门,行不履阈。

过位,色勃如也,足躩如也,其言似不足者。

摄齐升堂,鞠躬如也,屏气似不息者。

出,降一等,逞颜色,怡怡如也。

没阶,趋进,翼如也。

复其位,踧踖如也。

【解读】

"公"指鲁君。鲁国从周公开始便世袭为公。"入公门,鞠躬如也,如不容"是说,进入鲁公之门,像鞠躬的样子,好像无地容身。

"中门"即门中。"履"是脚踩。"阈(yù)"是门限。"立不中门,行不履阈"是说,站着,从不站在门的当中;走过时不踩门限。

"过位"指从鲁公的坐位前走过。"过位,色勃如也,足躩如也,其言似不足者"是说,只要是从鲁公的坐位前走过,那怕是没有人,脸色也会一下变得庄重起来,同时步伐加快,说起话来好像是底气不足的样子。

"齐(zī)"是衣服的前摆。"摄齐"是提起前摆。"屏(bǐng)气"是闭住气。"摄齐升堂,鞠躬如也,屏气似不息者"是说,提起前摆登上堂,像鞠躬的样子,闭住气像不呼吸的样子。

"等"指台阶。"逞"是放松、舒展。"出,降一等,逞颜色,怡怡如也"是说,从公位前走出,下了一个台阶,颜色放松,怡然舒畅。

"没阶"是走完台阶。"没阶,趋进,翼如也"是说,下完台阶,快步走,端正的样子。

"复其位,踧踖如也"是说,回到自己的位置上,一副踧踖不安的样子。

孔子出生于鲁襄公二十二年,在他三十五岁时,鲁昭公被季氏、孟氏、叔孙氏三家驱逐到齐国。鲁君的权力已经旁落,到定公、哀公期间,鲁国的权力实际上由季氏操纵。定公十四年孔子五十六岁去鲁出走,他真正在朝为官的时间仅有定公期间的十几年。在这段时间他对鲁君表现出诚惶诚恐的样子,主要是想用自己的行动向人们表示自己忠于鲁君,不满季氏僭越的行为。

【译文】

孔子走进鲁公之门,像鞠躬的样子,好像没有容身之地。

站,不站在门的当中;走,不踩门限。

从国君的坐位前走过,脸色一下变得端庄起来,并加快了脚步,说话也好像底气不足。

提起下摆登上堂,像鞠躬的样子,闭住气好像不呼吸的样子。

走出来,下了一个台阶,神情放松,怡然舒畅。

下完台阶,快步走,端正的样子。

回到自己的位置上,一副跼蹐不安的样子。

10.5　执圭,鞠躬如也,如不胜。上如揖,下如授。勃如战色,足蹜蹜如有循。

享礼,有容色。

私觌,愉愉如也。

【解读】

"圭"是一种玉器,上圆下方,一般代表朝廷出使时使用。"不胜"是力不足。"蹜(sù)"是脚步小。"执圭,鞠躬如也,如不胜。上如揖,下如授。勃如战色,足蹜蹜如有循"是说,出使时手捧玉圭,像鞠躬的样子,如同力不胜举。上举时如作揖,下举时如授出。脸色一下子变得庄重起来,战战兢兢,脚步细碎,好像沿着线走。

"享礼"是享献的礼仪。"享礼,有容色"是说,举行享献礼时,面部表情很得体。

"私觌(dí)"是以个人身份相见。"私觌,愉愉如也"是说,私人相见,轻松愉快的样子。

这一章说明孔子出使时的举止。

【译文】

出使时手捧玉圭,像鞠躬的样子,好像力不胜举。向上举如同作揖,向下举如同授出,脸色一下子庄重起来,战战兢兢,脚步细碎,像沿着线走一样。

举行享献礼时,脸上的表情很得体。

私自相见,轻松愉快的样子。

10.6 君子不以绀緅饰,红紫不以为亵服。

当暑,袗绤绤,必表而出之。

缁衣,羔裘;素衣,麑裘;黄衣,狐裘。

亵裘长,短右袂。

必有寝衣,长一身有半。

狐貉之厚以居。

去丧,无所不佩。

非帷裳,必杀之。

羔裘玄冠不以吊。

吉月,必朝服而朝。

【解读】

"绀(gàn)",青里透红的颜色。"緅(zōu)",黑里透红的颜色。"饰"是镶边。亵服,与礼服相对而言,指日常平居所穿的衣服。"君子不以绀緅饰,红紫不以为亵服"是说,君子不用绀色和緅色给衣服镶边,不用红色、紫色做日常家居时所穿的衣服。古人认为红、紫色显示尊贵,故平居时不用。

"袗(zhěn)"是单衣。"绤(chī)"是细麻布。"绤(xì)"是稍粗的麻布。"表"是穿在外边。"当暑,袗绤绤,必表而出之"是说,暑天,穿葛布单衣,一定要里边有衬衣,把单衣穿在外边。这是因为绤绤都较薄,不穿衬衣太裸露。

"缁(zī)"是黑颜色。"羔裘"是羊羔皮做的皮衣。"麑(ní)"是小鹿。"缁衣,羔裘;素衣,麑裘;黄衣,狐裘"是说,穿羔皮衣,外边罩上黑色的衣服;穿小鹿皮衣,外边罩上白色的衣服;穿狐皮衣,外边罩上黄色的衣服。这是为了让颜色的搭配协调。不言而喻,这是冬天穿的衣服。

"亵裘长,短右袂"是说,家居穿的皮袍做得较长,右边的袖子做得短一些。"袂(mèi)"是袖子。右袖短是为了便于做事。

"寝衣"指被子。孔安国注:"今之被也。""必有寝衣,长一身有半"是说,睡觉时一定盖被子,被子为本人身长的一身半。

"貉(hé)",俗读háo,皮毛珍贵,北方人称为扫雪。"居"是坐。古人席地而坐,尤其是接待客人比较讲究坐褥。"狐貉之厚以居"是说,用狐貉皮做成厚的褥垫。

"佩"是身上的佩带及玉佩。服丧期间不用佩饰。"去丧,无所不佩"是说,除丧之后,什么佩饰都可以佩带。古人认为"玉"可比君子之德,讲究君子玉不离身。

"帷裳",郑玄注:"谓深衣也。"是一种长裙子。古代用整幅布制成,不加剪裁,多余的布打成褶,犹如今天的百褶裙。"杀"指裁剪。"非帷裳,必杀之"是说,如果不是长裙,一定要裁剪。

"玄冠"是黑色的帽子。吊丧穿白色衣服。"羔裘玄冠不以吊"是说,不穿戴羔裘和黑色帽子去吊丧。

"吉月"指每月初一。邢昺疏:"《诗》云'二月初吉',《周礼》云'正月之吉'。皆谓朔日,故知此吉月谓朔日也。""吉月,必朝服而朝"是说,每月初一,一定穿着朝服去朝拜。

这一章说明孔子的服饰。

【译文】

君子不用绀色和缬色布给衣服镶边,不用红色、紫色做日常家居时所穿的衣服。

暑天,穿葛布单衣,一定要里边有衬衣,把单衣穿在外边。

穿羔皮衣,外罩黑色的衣服;穿小鹿皮衣,外罩白色的衣服;穿狐皮衣,外罩黄色的衣服。

家居穿的皮袍较长,右边的袖子做短一些。

睡觉时一定盖被子,被长一身半。

用狐貉皮做成厚的褥垫。

除丧之后,什么佩饰都可以佩带。

不是长裙子,一定要加以裁剪。

不穿戴羔裘和黑色帽子去吊丧。

每月初一,一定穿朝服去朝拜。

10.7 齐,必有明衣,布。

齐必变食,居必迁坐。

【解读】

"齐"今作斋,斋戒。"明衣",指斋戒时所穿的衣服。古代在沐浴后穿用。孔安国注:"以布为沐浴衣。""齐,必有明衣,布"是说,斋戒,定要有斋戒的衣服,用布做成。

"变食"是改变平常的饮食,即不吃荤腥。"迁坐"指迁出平时的起居室,即不与妻妾同房。"齐必变食,居必迁坐"是说,在斋戒的日子里,一定要戒除荤腥,不与妻妾同房。

这一章说明孔子斋戒时的生活习惯。

【译文】

孔子在斋戒的时候,一定穿斋戒时的衣服,用布做成。

斋戒期间,改变平时的饮食,居处也要迁出日常的起居室。

10.8 食不厌精,脍不厌细。

食饐而餲,鱼馁而肉败,不食。色恶,不食。臭恶,不食。失饪,不食。不时,不食。割不正,不食。不得其酱,不食。

肉虽多,不使胜食气。

唯酒无量,不及乱。

沽酒市脯不食。

不撤姜食,不多食。

【解读】

"食"指粮食。"脍(kuài)"是切得很细的肉片。"厌"是嫌弃。"精"、"细"互文见义。"食不厌精,脍不厌细"是说,粮食舂得越精越好,菜肴切得越细越好。

"饐(yì)"是食物久放。"餲(ài)"是食物有了馊味。"馁(něi)"、"败"互文见义,指食物败坏。"失饪"是烹饪不当,不是生了,就是糊了。

"不时"前人有两种讲法：一说是不是时令的食物，另一说是不是该吃的时候。前说不如后说。"不时，不食"如同说不按时开饭不吃。古人早就懂得按时吃饭有益身体健康。《吕氏春秋·尽数》里说："食能以时，身必无灾。""割不正"是刀拉得不正。这也要灵活理解，是说刀切得七大八小，不成样子。一说是指没有把肉体的部位分类地拉开。这样讲有些牵强，孔子在有条件的时候就是要求美食。"不得其酱"是指没有合适的调味酱，配料不好，吃起来把好东西糟蹋了，故不食。"食饐而餲，鱼馁而肉败，不食。色恶，不食。臭恶，不食。失饪，不食。不时，不食。割不正，不食。不得其酱，不食。"意思是说，食物存放久了，有馊味，鱼与肉放坏了，不吃。颜色不新鲜了，不吃。气味难闻，不吃。烹饪生熟失当，不吃。不到吃饭的时间，不吃。刀切得不成样子，不吃。没有合适的调味酱，不吃。

"食气(xì)"，指主食。"气"今作"饩"。"肉虽多，不使胜食气"是说，肉食虽多，吃的量不超过主食。

"唯酒无量，不及乱"是说，孔子饮酒不限量，但以不喝醉为度。

"沽酒"是买来的酒。古代一般饮用自己家酿的酒。直到杜甫还说："樽酒家贫只旧醅。"(《客至》)"脯"是干肉。"沽酒市脯不食"是说，买来的酒和腊肉不吃。

"不撤姜食，不多食"是说，餐桌上常备姜食，不撤除，但不多吃。

这一章说明孔子的饮食习惯。

【译文】

粮食不厌弃舂得精，鱼和肉不厌弃切得细。

食物存放时间长有了馊味，不吃。鱼和肉放坏了，不吃。颜色不新鲜，不吃。气味难闻，不吃。烹饪生熟失当，不吃。不到吃饭的时间不吃。刀切割得不正，不吃。没有合适的调味酱，不吃。

肉食虽然多，吃的量不超过主食。

只有酒不限量，但不喝醉。

买来的酒和腊肉，不吃。

常备姜食，但吃得不多。

10.9 祭于公，不宿肉。祭肉不出三日。出三日，不食之

矣。

【解读】

"祭于公"是参加了鲁公举办的祭祀。"不宿肉"是不把肉存放一宿,留在第二天,即当日吃掉。古代有"分胙"的讲究。天子、诸侯举办祭祀,把祭祀用过的肉,分别赐给参加祭祀的人,表示一种分福的意思。这种肉一般要等祭祀完了才能分食,已经摆放了一段时间,所以不能再存放。"祭肉"与"祭于公"对比而言,指自己家里举办祭祀用过的肉。"祭于公,不宿肉。祭肉不出三日。出三日,不食之矣"是说,参加鲁公的祭祀,分得的胙肉,不留到第二天。自己家里的祭肉,不存放三天以上,超过三天就不吃了。

这一章说明孔子对祭肉的饮食习惯。

【译文】

参加鲁公举办的祭祀,分得的胙肉不留到第二天。自己家里的祭肉,不存放三天以上,超过三天就不吃了。

10.10 食不语,寝不言。

【解读】

"食不语,寝不言"是说,吃饭的时候,不交谈,睡觉的时候不说话。这也是一种良好的卫生习惯。

这一章说明孔子的生活习惯。

【译文】

吃饭的时候不交谈,睡觉的时候不说话。

10.11 虽疏食菜羹,瓜祭,必齐如也。

【解读】

"疏食"是粗粮,指没有加工的五谷。"菜羹"是没有肉的带汤的菜。"瓜祭"可理解为供水果的祭祀。古人有薄祭的习惯。《左传》里讲,沼沚之毛,蘋蘩之菜,可荐于鬼神。不用牲肉的祭祀就是薄祭,但要当令新鲜。比如新收获的五谷,刚成熟的瓜菜水果,先荐于鬼神,然后食用,表示一种诚敬的心情。"齐如"是"斋如",即斋戒沐浴。"虽疏食菜羹,瓜祭,必齐如也"是说,即使是薄祭,也一定要像大祭那样斋戒沐浴。当

然可以简单一些。大祭的斋戒有天数规定。薄祭从简,但仪式还是要
有。

这一章说明孔子祭祀的习惯。

【译文】

虽然是用没有加工的粮食、蔬菜或水果的薄祭,也一定要像大祭那
样斋戒沐浴一番。

10.12　席不正,不坐。

【解读】

古人席地而坐。"席不正,不坐"是说,坐席摆得不正不坐,这个席
指席子上铺的垫子,随手可以摆正。

这一章说明孔子坐的习惯。

【译文】

铺的席子不正,不坐。

10.13　乡人饮酒,杖者出,斯出矣。

【解读】

"乡人饮酒"是古代地方政府优待三老的一种礼仪,按《礼记·乡饮
酒》的规矩,是"少长以齿",按年龄大小排坐次。"杖者"指年龄大的人。
"乡人饮酒,杖者出,斯出矣"是说,举行乡饮酒的礼仪,等年龄大的人走
出去以后,这才自己出去。

这一章说明孔子尊老的习惯。

【译文】

举行乡饮酒的礼仪,等拄杖的人走出去之后,自己这才出去。

10.14　乡人傩,朝服而立于阼阶。

【解读】

"傩(nuó)"是一种迎神驱鬼的活动,各地风俗不同。一般要有化
妆,戴面具,穿彩服,跳巫舞。"阼(zuò)阶"是东面的台阶,古人以东为
主人的位置,西为客人的位置。孔安国注:"傩驱逐疫鬼,恐惊先祖,故
朝服而立于庙之阼阶。"意思是说,傩是驱逐邪疫之鬼,害怕惊动了先祖
的神灵,有邪祟自己挡着,所以穿上朝服立在庙的东台阶上。"乡人傩,

朝服而立于阼阶"是说,乡人举行迎神驱鬼的活动,穿着朝服站在庙前东边的台阶上,为祖先守护。

这一章说明孔子在乡人举办傩舞时的习惯。

【译文】

乡人举办傩舞时,孔子穿上朝服站在庙前东边的台阶上。

10.15　问人于他邦,再拜而送之。

【解读】

"问人"是慰问人,不是向人打听。孔子出行,一般是由学生去问路。刑昺疏:"此记孔子遗人之礼也,问犹遗也。谓因问有物遗之也。"意思是说,这是记叙孔子赠送人礼物的礼节。问如同赠送。说的是因慰问有礼物赠送给人。"他邦"是别的国家。"问人于他邦,再拜而送之"是说,托人给外国的朋友慰问送礼,要向使者拜两次送行。

这一章说明孔子慰问人的礼节。

【译文】

托人给外国的朋友慰问送礼,要向使者拜两次送行。

10.16　康子馈药,拜而受之。曰:"丘未达,不敢尝。"

【解读】

"康子"即季康子。"馈(kuì)"是赠送。"达"是通达、了解。"康子馈药,拜而受之。曰:'丘未达,不敢尝'"是说,季康子赠送给孔子药物,孔子拜谢而接受,说:"我对这种药的药性不了解,不敢吃。"

这一章说明孔子的服药习惯。

【译文】

季康子赠送给孔子药物,孔子拜谢接受。说:"我对这种药的药性不了解,不敢吃。"

10.17　厩焚。子退朝,曰:"伤人乎?"不问马。

【解读】

"厩"是马棚。"焚"是烧。这里指失火。"厩焚。子退朝,曰:'伤人乎?'不问马"是说,马棚失了火。孔子退朝回到家里,说:"伤了人没有?"不问马。

这一章说明孔子关心人的伤亡。

【译文】

马棚失了火,孔子退朝回到家里,问道:"伤了人没有?"不问马。

10.18 君赐食,必正席先尝之。君赐腥,必熟而荐之。君赐生,必畜之。

侍食于君,君祭,先饭。

【解读】

"食"指熟食。"腥"是生鱼生肉。"生"指活的动物。"君赐食,必正席先尝之。君赐腥,必熟而荐之,君赐生,必畜之"是说,国君赐给熟食,孔子必定摆正坐位先尝一尝。国君赐给生鱼生肉,一定煮熟了,先给祖先上供。国君赐给活物,一定畜养起来。

"侍食"指陪国君一起吃饭。"君祭,先饭。"郑玄注说:"于君祭,则先饭矣。若为君尝食然。"意思是说,在国君祭祀的时候,自己先吃饭,好像是给国君尝食似的。这样讲于情于理都不合,国君吃饭,为了避免吃到下了毒的食物,需要有人先尝一下,但这自有专职人员去做,用不着等客人来尝。新注以为是在"国君举行饭前祭礼的时候,自己先吃饭,不吃菜"。这也不通。国君没上餐桌,自己先吃起来,更不像话。可见注解出了问题。不过两注都把"君祭"看做是时间状语还是对的。"君祭,先饭"是说,趁国君祭祀的时候,在自己家里先吃点东西垫垫肚子,以免在餐桌上大吃大嚼,显得不雅相。"侍食于君,君祭,先饭"是说,陪侍国君吃饭,趁国君祭祀的时候,自己在家里先吃点东西垫垫肚子,然后再上餐桌。

这一章说明孔子在处理与国君有关的食物时的习惯。

【译文】

国君赐给熟食,孔子必定摆正坐位先尝一尝。国君赐给他生鱼生肉,一定要煮熟了,先给祖先上供。国君赐给活物,一定先畜养起来。

陪侍国君一起吃饭,趁国君祭祀的时候,先在自己家里吃一点垫垫肚子。

10.19 疾,君视之,东首,加朝服,拖绅。

【解读】

"东首"是头向东。古代的房子,一般是门在东,窗户在西,床在窗下。"头向东"是为了国君一进门自己就能看见。"绅"是古代的大带,束在腰上,有一节会垂下来,称做"拖绅"。孔子卧病在床,不能起来活动,但仍不废君臣之礼,让人给自己盖上朝服,把绅也垂在腰下,面向国君,表示朝拜。"病,君视之,东首,加朝服,拖绅"是说,孔子病了,国君来探病,孔子让人把他移动得头面向东,把上朝的礼服披在身上,大带拖在腰下。

这一章说明孔子病中不废君臣之礼。

【译文】

孔子病了,国君来探视,他让人把自己移得头面向东,披上朝服,腰间拖上大带。

10.20　君命召,不俟驾行矣。

【解读】

"俟驾"是等待驾好车。"君命召,不俟驾行矣"是说,国君有命召见自己,孔子不等车驾好就先抢着走去了。当然车驾好之后会追了出来。

这一章说明孔子应君命之召的急迫。

【译文】

国君有命召见,孔子不等车驾好就急着走去了。

10.21　入太庙,每事问。

【解读】

这一章与《八佾》篇重出。放在这一篇里是为了说明孔子的生活习惯。"入太庙,每事问"是说,进入太庙,每件事都问。

这一章说明孔子进入太庙的礼节习惯。

【译文】

孔子进入太庙,每件事都问一下。

10.22　朋友死,无所归,曰:"于我殡。"

【解读】

"无所归"是没人收殓或无力收殓。"于我"是在我那里。"殡"是殡葬。"朋友死,无所归,曰:'于我殡'"是说,朋友死了,如果没人收殓或无力收殓,孔子就会说:"让我来殡殓。"孔子确实是这样做的,颜渊死了之后,就是孔子殡殓的。

这一章说明孔子对待朋友的诚意。

【译文】

朋友死了,没人收殓,孔子就会说:"让我来殡殓。"

10.23　朋友之馈,虽车马,非祭肉,不拜。

【解读】

"馈"是馈赠。"朋友之馈,虽车马,非祭肉,不拜"是说,朋友赠送的礼品,即使是车马,只要不是祭肉,孔子接受时不行礼。对祭肉的礼品行礼是为了表示对亡灵的尊重。

这一章说明孔子与朋友交往的礼节。

【译文】

朋友馈赠的礼品,即使是车马,只要不是祭肉,孔子接受时不答拜。

10.24　寝不尸,居不客。

【解读】

"尸"是像尸体一样直挺着。"客"是像待客那样规规矩矩。"寝不尸,居不客"是说,孔子睡觉的时候,不像挺尸那样躺着。平时家居,不像见客那样规矩,比较随便。古人席地而坐,见客时一般要跪在地上,臀部坐在两脚跟上。时间长了会累一些。平时家居可以随便一点。

这一章说明孔子平常起居时的生活习惯。

【译文】

孔子睡觉的时候,不像挺尸那样躺着。平时家居,不像接待客人那样,要随便一点。

10.25　见齐衰者,虽狎,必变。见冕者与瞽者,虽亵,必以貌。

凶服者,式之,式负版者,

有盛馔,必变色而作,

迅雷风烈必变。

【解读】

"齐衰者"指穿孝服的人,包括穿齐衰、斩衰的人。"狎"是很熟悉、经常在一起闹着玩的人。"冕者"是戴礼帽的人。古人一般在祭祀时戴礼帽。"瞽者"是盲人。"亵"与"狎"互文见义,都是指不拘礼节的熟人。"貌"与"变"互文见义,是改变脸色,变得严肃起来。"见齐衰者,虽狎,必变。见冕者与瞽者,虽亵,必以貌"是说,孔子见到穿孝服的人,即使是不拘礼节的熟人,一定会改变脸色。见到戴礼帽的人和盲人,即使是不拘礼节的熟人,也一定会变得严肃起来。

"式"今作"轼",是古人在车上的礼节,一般是站起身把手放在车前的横木(轼)上,身体向前一俯,表示一种礼敬。"负版",孔安国注:"持邦国之图籍。"就是拿着国家地图或户口的人。"凶服者,式之,式负版者"是说,见到穿凶服送丧的人,在车上行轼礼。见到背着国家图籍的人,也行轼礼。

"盛馔"是丰盛的饮食。"作"是站起身。"有盛馔,必变色而作"是说,有丰盛的筵席,一定会变得严肃站起身来。表示一种珍惜食物的礼节。

"迅雷风烈必变"是说,遇到疾雷、大风,一定会变得肃然起敬。表示对天的畏惧。

这一章说明孔子所礼待的人物。

【译文】

孔子看见穿孝的人,即使是平常不拘礼节的熟人,一定会改变脸色。见到戴礼帽的人和盲人,即使是不拘礼节的熟人,也一定会变得肃然起敬。

见到穿凶服送丧的人,会在车上行轼礼。见到背负国家图籍的人,也行轼礼。

有丰盛的筵席,一定会变得严肃起来,站起来一下。

遇到疾雷、大风,一定会变得肃然起敬。

10.26 升车,必正立,执绥。

车中,不内顾,不疾言,不亲指。

【解读】

"升车"是登车,上车。"绥"是车上的拉手。"执绥"是手把拉手,保持在车上的平衡。"升车,必正立,执绥"是说,孔子登上车,一定会端正地站好,手把拉手。

"内顾"是回头向车里看。"疾言"是大声说话。"亲指"是用手指指划划。"车中,不内顾,不疾言,不亲指"是说,孔子在车中,不回头看,不大声说话,不指指划划。

这一章说明孔子在车上的习惯。

【译文】

孔子登上车,一定会端端正正地站好,手里把着拉手。

在车中,不回头看,不大声说话,不指指划划。

10.27 色斯举矣,翔而后集。曰:"山梁雌雉,时哉,时哉!"子路共之,三嗅而作。

【解读】

"色斯举矣,翔而后集"可能是逸诗里的句子。意思是,鸟见到人的脸色不怀好意,就会飞起来,在天上盘旋几圈,然后落在树上。《论衡·定贤》里说:"大贤之涉世也,翔而后集。"意思是说,贤人涉足入世,先盘旋一下看看人的脸色,然后才栖身下来。刘宝楠说:"色斯举矣,去之速也。翔而后集,就之迟也。古人所谓三揖而进,一辞而退……即君子难进易退之义。""色斯举矣"是飞去得快。"翔而后集"是落下来得慢。正是古人所说的,得到当权的人三次的礼让才去进身为官,只要有一次辞退,就退身而去……就是君子进身比较难,退身比较易。总之是用鸟的飞走与落下,类比君子的去就不苟且。"色斯举矣,翔而后集"是说,孔子见到鸟一见人的脸色不善,就飞起来了,在天上盘旋一阵看到没有危险了才落下来,想到自己也应该像鸟那样懂得去就之道。

"雉"是野鸡。"时"是得时。"曰:'山梁雌雉,时哉,时哉'"是说,山梁上的野鸡,得时呵得时!"得时"指同样都是识去就,而野鸡生而逢时,得到了栖身之地,感叹自己生不逢时,找不到栖身之处。

"共",刑昺疏:"共,具也。嗅谓鼻歆其气。作,起也。孔子行于山梁,见雌雉饮啄得其所,故叹曰:此山梁雌雉,得其时哉,而人不得其时也。子路失指，以为夫子云时哉者，言是时物也。故取而共具之。孔子以非己本意，义不苟食，又不可逆子路之情，故但三嗅其气而起也。"意思是说，共是供具的意思，嗅说的是用鼻子闻闻气味，作是站起身来不吃。孔子在山梁上行走，见到野鸡饮啄得到合适的栖身之处，所以感叹地说，这山梁上的野鸡，生而逢时，人却生不逢时。子路误会了孔子的话，以为孔子说的"时哉"是当令的食物，于是逮住野鸡做好给孔子吃，孔子以为这不是自己本来的意思，从道理上说不该吃，又不好意思逆拒子路的一番好意，所以闻了三次野鸡的香味，站起来没有吃。邢昺的解释合情合理。后人把这几句东拉西扯地讲错了，把"三嗅而作"当成是野鸡的动作，这一篇全都是说明孔子的生活习惯，怎么会用"三嗅而作"去说明野鸡的动作？

这一章说明孔子不吃非礼之物。

【译文】

鸟见到人的脸色不善就飞起来了，在天上盘旋一阵然后落下。孔子说："山梁上的野鸡，得时呵得时！"子路（误会了）逮到野鸡给孔子具食。孔子闻了三次，站起来没有吃。

先进第十一

11.1 子曰:"先进于礼乐,野人也;后进于礼乐,君子也。如用之,则吾从先进。"

【解读】

"进"是修进。"野人"与"君子"相对而言,指的是不是贵族出身的人。"君子"指贵族出身的人。"用"是任用,指当官。孔子说:"先进于礼乐,野人也;后进于礼乐,君子也。如用之,则吾从先进。"是说,先修进了礼乐,虽然不是贵族出身;后修进了礼乐,虽然是贵族出身,如果用他当官,我选择先修进了礼乐的人。在封建制社会里,贵族有世袭的特权,天生被当成做官的料,从小就学习怎样当官,当官也会被社会看得理所当然,能服众,故称做君子。出身在平民家里,不执政,故称做在野的野人。孔子认为有没有当官的资格,要看懂不懂礼乐,这比出身更为重要。君子不学礼乐,当起官来比不上学了礼乐的野人,野人学了礼乐比不学礼乐的君子更有益于教化。

这一章说明孔子看重人的修养胜过出身。

【译文】

孔子说:"先修进了礼乐,虽然不是贵族出身;后修进礼乐,虽然是贵族出身,如果选用人才的话,我选择先修进了礼乐的人。"

11.2 子曰:"从我于陈蔡者,皆不及门也。"

【解读】

"门"指的是从政之门。郑玄注:"不及仕进之门而失其所。"郑玄的注解是对的。这一章的前后,都在说从政与本身的修养素质,不能把门讲成孔子的师门。孔子说:"从我于陈蔡者,皆不及门也。"是说,跟着我在陈国、蔡国历练过的学生,都没有进入仕进的大门。孔子对自己不被社会重用很伤感,对自己培养的学生也不能被社会重用,同样也很伤感。

这一章说明孔子对社会不起用人才的伤感。

【译文】

孔子说:"跟着我在陈国、蔡国历练过的学生,都没有进入仕进的大门。"

11.3　德行:颜渊、闵子骞、冉伯牛、仲弓。言语:宰我、子贡。政事:冉有、季路。文学:子游、子夏。

【解读】

这一章虽然没有加"子曰",但也应该是孔子说过的话,从用字不用名的称呼上看,是别人的转述。颜渊是颜回,闵子骞是闵损,冉伯牛是冉耕,仲弓是冉雍。宰我是宰予,子贡是端木赐。冉有是冉求,季路是仲由。子游是言偃,子夏是卜商。《史记·仲尼弟子列传》里有记载。"言语"指语言能力强。"文学"指文献知识丰富。"德行:颜渊、闵子骞、冉伯牛、仲弓。言语:宰我、子贡。政事:冉有、季路。文学:子游、子夏"是说,在孔子的学生里,德行杰出的有颜渊、闵子骞、冉伯牛、仲弓;语言能力强的有宰我、子夏;有政事才干的有冉有、季路;文献知识丰富的有子游、子夏。这十个人是孔子称道的人。

这一章是孔子对自己培养的杰出人才的肯定。

【译文】

德行杰出的有颜渊、闵子骞、冉伯牛、仲弓。语言能力强的有宰我、子贡。有政治才干的有冉有、季路。文献知识丰富的有子游、子夏。

11.4　子曰:"回也非助我者也,于吾言无所不说。"

【解读】

孔安国注:"助,益也。言回闻言即解,无可起发增益于己。""助"是补益。"说"不能当解讲,而是喜悦,今作悦。孔子说:"回也非助我者也,于吾言无所不说。"是说,颜回不是对我有补益的人,对我的话没有不喜欢的。颜回是孔子最得意的学生。这里说他对自己没有补益,是一种谦虚的说法。因为孔子不能说喜欢自己说的话就好,所以改说成完全都喜欢自己的话也有不好的一面,就是说这样不能教学相长,对自己没有补益。实际上要说的是颜回最有才慧,能与自己心息相通,达成默契,对教给他的内容最能理解。总之是对颜回的表扬,颜回对自己没有补益和颜回喜欢自己的话可以相反相证。

这一章是孔子对颜回才慧的赞扬。

【译文】

孔子说:"颜回不是对我有补益的人,对我的话没有不喜欢的。"

11.5 子曰:"孝哉闵子骞! 人不间于其父母昆弟之言。"

【解读】

"间"用如《泰伯》第二十一章"禹,吾无间然矣"的"间",是挑剔、指摘的意思。孔子说:"孝哉闵子骞! 人不间于其父母昆弟之言。"是说,能尽孝道呵闵子骞! 人们在他孝顺父母、友悌兄弟方面无话可指摘。"不间……之言"是没有可挑剔的话说。"于其父母昆弟"是在孝顺父母、友悌兄弟方面。这句话旧注很恰当,何晏说:"言子骞上事父母,下顺兄弟,动静尽善,故人不得有非间之言。""昆弟"即兄弟。新注把这句话理解成:"闵子骞真是孝顺呵! 别人对于他爹娘兄弟称赞他的言语并无异议。"这就不是说闵子骞的孝顺了,显然于义不合。

这一章说明闵子骞可做孝悌方面的表率。

【译文】

孔子说:"孝顺呵闵子骞! 人们在他孝顺父母、友悌兄弟方面没有可挑剔的话说。"

11.6 南容三复白圭,孔子以其兄之子妻之。

【解读】

"南容"是孔子的学生南容括。在《公冶长》篇里说:"子谓南容,'邦有道,不废;邦无道,免于刑戮'。以其兄之子妻之。"这里说他"三复白圭","三复"是反复吟诵,"白圭"是《诗经·大雅·抑》里的句子。原文是:"慎尔出话,敬尔威仪,无不柔嘉。白圭之玷,尚可磨也。斯言之玷,不可为也。"意思是说,说话要谨慎,仪容要诚敬,无不柔和美好。白玉上的污点还可以磨掉,言语上的污点就无法挽救了。让人说话谨慎,考虑没有错了再说。"南容三复白圭,孔子以其兄之子妻之"是说,南容反复吟诵"白圭之玷,尚可磨也;斯语之玷,不可为也",孔子把他哥哥的女儿嫁给他。

这一章说明南容以说话谨慎要求自己。

【译文】

南容反复吟诵"白圭"几句诗,孔子把自己哥哥的女儿嫁给他。

11.7 季康子问:"弟子孰为好学?"孔子对曰:"有颜回者好学,不幸短命死矣,今也则亡。"

【解读】

这一章在《雍也》篇里是鲁哀公问,这一章换为季康子问,季康子当时在鲁国当权,看起来是想从孔子的学生里选拔人才。这里重出,是强调颜回是个人才。季康子问:"弟子孰为好学?"是说,季康子问孔子说:"你的学生里谁最好学?""孰"义为谁。孔子回答说:"有颜回者好学,不幸短命死矣,今也则亡。"是说,有一个叫颜回的学生最好学,不幸短命死了,现在就没有了。"亡"同无。

这一章说明颜回是个人才。

【译文】

季康子问:"你的学生里谁最好学?"孔子回答说:"有一个叫颜回的学生最好学,不幸短命死了,现在就没有了。"

11.8 颜渊死,颜路请子之车以为之椁。子曰:"才不才,亦各言其子也。鲤也死,有棺而无椁。吾不徒行以为之椁。以吾从大夫之后,不可徒行也。"

【解读】

"颜路"是颜渊的父亲,也是孔子的学生。《史记·仲尼弟子列传》:"颜无繇,字路。路者颜回父。父子尝各异时事孔子。颜回死,颜路贫,请孔子车以葬,孔子曰:'材不材,亦各言其子也,鲤也死,有棺而无椁,吾不徒行以为之椁。以吾从大夫之后,不可以徒行。'""请子之车以为之椁。"孔安国注:"卖以作椁。""椁"是外棺。是说,请求孔子把自己的车子卖掉,来给颜回买外棺。孔子说:"才不才,亦各言其子也。"是说,不管有才能还是没有才能,但总是自己的儿子。"鲤"是孔子的儿子孔鲤,字伯鱼,在孔子七十岁时,孔鲤五十岁死去。"从大夫之后"是一种谦虚的说法,意思是在大夫行列的后边充个数。也就是说,自己好歹也是个大夫,不能没有专车。"鲤也死,有棺而无椁。吾不徒行以为椁。以吾从大夫之后,不可徒行也"是说,我的儿子孔鲤死了,葬的时候也是有内棺无外棺。我不能卖掉车子徒步行走来给他置买外棺,因为我好歹也是个大夫,不可以徒步行走的。

这一章说明孔子把颜回和自己的亲生儿子同等看待。

【译文】

颜渊死了,他的父亲颜路,请求孔子卖掉车子给颜渊置办外棺。孔子说:"不论有才能还是没有才能,但总是自己的儿子。我的儿子孔鲤死了,也是只有内棺没有外棺。我不能步行来给他买外棺,因为我好歹也是个大夫,在名分上不可以徒步行走。"

11.9　颜渊死。子曰:"噫,天丧予,天丧予!"

【解读】

"予"是第一人称代词我。"丧予"是使动用法,是使我丧的意思,义为要我的命。"颜渊死。子曰:'噫,天丧予,天丧予'"是说,颜渊死了。孔子说:"哎呀!上天要我的命呵,上天要我的命呵!"这是孔子对颜渊早丧的痛惜。

这一章说明孔子对颜回早丧的痛惜。

【译文】

颜渊死了。孔子说:"哎呀!老天要我的命呵,老天要我的命呵!"

11.10　颜渊死,子哭之恸。从者曰:"子恸矣!"曰:"有恸乎?非夫人之为恸而谁为?"

【解读】

"恸",马融注"哀过也",过分悲哀。"夫"是指示代词。"夫人"是这个人。"非夫人之为恸而谁为"是"非为夫人恸而为谁恸"的倒装句。"颜渊死,子哭之恸。从者曰:'子恸矣!'曰:'有恸乎?非夫人之为恸而谁为'"是说,颜渊死了,孔子哭得非常悲伤。随从的人说:"先生哭得太悲伤了。"孔子说:"是太悲伤了吗？我不为这样的人悲伤,为谁悲伤呢?"

这一章说明孔子对人才的痛惜。

【译文】

颜渊死了,孔子哭得非常悲痛。随从的人说:"先生哭得太悲痛了!"孔子说:"太悲痛了吗？我不为这样的人悲痛,为谁悲痛呢?"

11.11　颜渊死,门人欲厚葬之。子曰:"不可。"门人厚葬之。子曰:"回也视予犹父也,予不得视犹子也。非我也,夫二三子也。"

【解读】

"厚葬"是盛殓而葬。"颜渊死,门人欲厚葬之。子曰:'不可'"是说,颜渊死了,孔子的学生们想要盛殓而葬。孔子说:"不可厚葬。""门人厚葬之"是学生们没有听孔子的话把颜渊厚葬了。孔子说:"回也视予犹父也,予不得视犹子也。非我也,夫二三子也。"是说,颜回看待我如同父亲一样,我却不能把他当亲生儿子一样看待,这不是我的本心呵,是学生们要这样做的。孔子认为丧葬应"称家之有无",不能勉强。厚葬并不代表亲情。

这一章说明孔子对颜回的亲情。

【译文】

颜回死了,孔子的学生想要厚葬他。孔子说:"不可。"学生们还是把他厚葬了。孔子说:"颜回看待我如同亲生父亲一样,我却不能把他当亲生儿子一样看待。这不是我的本心呵,是学生们要这样做的。"

11.12　季路问事鬼神。子曰:"未能事人,焉能事鬼?"曰:"敢问死?"曰:"未知生,焉知死?"

【解读】

"季路"即子路。《孔子家语》说仲由"一字季路"。"事"是事奉。"季路问事鬼神"是说,子路问孔子怎样事奉鬼神。孔子说:"未能事人,焉能事鬼?"是说,活人还事奉不好,怎么顾得上考虑事奉鬼神?"曰:

'敢问死'"是说,子路又问:"我大胆地请问死是怎么回事?"孔子说:"未知生,焉知死?"是说,生是怎么回事还弄不清,怎么顾得上考虑死? 孔子重视人生的现实,对玄虚的事尽量避而不谈。

这一章说明孔子重视人生社会。

【译文】

子路问怎样事奉鬼神。孔子说:"活人还事奉不好,怎么能事奉鬼?"子路又说:"请问死是怎么回事?"孔子说:"生还弄不清,怎么会弄清死?"

11.13 闵子侍侧,訚訚如也;子路,行行如也;冉有、子贡,侃侃如也。子乐。"若由也,不得其死然。"

【解读】

"闵子"即闵损,前文说他:"孝哉闵子骞! 人不间于其父母昆弟之言。"《史记·仲尼弟子列传》说他:"不仕大夫,不食污君之禄。""侍侧"是在身边侍立。"訚訚(yín)"是待人诚恳的样子,见《乡党》篇。"行行",郑注:"刚强之貌。"按《史记》记载,子路比闵子大九岁,比冉有大二十岁,比子贡大二十二岁。刚强应当指的是自居为长,让人都听他的,是自居老大的样子。"侃侃"是坦率的样子。"闵子侍侧,訚訚如也;子路,行行如也;冉有、子贡,侃侃如也。子乐"是说,闵子骞陪侍在孔子身边,诚恳的样子;子路,无拘无束的样子;冉有、子贡,坦率的样子。孔子很高兴。"若由也,不得其死然"是说,孔子说:"像仲由呵,恐怕不得善终。"得其死是正常死亡,不得其死是非正常死亡。

这一章说明孔子喜欢人真诚坦率。

【译文】

闵子骞陪侍在孔子身旁,诚恳的样子;子路在身边,无拘无束的样子;冉有、子贡在身边,坦率的样子。孔子很高兴。说:"像仲由呵,恐怕不得善终。"

11.14 鲁人为长府。闵子骞曰:"仍旧贯,如之何? 何必改作?"子曰:"夫人不言,言必有中。"

【解读】

"长府",郑玄注:"藏名也,藏财货曰府。"《左传·昭公二十五年》:"公居于长府,九月戊戌,伐季氏。"鲁昭公伐季氏居于长府,可知长府不是昭公平居的宫馆。"为长府"是翻盖长府,下文有"改作"可证。"旧贯"是老样子,"贯"今作"惯"。"仍旧贯"是照老样子不改。鲁昭公翻盖长府,是为了把长府作为攻季氏的阵地。但鲁国的大权在季氏手里,《左传·昭公二十五年》说,"政在季氏三世矣,鲁君丧政四公矣",昭公攻打季氏是用身家性命冒险。闵子骞对其中的奥妙很清楚,但又不能明言。孔子当时正在鲁国为官,对闵子骞的话心照不宣。"鲁人为长府,闵子骞曰:'仍旧贯,如之何? 何必改作'"是说,鲁国人翻盖长府,闵子骞说:"照老样子不改,怎么样? 何必改修?"实际上是说维持原来的局势,不要人为地制造祸乱。孔子说:"夫人不言,言必有中。"是说,这个人不说话,一说话就在点子上。昭公后来攻打季氏,结果失败了,流亡到了齐国,此后鲁公更加衰微。

这一章说明闵子骞对时局有正确分析。

【译文】

鲁国人翻盖长府,闵子骞说:"照老样子不改,怎么样? 何必改修?"孔子说:"这个人平常不大说话,一说话就在点子上。"

11.15 子曰:"由之瑟奚为于丘之门?"门人不敬子路。子曰:"由也升堂矣,未入于室也。"

【解读】

"由"即仲由。"瑟"是弹瑟。"奚为"是何为。孔子说:"由之瑟奚为于丘之门。"是说,仲由这点弹瑟的水平,为什么还要在我的门下显摆? 意思是说,仲由弹瑟不合雅颂的要求。"门人不敬子路"是说,孔子的学生听到孔子对仲由的批评,认为仲由水平太低,因此而瞧不起仲由。"升堂"、"入室"是对学业深浅的比喻,一般分为三个阶段:一是入门,二是升堂,三是入室。孔子见到同学们瞧不起子路,又向大家解释说:"由也升堂矣,未入于室也。"是说,仲由的学业已经达到升堂的程度,只不过还没有入室罢了。也就是说,仲由的学业已经不错了,只不过还不够精深。让同学们不要瞧不起仲由。

这一章说明仲由的学业水平。

【译文】

孔子说:"仲由这点鼓瑟的水平,为什么还要在我的门下显摆?"同学们不再尊敬子路。孔子说:"仲由的学业已经入堂了,只不过还没有入室罢了。"

11.16 子贡问:"师与商也孰贤?"子曰:"师也过,商也不及。"曰:"然则师愈与?"子曰:"过犹不及。"

【解读】

"师"是颛孙师,即子张。"商"是卜商,即子夏。"孰"是哪一个。"贤"是好。"子贡问:'师与商也孰贤'"是说,子贡问孔子说:"颛孙师与卜商两人,哪一个好一些?""过"是过分。"不及"是不足。孔子说:"师也过,商也不及。"是说,颛孙师为人有点过分,卜商为人有点不足。子贡又问:"然则师愈与?"是说,这样说来,颛孙师更好一点吗?"愈"是更加。"与"是语气词"欤"。孔子回答说:"过犹不及。"是说,过分与不足同样不好。比如做饭,火候过了,饭会糊了;火候不足,饭还生着。两者都不好。

这一章说明孔子的中庸思想。

【译文】

子贡问:"颛孙师与卜商两人,哪一个好一些?"孔子回答说:"颛孙师有些过分,卜商有些不足。"子贡又问:"这样说来,颛孙师更好一点吗?"孔子回答说:"过分如同不足,一样不好。"

11.17 季氏富于周公,而求也为之聚敛而附益之。子曰:"非吾徒也。小子鸣鼓而攻之可也。"

【解读】

"周公"是鲁国始封之祖,这里指代鲁国国君。"求"是冉求,当时冉求正在给季氏做家臣。"聚敛"是搜刮财富。"附益"是附加增益。"吾徒"是我的学生。"小子"指门人。"鸣鼓"是大张旗鼓。"季氏富于周公,而求也为之聚敛而附益之。子曰:'非吾徒也。小子鸣鼓而攻之可也'"是说,季氏比鲁君还富有,冉求在做季氏家宰期间帮助季氏搜刮民财,继续增益他的财富。孔子说:"冉求不是我的学生了,你们可以大张旗鼓地攻击他。"

这一章说明孔子强公弱私的主张。

【译文】

季氏比鲁君还富有,冉求帮助季氏搜刮民财,继续增益他的财富。孔子说:"冉求不是我的学生了,孩子们可以大张旗鼓地讨伐他。"

11.18 柴也愚,参也鲁,师也辟,由也喭。

【解读】

"柴"是孔子的学生高柴,字子羔。"参"是孔子的学生曾参,字子舆。《史记》说《孝经》就是曾参作的。"辟"是偏激。"喭"是跋扈。这一章应是孔子对学生性格的评价。"柴也愚,参也鲁,师也辟,由也喭"是说,高柴的性格有点愚笨,曾参的性格有点鲁直,颛孙师的性格有点偏激,仲由的性格有点跋扈。孔子指出这些缺点,当然不是否定他们,而是想让他们各自注意归于中正,其实这几个人都是孔子的高才生。

这一章说明孔子对学生性格的评价。

【译文】

高柴有点愚笨,曾参有点鲁直,颛孙师有点偏激,仲由有点跋扈。

11.19 子曰:"回也其庶乎,屡空。赐不受命,而货殖焉,億则屡中。"

【解读】

"庶"是庶几,差不多。"屡空"与下文的"屡中"对举,是指常常贫困。"不受命"是不认命,指有开拓性。"货殖"是做买卖赚钱。"億"今作臆,臆想。"屡中"是常常猜对。孔子说:"回也其庶几乎,屡空。赐不受命,而货殖焉,億则屡中。"是说,颜回的道德差不多吧,可是常常处在贫困之中。端木赐不认命,做买卖赚钱,臆度行情,常常很准确。这一章也是孔子对学生为人的评价,应与上一章合在一起。

这一章是孔子对颜回和端木赐的评价。

【译文】

孔子说:"颜回的道德差不多吧,可是常常处在贫困之中。端木赐不认命,做买卖赚钱,臆度行情,常常很准确。"

11.20 子张问善人之道。子曰:"不践迹,亦不入于室。"

【解读】

"善人"是好人。"子张问善人之道"是说,子张问孔子一个好人还该怎么做?(依孔广森说)"践迹"是踩着脚印走,指向前人学习。"入于室"是达到登堂入室的程度。"子曰:'不践迹,亦不入于室'"是说,孔子说:"善人不向前人学习,学问道德也难以到家。"

这一章说明善人也应该向前人学习。

【译文】

子张问孔子一个善人该怎么做。孔子说:"不向前人学习,也达不到登堂入室的程度。"

11.21 子曰:"论笃是与,君子者乎? 色庄者乎?"

【解读】

"论"是议论。"笃"是笃实不虚。"是"是复指代词。"与"是赞同。"论笃是与"是说,赞同议论的真实。"色庄"旧注以为是"色庄者,不恶而严,以远小人"。这样讲不合文法。孔子既然用两个"乎"表示疑问,当然就有选择的意思。"君子"是孔子赞同的,"色庄"就不应该是孔子赞同的。"色庄"是伪装成庄严的样子。孔子说:"论笃是与,君子者乎? 色庄者乎?"是说,赞同真实的议论,是君子真实的议论呢,还是伪装成庄严的真实议论呢? 可见,孔子认为真实的议论也应该加以区别,那些带着不可告人的目的伪装出来的议论,即使是真实的,也应当分析他要达到什么目的,不能一概赞同。

这一章说明孔子主张辨别真伪。

【译文】

孔子说:"赞同真实的议论,是真正君子的议论呢,还是伪装成庄严的议论呢?"

11.22 子路问:"闻斯行诸?"子曰:"有父兄在,如之何其闻斯行之?"冉有问:"闻斯行诸?"子曰:"闻斯行之。"公西华曰:"由也问闻斯行诸,子曰,'有父兄在';求也问闻斯行诸,子曰，'闻斯行之'。赤也惑，敢问。"子曰："求也退，故进之；由也兼人，故退之。"

【解读】

"闻"是听到。"斯"是这样。"诸"是"之乎"的合音。子路问："闻斯行诸？"是说，子路问孔子说："听到怎么干拿起来就干吗？"孔子说："有父兄在，如之何其闻斯行之？"是说，有父兄在，怎么能不先问问父兄，拿起来就干呢？冉有问了个同样的问题，孔子回答说："闻斯行之。"是说，听到怎么干拿起来就干，不要犹豫。公西华是孔子的学生，姓公西，名赤，字子华。孔子两次不同的回答，公西华都听到了，所以问孔子说，仲由问听到怎么干拿起来就干吗？先生回答说"有父兄在"；冉求也问听到怎么干拿起来就干吗？先生却回答说"拿起来就干"。"赤也惑，敢问"是说，我听着有些糊涂，大胆地问一下为什么回答不同。孔子说："求也退，故进之；由也兼人，故退之。"是说，冉求这个人做事有点退退缩缩，所以我鼓励他前进。仲由的勇气能顶两个人，所以我抑制他后退一点。"兼人"是一人能顶两个人。

这一章说明孔子因材施教的教育方法。

【译文】

子路问孔子说："听到怎么干拿起来就干吗？"孔子说："有父兄在，怎么能拿起来就干呢？"冉有问："听到怎么干拿起来就干吗？"孔子回答说："拿起来就干。"公西华说："仲由问听到怎么干拿起来就干吗？先生说'有父兄在'；冉求问听到怎么干拿起来就干吗？先生却说'拿起来就干'，我有点糊涂，大胆地问一下为什么回答不同？"孔子说："冉求做事有点退退缩缩，所以我鼓励他前进。仲由勇气有两个人大，所以我抑制他退让。"

11.23　子畏于匡，颜渊后。子曰："吾以女为死矣。"曰："子在，回何敢死。"

【解读】

"畏"是受到威胁。"子畏于匡"指孔子在匡地被匡人围攻遇到危险。"颜渊后"是说，颜渊走在后边，后来才赶到。孔子说："吾以女为死矣。""女"即汝。是说，我以为你死了。颜回回答说："子在，回何敢死？"

是说,先生还在,我怎敢死呢?

这一章说明颜回对孔子的忠诚。

【译文】

孔子在匡地遇到危险,颜渊后来才赶到。孔子说:"我以为你死了。"颜渊说:"先生还活着,我怎么敢死呢?"

11.24 季子然问:"仲由、冉求可谓大臣与?"子曰:"吾以子为异之问,曾由与求之问。所谓大臣者,以道事君,不可则止。今由与求也,可谓具臣矣。"曰:"然则从之者与?"子曰:"弑父与君,亦不从也。"

【解读】

"季子然",《史记·仲尼弟子列传》说:"子路为季氏宰,季孙问曰:'子路可谓大臣与?'孔子曰:'可谓具臣矣。'"这一章孔子把季子然称做"子",可见,季子然即季孙,属季氏家族,不是孔子的学生,孔安国注:"子然,季氏子弟,自多得臣此二子,故问之。"意思是说,季子然是季氏的子弟,觉得季氏能用子路和冉求做家臣是一件了不起的事,所以问孔子。"季子然问:'仲由、冉求可谓大臣与'"是说,季子然问孔子说:"仲由和冉求可以说是做大臣的人才了吧?""异"是不同。"之"是复指代词。"异之问"即问异,可理解为问不同的人。"曾"用同"乃",可理解为还是。"大臣"按孔子自己的讲法是"以道佐君"的人。"具臣"是供役使的臣子。孔子回答说:"吾以子为异之问,曾由与求之问。所谓大臣者,以道事君,不可则止。今由与求也,可谓具臣矣。"是说,我以为先生问别的人呢,原来还是问的仲由和冉求呵。人们所说的大臣是指那些用大道辅佐君王,如果不能推行大道就辞职不干的人。现在仲由和冉求,可以说是供役使的臣子。也就是说,仲由和冉求供役使是能干的臣子,但还不足以称为大臣。这显然是对季氏有所暗示,季氏强己弱主的做法不合大道,所以仲由和冉求还在他的手下做家臣。季子然又问:"然则从之者与?"意思是说,这样说来那么他们能够听话了吗?"从"是服从领导。孔子回答说:"弑父与君,亦不从也。"是说,那也得看干什么,如果是杀父杀君,他们也不会听从的。也就是说,具臣也不干大逆不道的事。

这一章是孔子对仲由和冉求从政才能的说明。

【译文】

季子然问孔子说："仲由和冉求可以说是做大臣的人才了吧?"孔子回答说："我以为先生问别的人呢? 原来还是问的仲由和冉求呵。人们所说的大臣,是指那些用大道辅佐君王,如果不能推行大道就辞职不干的人。现在仲由和冉求,可以说是供役使的能干臣子。"季子然又问:"这样说来,那么是能听从命令了吗?"孔子说:"如果是杀父杀君,那也不会听从的。"

11.25　子路使子羔为费宰。子曰:"贼夫人之子。"子路曰:"有民人焉,有社稷焉,何必读书,然后为学?"子曰:"是故恶夫佞者。"

【解读】

子路当时给季氏做家臣。"费"是季氏的属地。"子羔"即孔子的学生高柴。孔子说他有点愚笨。"子路使子羔为费宰"是说,子路让子羔去做费地的长官。当然子羔也成了季氏的家臣。"贼"是害。"夫人"是那个人,可理解为人家。孔子说:"贼夫人之子。"是说,子路这样做是害了人家的孩子。孔子认为子羔还没有学好,就让他去给野心很大的季氏当家臣,会把握不住自己。子路说:"有民人焉,有社稷焉,何必读书,然后为学?"是说,费地有老百姓,也是个行政区。在管理中可以学会从政之道,何必一定要读书,然后才能学习。"社稷"是土地和五谷。一般在一定的行政区划里才建社稷坛供奉土地神和五谷神。这里的社稷,是指有一块地盘。孔子说:"是故恶夫佞者。"是说,所以人们才讨厌巧嘴利舌的人。孔子认为子路害了人,不承认错误,还花言巧语地为自己辩护,所以更令人讨厌。"恶(wù)"是厌恶。"佞"是巧嘴利舌地说话。

这一章说明孔子对学生从政的看法。

【译文】

子路让子羔去做费地的家宰。孔子说:"这是害了人家的孩子。"子路说:"那里也有老百姓,也有治理的地盘,何必一定要读书,然后才能长学问?"孔子说:"所以人们讨厌巧嘴利舌的人。"

11.26　子路、曾皙、冉有、公西华侍坐。子曰:"以吾一日长乎尔,毋吾以也。居则曰:'不吾知也!'如或知尔,则何以哉?"

子路率尔而对曰:"千乘之国,摄乎大国之间,加之以师旅,因之以饥馑;由也为之,比及三年,可使有勇,且知方也。"夫子哂之。

"求,尔何如?"对曰:"方六七十,如五六十,求也为之,比及三年,可使足民。如其礼乐,以俟君子。"

"赤,尔何如?"对曰:"非曰能之,愿学焉。宗庙之事,如会同,端章甫,愿为小相焉。"

"点,尔何如?"鼓瑟希,铿尔,舍瑟而作,对曰:"异乎三子者之撰。"子曰:"何伤乎! 亦各言其志也。"曰:"莫春者,春服既成,冠者五六人,童子六七人,浴乎沂,风乎舞雩,咏而归。"夫子喟然叹曰:"吾与点也!"

三子者出,曾晳后。曾晳曰:"夫三子者之言何如?"子曰:"亦各言其志也已矣。"曰:"夫子何哂由也?"曰:"为国以礼,其言不让,是故哂之。""唯求则非邦也与?""安见方六七十,如五六十而非邦也者?""唯赤则非邦也与?""宗庙会同,非诸侯而何? 赤也为之小,孰能为之大?"

【解读】

"曾晳",孔子的学生,姓曾,名点(《史记》作蒧),字晳,《孔子家语》说他是"曾参之父"。"子路、曾晳、冉有、公西华侍坐"是说,子路、曾晳、冉有、公西华四个学生陪孔子坐着。孔子说:"以吾一日长乎尔,毋吾以也。"是说,因为我比你们大几岁,没人用我了。前一个"以"是因为。"一日"犹言几岁,孔子不愿以自己的年纪大摆老资格,故谦言"一日"。"长乎尔"是年长于你们。"毋",刘宝楠《正义》:"毋与无同,皇本作无。'以',用也。言此身既差长,已衰老,无人用我也。"《释文》云:"'吾以',郑本作'已',郑谓毋以我长之故,已而不言。已,止也,义似纡曲。"意思是说,"毋"与"无"用法相同。皇侃本"毋"作"无"。后一个"以"是用的意思。是说,我比你们年纪大,已经衰老,没人起用我了。《释文》作"吾以"。郑玄本作"吾已",郑玄注说,不要因为我年长的缘故,不敢说话。"已"是止的意思。这样解释太绕弯子。刘宝楠的解释是对的,下文讲的都是被任用的问题,这一句应该理解为因为我老了,没人任用我了。这样才与下文语意相贯。"居则曰:'不吾知也!'如或知尔,则何以哉"是说,你们平常总是说"没人了解我"。如果有人了解你,那你们会怎么样?也就是说,如果有人任用你,你们会怎么样?"或"是有的人。

"率尔"是轻率的样子。"千乘之国"指大国。"摄"是被钳制。"师旅"是军队,这里指战争。"饥馑"是灾荒。"为之"是去治理它。"比及"是等到。"方"是义方,指礼义。"哂(shěn)"是微微一笑。"子路率尔而对曰:'千乘之国,摄乎大国之间,加之以师旅,因之以饥馑;由也为之,比及三年,可使有勇,且知方也。'夫子哂之"是说,子路轻率地回答说:"一个千乘的国家,被钳制在大国之间,再加上连年战争,国内又遇上灾荒,让我去治理它,等到三年之后,可以让百姓有勇气,并且知道礼义。"孔子微微一笑。"哂之"是笑他,当然就有了嘲笑的意思。

"求"是冉有。"方"指国家版图。"方六七十"是六七十里见方。"如"同与,王引之《经传释词》:"如犹与也。""如"、"与"古音相近,可以互通。"如五六十"可以灵活理解为或者五六十里见方。"足民"是使民丰足。"俟"是等待。"求,尔何如?"对曰:"方六七十,如五六十,求也为之,比及三年,可使足民。如其礼乐,以俟君子。"是说,孔子问:"冉求,你怎么样?"冉求回答说:"方圆六七十里的小国,或者方圆五六十里的国家,让我去治理,等到三年之后,可以使百姓衣食丰足。至于礼乐教化,那就等待贤人君子来完成了。"

"赤"是公西华。"宗庙之事"指在宗庙里祭祀的事。"会同"指诸侯之间的相见。"端"是玄端,古代用整幅布料做的礼服。"章甫"是古代的礼帽,夏朝时称做毋追,商朝时叫章甫,周朝时叫委貌,形制稍有不同,但都是一种礼帽。并见郑玄《士冠礼》注。"端章甫"省略动词,是穿玄端戴章甫。"小相"是低等的傧相,赞礼的司仪。"赤,尔何如?"对曰:"非曰能之,愿学焉。宗庙之事,如会同,端章甫,愿为小相焉。"是说,孔子问道:"公西赤,你怎么样?"公西赤回答说:"不敢说我有什么治理的能力,我愿意学习学习。宗庙里的祭祀,或者诸侯间的盟会,我愿意穿礼服、戴礼帽,做个小小的司仪。"当司仪当然得懂得礼仪,这实际上是可以从事礼乐教化了。

"点"是曾皙。"希"今作稀。"鼓瑟希"是弹瑟的节奏放慢，因为要考虑怎么回答孔子的问题。"铿(kēng)"是象声词。"铿尔"犹言铿地一声。"作"是站起来。"舍瑟而作"是放下瑟站起来。"撰"是作。"异乎三子者之撰"是说，我与他们三人的做法不同。也就是说，与他们三人的理想不同。"莫(mù)"今作暮。"莫春"指阴历三月。"冠者"是举行了冠礼的人，即成年人。"沂"是水名，在今曲阜县南。"舞雩(yú)"是祭天求雨的祭坛，也在今曲阜县南。"与"是赞同。"吾与点也"是说，我赞同曾点的做法。"'点，尔何如?'鼓瑟希，铿尔，舍瑟而作，对曰:'异夫三子者之撰。'子曰:'何伤乎? 亦各言其志也。'曰:'莫春者，春服既成，冠者五六人，童子六七人，浴乎沂，风乎舞雩，咏而归。'夫子喟然叹曰:'吾与点也。'"是说，孔子问:"曾点，你怎么样?"曾点放慢了弹瑟的节奏，铿地一声，放下瑟站了起来，回答说:"我的愿望与他们三人不同。"孔子说:"有什么妨害呢? 也不过是各人谈谈自己的志向罢了。"曾点说:"到暮春时节，春装已经做好了，我约上五六个成年人，带上六七个儿童，在沂水里洗洗澡，在舞雩台上吹吹风，唱着歌回来。"孔子感慨地说:"我也与曾点的想法差不多。"曾点不想做官，而是想当个教师。

三子者出，曾皙后。曾皙曰:"夫三子者之言何如?"子曰:"亦各言其志也已矣。"曰:"夫子何哂由也?"曰:"为国以礼，其言不让，是故哂之。"是说，子路，冉有，公西华三人走出来，曾皙留在后。曾皙说:"他们三个人说的话怎么样?"孔子说:"也不过是各人谈谈自己的志向罢了。"曾皙问道:"先生为什么要笑仲由呢?"孔子说:"治理国家要讲礼让，而他说的一点谦让的意思都没有，所以我才笑他。"

"唯求则非邦也与?"这一句是曾皙的问话，杨伯峻先生把它断开是对的。旧注以为以下都是孔子的话，语气不顺。"唯"是仅仅，在这里"唯……与"组成问话，是因为孔子说子路不谦让，曾子以为不谦让是指子路自炫政治才能，会治国。曾皙的意思是说:"难道冉求说的就不是治国家吗?"孔子回答说:"安见方六七十，如五六十而非邦也者?"是说，怎么见得方圆六七十里，或五六十里就不是国家呢? 曾皙又问:"唯赤则非邦也与?"是说，公西赤讲的难道不是国家之事吗? 孔子回答说:"宗庙会同，非诸侯而何? 赤也为之小，孰能为之大?"是说，有宗庙，有诸侯间的盟会,不是国家之事又是什么? 如果公西赤只能做小司仪,谁又能做大司仪呢? 也就是说,我笑子路并不是因为他提到治理国家,而是他不懂谦让。

这一章说明礼让治国的重要。

【译文】

子路、曾皙、冉有、公西华四个学生陪孔子坐着。孔子说:“因为我比你们大几岁,没人任用我了。你们平常总是说:‘没人了解我。’如果有人了解你,那你们会怎么样呢?”

子路轻率地回答说:“一个千乘的国家,被钳制在大国之间,再加上连年战争,国内又遇上灾荒,让我去治理它,等到三年以后,可以让百姓变得有勇气,并且知道礼义。”孔子微微一笑。

孔子问:“冉求,你怎么样?”冉求回答说:“方圆六七十里的小国,或五六十里的国家,让我去治理,等到三年之后,可以使百姓衣食丰足。至于礼乐教化,那就得等待贤人君子来完成了。”

孔子问道:“公西赤,你怎么样?”公西赤回答说:“不敢说我有什么治国的能力,我愿意学习学习。宗庙里的祭祀,或者诸侯间的盟会,我愿意穿上礼服,戴上礼帽,做个小小的司仪。”

孔子问道:“曾点,你怎么样?”曾点放慢了弹瑟的节奏,铿地一声,放下瑟站了起来,回答说:“我的愿望与他们三人不同。”孔子说:“有什么妨害呢? 也不过是各人谈谈自己的志向罢了。”曾点说:“暮春时节,春装已经做好了,我约上五六个成年人,带上六七个儿童,在沂水里洗洗澡,在舞雩台上吹吹风,唱着歌回来。”孔子感慨地说:“我也与曾点的想法差不多。”

子路、冉有、公西华三人走了出来,曾皙留在后边,曾皙问道:“他们三个人说的话怎么样?”孔子说:“也不过是各人谈谈自己的志向罢了。”曾皙问道:“先生为什么要笑仲由呢?”孔子说:“治理国家要懂得礼让,而他说的一点谦让的意思都没有,所以我才笑他。”曾皙又问:“难道冉求讲的就不是治理国家吗?”孔子回答说:“怎么见得方圆六七十里,或五六十里就不是国家之事呢?”曾皙又问:“难道公西赤讲的不是治理国家吗?”孔子回答说:“有宗庙,有诸侯间的会盟,不是国家之事又是什么? 如果公西赤只能做小司仪,谁又能做大司仪呢?”

颜渊第十二

12.1　颜渊问仁。子曰:"克己复礼为仁。一日克己复礼,天下归仁焉。为仁由己,而由人乎哉?"颜渊曰:"请问其目。"子曰:"非礼勿视,非礼勿听,非礼勿言,非礼勿动。"颜渊曰:"回虽不敏,请事斯语矣。"

【解读】

"颜渊问仁",是颜渊向孔子问怎样才能做到仁? 孔子回答说:"克己复礼为仁。一日克己复礼,天下归仁焉。为仁由己,而由人乎哉?"仁是一种公益的道德,礼是人与人之间的正常秩序,只有遵守人与人之间的正常秩序,才可能实现人人有益的公益,所以孔子回答说,克制自己恢复礼的秩序就能做到仁,一旦做到了克制自己恢复礼的秩序,天下就会回归到仁。要做到仁完全由自己决定,难道还由别人决定吗?

"颜渊曰:'请问其目。'""目"对纲而言,指的是纲目,也就是说,如果"克己复礼"是个纲的话,具体怎样去做,才能实现这个纲。孔子说:"非礼勿视,非礼勿听,非礼勿言,非礼勿动。""勿"是不要。意思是说,不合礼的事不看,不合礼的事不听,不合礼的事不说,不合礼的事不做。人的言行视听都合礼,自然就做到了仁。

颜渊曰:"回虽不敏,请事斯语矣。""敏"是敏锐。"不敏"即迟钝。"事"是实行、实践。颜渊的意思是说,我虽然迟钝,请允许我去实行您的这几句话。

这一章说明实现仁的方法。

【译文】

颜渊问怎样才能做到仁。孔子回答说:"克制自己恢复礼的秩序。一旦克制自己恢复了礼的秩序,天下就会回归到仁。要做到仁完全由自己决定,难道还由别人决定吗?"颜渊说:"请问实现克己复礼的细目。"孔子说:"不合礼的事不看,不合礼的事不听,不合礼的事不说,不合礼的事不做。"颜回说:"我虽然迟钝,请允许我去实行您的这些话。"

12.2　仲弓问仁。子曰:"出门如见大宾,使民如承大祭。己所不欲,勿施于人。在邦无怨,在家无怨。"仲弓曰:"雍虽不敏,请事斯语矣。"

【解读】

"仲弓"是孔子的学生冉雍。孔子认为他德行很好,甚至"可使南面"为王,是个大器之才,所以在回答仲弓提出怎样才能做到仁时,讲的都是社稷大事。孔子说:"出门如见大宾,使民如承大祭。"是说,出门与人往来,如同见到贵宾那样讲礼仪。役使百姓,如同承当大的祭祀那样虔诚。"大宾"即贵宾。又说:"己所不欲,勿施于人。"是说,自己不愿意得到的东西,不要施加在别人身上。"在邦无怨,在家无怨"是说,在国家做领导,人们没有怨恨;在大夫的家里做领导,人们也没有怨恨。国指诸侯的封地,家指大夫的采邑。"无怨"是能实现仁的公益,人人有益,没有人怨恨。仲弓说:"雍虽不敏,请事斯语矣。"也就是说,我虽然迟钝,请允许我实行您的这些话。

这一章说明领导人实现仁的方法。

【译文】

仲弓问怎样才能做到仁。孔子说:"出门与人来往,如同见到贵宾一样讲礼仪;役使百姓,如同承当大祭那样虔诚。自己不想得到的东西,不要施加在别人身上。在国家做领导没人怨恨,在大夫的家里做领导也没人怨恨。"仲弓说:"我虽然迟钝,请允许我去实行您的这些话。"

12.3　司马牛问仁。子曰:"仁者,其言也讱。"曰:"其言也讱,斯谓之仁已乎?"子曰:"为之难,言之得无讱乎?"

【解读】

"司马牛"是孔子的学生司马耕,字子牛。孔安国说他是司马桓魋的弟弟。桓魋在宋国围攻孔子,拔树逐人,行为莽撞,差一点把孔子杀了。司马牛在孔子门下难免有顾虑。孔子在他问君子时说:"君子不忧不惧。"《史记·仲尼弟子列传》里又说"牛多言而躁",是个说话喋喋不休的人。"司马牛问仁"问的也是怎样才能做到仁。孔子回答说："仁者,其言也讱。""讱(rèn)"是说话谨慎,语言迟钝,孔子是针对他"多言而躁"的特点讲的。意思是说,仁人,说话时语言迟钝。司马牛觉得孔子的回答出乎意料,所以又问："其言也讱,斯谓之仁已乎?"意思是说,说话迟钝,这就能叫做仁吗? 孔子向他解释说："为之难,言之得无讱乎?"是说,仁做起来不容易,说起来能不迟钝吗? 孔子觉得仁是公益的道德,须考虑方方面面的利益,做起来不容易,说起来就得想周全了再开口,不能一有所感就轻易说出去。

这一章说明"多言而躁"的人实现仁的方法。

【译文】

司马牛问孔子怎样才能做到仁,孔子说："仁人说话语言迟钝。"司马牛问道："语言迟钝这就能叫做仁吗?"孔子说："做起来不容易,说起来能不迟钝吗?"

12.4 司马牛问君子,子曰："君子不忧不惧。"曰："不忧不惧,斯谓之君子已乎?"子曰："内省不疚,夫何忧何惧?"

【解读】

"司马牛问君子"是说,司马牛问孔子怎样才能成为一个君子。孔子回答说："君子不忧不惧。"是说,君子不忧愁,不畏惧。司马牛还是觉得答非所问,于是进一步发问说："不忧不惧,斯谓之君子已乎?"是说,不忧不惧,这就可以算是君子了吗? 孔子回答说："内省不疚,夫何忧何惧!""内省"是反省自己的内心。"疚(jiù)"是愧疚。是说,反省自己的内心没有愧疚,还会有什么忧愁和畏惧呢? 没有愧疚就是"君子坦荡荡",内心有愧就是"小人长戚戚"。

这一章说明君子坦荡的胸怀。

【译文】

司马牛问怎样才能成为一个君子。孔子回答说："君子不忧愁,不畏惧。"司马牛又问："不忧愁,不畏惧,这就可以算做是个君子了吗?"孔子说："反省自己的内心没有愧疚,还会有什么忧愁和畏惧呢?"

12.5 司马牛忧曰："人皆有兄弟,我独亡。"子夏曰："商

闻之矣：‘死生有命，富贵在天。’君子敬而无失，与人恭而有礼，四海之内，皆兄弟也。君子何患乎无兄弟也？”

【解读】

司马牛忧曰：“人皆有兄弟，我独亡。”“亡”用同无。是说，司马牛忧愁地说，人们都有兄弟，唯独我没有。子夏说：“商闻之矣：‘死生有命，富贵在天。’君子敬而无失，与人恭而有礼，四海之内，皆兄弟也。君子何患乎无兄弟也。”是说，我听说过，死生由命主宰，富贵由天安排，君子只要敬业不出错误，对人恭敬有礼，天下的人都是自己的兄弟。君子又何必担忧没有兄弟呢？“失”是过失。“四海之内”指天下。

这一章说明君子以天下人为兄弟。

【译文】

司马牛忧愁地说：“人们都有兄弟，唯独我没有。”子夏说：“我听说，人的死生由命主宰，富贵由天安排，君子只要敬业不犯错误，对人恭敬有礼，天下的人都是自己的兄弟。君子又何必担忧没有兄弟呢？”

12.6　子张问明。子曰：“浸润之谮，肤受之愬，不行焉，可谓明也已矣。浸润之谮，肤受之愬，不行焉，可谓远也已矣。”

【解读】

“明”指识见明察。“子张问明”是说，子张问孔子怎样才算有明察的识见。孔子说：“浸润之谮，肤受之愬，不行焉，可谓明也已矣。”“浸润”是一点点地渗透。“谮(zèn)”是谗言。“肤受”是迫近自身。“愬(sù)”今作诉，这里指诬告。是说，一点一点逐步向你渗透的谗言，与你自己利益切身相关的诬告，在你这里行不通，就可以说是能明察了。“浸润之谮，肤受之愬，不行焉，可谓远也已矣”是说，一点一点逐步向你渗透的谗言，与你自己利益切身相关的诬告，在你这里行不通，那就可以说是见识高远了。

这一章说明一个人的识见明察要排除“浸润之谮”和“肤受之愬”的成分。

【译文】

子张问孔子怎样才算有识见之明。孔子说："一步步逐渐向你渗透的谗言，与你自己利益切身相关的诬告，在你这里行不通，就可以说是识见之明。一步步逐渐向你渗透的谗言，与你自己利益切身相关的诬告，在你这里行不通，就可以说是识见高远了。"

12.7 子贡问政。子曰："足食，足兵，民信之矣。"子贡曰："必不得已而去，于斯三者何先？"曰："去兵。"子贡曰："必不得已而去，于斯二者何先？"曰："去食。自古皆有死，民无信不立。"

【解读】

"政"是治理政事。"子贡问政"是说，子贡问孔子怎样治理政事，也就是如何处理国家的政务。孔子说："足食，足兵，民信之矣。"是说，要有充足的粮食，充足的军备，要让百姓相信政府。子贡说："必不得已而去，于斯三者何先？""去"是去掉。是说，如果在必不得已的情况下要去掉一样，足食、足兵与民信三者，先去掉哪一样？孔子说："去兵。"就是说，先去掉军备。子贡又问："必不得已而去，于斯二者何先？"是说，如果在必不得已的情况下，在"足食"与"民信"两者之间，先去掉哪一样？孔子回答说："去食。自古皆有死，民无信不立。"是说，那就去掉充足的粮食。自古以来都会有死，如果百姓对政府缺乏信任，国家就无法存在了。

这一章说明取信于民的重要。

【译文】

子贡问孔子怎样处理国家的政务。孔子说："要有充足的粮食，充足的军备，百姓就信任政府了。"子贡说："如果在不得已的情况下，三者之中要去掉一项，先去掉哪一项？"孔子说："去掉军备。"子贡说："如果在必不得已的情况下，两者之中要去掉一项，先去掉哪一项？"孔子说："去掉粮食。自古以来谁都要死，如果百姓对政府不信任，国家就无法立足了。"

12.8 棘子成曰："君子质而已矣，何以文为？"子贡曰：

"惜乎,夫子之说君子也！驷不及舌。文犹质也,质犹文也。虎豹之鞟犹犬羊之鞟？"

【解读】

"棘子成"是卫国大夫。"质"是本质。"文"是文采。棘子成说:"君子质而已矣,何以文为？"是说,君子只要本质好就行了,要文采干什么？子贡说:"惜乎,夫子之说君子也！驷不及舌。""夫子"相当于先生。"夫子之说君子"是主谓结构作主语。"惜乎"是谓语前置。"驷不及舌"是一言既出,驷马难追的意思。是说,先生这样来评论君子太可惜了！一言既出,驷马难追。也就是说,太不慎重了。"文犹质也,质犹文也。虎豹之鞟犹犬羊之鞟。""鞟(kuò)"是去了毛的兽皮。是说,文采也如同是本质,本质也如同是文采,去了毛的虎豹之皮就和去了毛的犬羊之皮一样了。也就是说,本质离不开文采,文采也离不开本质,两者是相依相存的关系。虎豹去掉带花纹的毛就和犬羊没什么区别了。棘子成说的"文",指的是孔子推行的礼仪,含有批评孔子太讲究形式上的文饰的意思,故子贡进行了反驳。

这一章说明文与质相依相存的关系。

【译文】

棘子成说:"君子本质好就行了,要文采干什么？"子贡说:"先生这样评论君子太可惜了！一言既出,驷马难追呵！文采也如同本质,本质也如同文采,虎豹去掉了带花纹的毛,它的皮革就和犬羊没什么两样了。"

12.9　哀公问于有若曰:"年饥,用不足,如之何？"有若对曰:"盍彻乎？"曰:"二,吾犹不足,如之何其彻也？"对曰:"百姓足,君孰与不足？百姓不足,君孰与足？"

【解读】

"哀公"指鲁哀公。"年饥"是年成歉收。鲁哀公问有若说:"年饥,用不足,如之何？"是说,年成不好,国家用度不足,该怎么办？"有若对曰:'盍彻乎'"是说,有若回答说,何不实行十一税？"盍"用如"何不"。"彻"是周朝实行的十分抽一的田税制度。"曰:'二,吾犹不足,如之何其彻也'"是说,鲁哀公又说,十分抽二,我还用度不足,怎么能十分抽一呢?"对曰:'百姓足,君孰与不足?百姓不足,君孰与足'"是说,冉有回答说,百姓用度足了,您和谁去用度不足;百姓用度不足,您和谁去用度足?

这一章说明君与民相依相存的关系。

【译文】

鲁哀公问有若说:"年成不好,国家用度不足,怎么办?"有若回答说:"为什么不实行十一税?"哀公说:"十分抽二,我还用度不足,怎么能实行十一税呢?"有若回答说:"百姓用度足了,大王和谁去用度不足?百姓用度不足,大王和谁去用度足?"

12.10 子张问崇德辨惑。子曰:"主忠信,徙义,崇德也。爱之欲其生,恶之欲其死。既欲其生,又欲其死,是惑也。'诚不以富,亦祇以异。'"

【解读】

"崇德"是使道德高。"辨惑"是辨别迷惑。"子张问崇德辨惑"是说,子张向孔子讨教怎样提高道德,辨别迷惑。孔子说:"主忠信,徙义,崇德也。"是说,以忠诚信实为宗旨,不断向正义迁徙,这就可以提高道德。"爱之欲其生,恶之欲其死。既欲其生,又欲其死,是惑也"是说,喜爱的时候就想让他长生,厌恶的时候又恨不得他立刻死掉。既想让他长生,又想让他死掉,这就是迷惑。"诚不以富,亦祇以异"是《诗经·小雅·我行其野》里的句子。原诗是写一个被遗弃的女子,痛恨自己的丈夫另求新欢,决定要回娘家去,按郑玄的笺注,这两句是说,你不守礼仪喜新厌旧地成家,就不足以得富,正好说明你自异于人道。孔子这里是泛用,意思是说,实在是于人无益,也只能证明你自异于人。

这一章说明怎样崇德辨惑。

【译文】

子张问孔子怎样提高道德,辨别迷惑。孔子说:"以忠诚信实为宗旨,不断向正义靠近就可以提高道德。喜爱他时,就想让他长生;厌恶他时,又恨不得他立刻死去。既想让他长生,又想让他死掉,这就是迷惑,正如《诗经》里说的,'实在是于人无益,也只能说明你自异于人'。"

12.11　齐景公问政于孔子。孔子对曰："君君，臣臣，父父，子子。"公曰："善哉！信如君不君，臣不臣，父不父，子不子，虽有粟，吾得而食诸？"

【解读】

"齐景公"，名杵臼。公元前547～前490年在位，鲁昭公被季孙氏驱逐出国，逃到齐国，被安置在乾侯。孔子也来到齐国。齐国也正面临陈氏篡权的问题，与鲁国尾大不掉的政局有相似之处。"齐景公问政于孔子"是说，齐景公问孔子怎样治理好自己的国家。孔子回答说："君君，臣臣、父父、子子。"第一个"君"是主语，第二个君是谓语，下面有"君不君"在第二个"君"字之前加了否定副词，可以证明。是说，君要像个君王的样子，臣要像个臣子的样子，父亲要像个父亲的样子，儿子要像个儿子的样子。也就是说，要按名分遵守自己的职责，孔子讲的"正名"就是这个意思。齐景公说："善哉！信如君不君，臣不臣，父不父，子不子，虽有粟，吾得而食诸？""信如"，义同诚如。"诸"是之乎的合音。是说，说得好呵！如果真的是君不像君，臣不像臣，父不像父，子不像子，即使有粮食，我能吃得上吗？

这一章说明各守其职的重要性。

【译文】

齐景公向孔子问怎样治理国家。孔子回答说："君要像个君的样子，臣要像个臣的样子，父要像个父的样子，子要像个子的样子。"齐景公说："说得好呵！如果真的是君不像君，臣不像臣，父不像父，子不像子，即使有粮食，我能吃得上吗？"

12.12　子曰："片言可以折狱者，其由也与？"子路无宿诺。

【解读】

"片言"是一方面的语言。打官司有原告、被告两方，据其中一方的话作判断，称做"片言折狱"。"折狱"即判决案件。孔子说："片言可以折狱者，其由也与？"是说，凭两造中的一面之辞即可判决案件的人，大概只有仲由能办到吧！"宿诺"是在没有审理之前，事先对某一方的承诺,也就是有偏心。"子路无宿诺"是说,子路断案公正没有偏心。打官司要重证据,轻口供,最忌讳的是法官有偏心。证据确凿,凭一方的口供可以断案,关键是法官不能有偏心,不能在事实没弄清之前已经搀杂了个人的看法,这都属于"宿诺"。

这一章说明子路断案不搀杂私心。

【译文】

孔子说:"凭一面之辞就能判决案件的人,只有仲由能做到吧!"子路在审理之前没有承诺。

12.13 子曰:"听讼,吾犹人也。必也使无讼乎!"

【解读】

"讼"是诉讼。孔子说:"听讼,吾犹人也。必也使无讼乎!"是说,审理诉讼,我和别人差不多。一定要说有什么不同的话,我是要让诉讼不发生。也就是说,断案我和别人差不多,但更重要的还不在于断案,而在于不发生案件,这才是彻底治理社会治安的根本办法。

这一章说明法治的根本办法是不发生案件。

【译文】

孔子说:"审理诉讼,我和别人差不多。一定要说有什么不同的话,我是要让诉讼不发生。"

12.14 子张问政。子曰:"居之无倦,行之以忠。"

【解读】

"子张问政"是说,子张向孔子问施政之道。孔子说:"居之无倦,行之以忠。""居"是居于施政的位置。是说,在位不要厌倦懈怠,施政要出自忠诚。也就是说,要以负责的精神去施政。

这一章说明施政要有责任感。

【译文】

子张问施政之道,孔子说:"在位不要厌倦懈怠,施政要出自忠诚。"

12.15 子曰:"博学以文,约之以礼,亦可以弗畔矣夫!"

【解读】

"博学以文"是广泛地学习文献知识。"约之以礼"是用礼仪约束自己。"亦可以弗畔矣夫。""弗"同不。"畔"今作叛。是说,有了以上两种修养,也可以不至于离经叛道了。

这一章说明从政的必要修养。

【译文】

孔子说:"广泛地学习文献知识,用礼仪约束自己,也可以不离经叛道了。"

12.16 子曰:"君子成人之美,不成人之恶。小人反是。"

【解读】

"成人之美"是成全人们的好事。"成人之恶"是助成人们的坏事,"反是"是与此相反。孔子说:"君子成人之美,不成人之恶。小人反是。"是说,君子成全别人的好事,不助成别人的坏事。小人正好与此相反。

这一章说明君子与小人办事上的区别。

【译文】

孔子说:"君子成全他人的好事,不助成他人的坏事。小人与此相反。"

12.17 季康子问政于孔子。孔子对曰:"政者,正也。子帅以正,孰敢不正?"

【解读】

"季康子问政于孔子"是季康子向孔子问施政之道。季康子是鲁国的实权人物,权倾鲁君,孔子在回答不同人的问题时,总是要注意针对性,便于人们从自身做起,产生实效。孔子认为季康子行为欠正,所以回答说:"政者,正也。"这是一种声训,是用音同或音近的字作解释。是说,政就是纠正,纠正人们的不正。"子帅以正,孰敢不正。""帅"是带头。是说,您能带头端正自己,谁还敢不端正呢?

这一章说明执政人的表率作用。

【译文】

季康子问孔子施政之道。孔子回答说:"政就是纠正,您能带头端正自己,谁敢不端正呢?"

12.18 季康子患盗,问于孔子。孔子对曰:"苟子之不欲,虽赏之不窃。"

【解读】

"患盗"为盗贼多而发愁。"季康子患盗,问于孔子"是说,季康子为盗贼多而发愁,问孔子该怎么办。孔子回答说:"苟子之不欲,虽赏之不窃。""苟"是假如。"欲"是贪求。是说,如果您能做到没有贪求财货的欲望,即使奖励他们去偷盗,人们也不会去干。也就是说,上行下效,盗贼多是执政的人把百姓带坏了。

这一章说明国家盗贼多的原因。

【译文】

季康子为盗贼多而发愁,问孔子怎么办。孔子回答说:"如果您能做到没有贪求财货的欲望,即使奖励偷盗,人们也不会干的。"

12.19 季康子问政于孔子曰:"如杀无道,以就有道,何如?"孔子对曰:"子为政,焉用杀?子欲善而民善矣。君子之德风,小人之德草。草上之风,必偃。"

【解读】

"季康子问政于孔子曰:'如杀无道,以就有道,何如'"是说,季康子向孔子问施政之道说,如果杀掉坏人,让人们趋向好人,怎么样?"无道"是无道的人,即坏人。"就"是趋向。"有道"是有道的人,即好人。季康子是想用刑杀的办法来施政。孔子回答说:"子为政,焉用杀?"是说,先生您来执政,为什么要用刑杀的办法?"子欲善而民善矣"是说,您要想自己善良起来,百姓就会善良起来。"君子之德风,小人之德草。草上之风,必偃。""上"是加上。"偃"是倒。是说,君子的道德好比是风,小人的道德好比是草,草的上边加上风,肯定会倒向一边。就是说,草会随风倒,小人的道德会随君子的道德倒向一边。

这一章说明君子道德的主导作用。

【译文】

季康子向孔子问施政之道,说:"如果杀掉坏人,让人们趋向好人,怎么样?"孔子回答说:"先生施政,为什么要用刑杀?您如果自己想善良,百姓自然会善良。君子的道德好比风,小人的道德好比草。草的上面吹上风,肯定会倒向一边。"

12.20 子张问:"士何如斯可谓之达矣?"子曰:"何哉,尔所谓达者?"子张对曰:"在邦必闻,在家必闻。"子曰:"是闻也,非达也。夫达也者,质直而好义,察言而观色,虑以下人。在邦必达,在家必达。夫闻也者,色取仁而行违,居之不疑。在邦必闻,在家必闻。"

【解读】

"子张问:'士何如斯可谓之达矣'"是说,子张问孔子,读书人怎样做才能叫做通达? 子张是孔子的学生,是文士。士是还没有取得官职的人,这里的"士"如同我们今天讲的知识分子。孔子说:"何哉,尔所谓达者?"是说,你所说的通达指的是什么? 这也是个主谓倒置句。为强调谓语,把"何哉"放在了前边。子张解释说:"在邦必闻,在家必闻。""邦"是诸侯国。"家"是大夫的封地。是说,到诸侯国里当官一定会有名望,到大夫的家里当官一定会有名望。孔子说:"是闻也,非达也。""是"是这。"闻"是出名,有名望。"达"是通达顺利。是说,你这说的是名望,不是通达。通达与出名有区别,所以孔子是要把讨论的问题搞清楚,然后具体分析。"夫达也者,质直而好义,察言而观色,虑以下人。在邦必达,在家必达。""质直"是品质正直。"好义"是爱好正义。"虑"是考虑的意见。"下人"是甘居人下。是说,通达的做法是品质正直,爱好正义,善于察言观色,自己的意见服从别人的意见,这样做在诸侯国里当官,或在大夫的家里做官都能通达。可见"达"指的是个人仕途通达,并不能行道。"夫闻也者,色取仁而行违,居之不疑。在邦必闻,在家必闻。""色取仁"是表面上讲仁义。"行违"是行动上违背仁义。"居之不疑"是这样做下去还觉得是自己很会干,不怀有什么不对。也就是说,"达"在错误面前还有点保留意见,"闻"在错误面前连保留意见都没有,完全是出于功利目的,随势而倒。孔子的意思是说,获取名望的做法是表面上讲仁义,实际行动上则可以违背仁义,自认为会干而不怀疑它的正确性。这样做,在诸侯国里做官一定会有名望,在大夫的家里做官一定会有名望。

"闻"与"达"都是孔子不取的。孔子的看法是能推行道就出世,不能推行道就退隐,而"闻"与"达"都以委曲道为前提。诸葛亮说自己不求"闻达于诸侯",也是根据《论语》中的说法提出的。

这一章说明什么叫闻、达。

【译文】

子张问道:"读书人怎样做才能叫做通达?"孔子说:"你说的通达是什么意思?"子张回答说:"就是在诸侯国里一定有声望,在大夫家里一定有声望。"孔子说:"你这说的是声望,不是通达。通达的做法是,品质正直爱好正义,善于察言观色,自己的意见服从别人的意见,这样做在诸侯国里当官一定会通达,在大夫家里当官一定会通达。有声望的做法是,表面上讲仁义,实际行动上可以违背仁义。自认为是会干,不怀疑它的正确性,这样做在诸侯国里当官一定会有声望,在大夫家里当官一定会有声望。"

12.21 樊迟从游于舞雩之下,曰:"敢问崇德,修慝,辨惑。"子曰:"善哉问!先事后得,非崇德与?攻其恶,无攻人之恶,非修慝与?一朝之忿,忘其身,以及其亲,非惑与?"

【解读】

"樊迟"是孔子的学生樊须,字子迟。这个学生比较重实践,惯于自己动手操作,理论上的悟性差些,孔子在回答他的问题时,总是用实际做法来讲解。"樊迟从游于舞雩之下"是说,樊迟随从孔子在舞雩台下游览。"舞雩"是祈天求雨的祭坛,在今曲阜县南。樊迟问孔子说:"敢问崇德,修慝,辨惑。"是说,樊迟问孔子怎样提高道德,消除怨恨,辨别迷惑。"崇德"是使德崇。"慝(tè)"是灾祸,在这里是指人的怨恨。"修"是修治,这里是消除的意思。孔子说:"善哉问!先事后得,非崇德与?攻其恶,无攻人之恶,非修慝与?一朝之忿,忘其身,以及其亲,非惑与?"是孔子说,问得好呵!先劳作后收获,不就是提高道德吗?批判自身的错误,不去怪罪别人的错误,不就是消除了怨恨吗?由于一时的愤怒而忘掉了自身的危害,甚至连累了自己的双亲,不就是迷惑吗?"恶"是坏,指过失、错误。"一朝"指一时。"忿"是愤恨。

这一章说明崇德、修慝、辨惑的方法。

【译文】

樊迟跟随孔子在舞雩台下游览。问道："请问怎样才能提高道德，消除怨恨，辨别迷惑？"孔子说："问得好呵！先劳作后收获，不就是提高道德吗？批判自身的错误，不要去怪罪别人，不就是消除怨恨了吗？由于一时的愤怒，忘掉了自身，甚至还连累了自己的双亲，不就是迷惑吗？"

12.22　樊迟问仁。子曰："爱人。"问知。子曰："知人。"樊迟未达。子曰："举直错诸枉，能使枉者直。"樊迟退，见子夏曰："乡也，吾见于夫子而问知，子曰'举直错诸枉，能使枉者直'，何谓也！"子夏曰："富哉言乎！舜有天下，选于众，举皋陶，不仁者远矣。汤有天下，选于众，举伊尹，不仁者远矣。"

【解读】

"樊迟问仁"是樊迟问孔子怎样才能做到仁。孔子回答说："爱人。"是说，去爱别人。"问知"是问怎样才能做到智。孔子回答说："知人。"是说，去了解人。前一个"知"是名词"知"，今作智。后一个"知"是动词"知"。孔子关于"仁"和"智"的思想并不如此简单，这里只不过是为了让樊迟便于理解而去操作。这也是一种因材施教的解释方法。孔子的"仁"实际上是一种公益的思想。"智"是明道的大智。樊迟听了孔子的解释，觉得与孔子平常的说法不一样，所以未达。"樊迟未达"是说，樊迟没听明白。"达"是通晓。孔子又解释说："举直错诸枉，能使枉者直。"是说，把正直的人选拔出来，放在不正直的人之上，能让不正直的人变得正直。"错"今作措，是放置。"诸"相当于"之于"。"枉"是邪曲。"樊迟退"是樊迟从孔子的屋子里退了出来。见子夏曰："乡也，吾见于夫子而问知，子曰'举直错诸枉，能使枉者直'，何谓也？""乡"，今作"向"，是刚才的意思。是说，樊迟见到了同学子夏说，刚才我见到先生问什么是智，先生回答说"举直错诸枉，能使枉者直"，这是什么意思？"子夏曰：'富哉言乎'"是说，子夏回答他说，这话含义太丰富了。"舜有天下，选于众，举皋陶，不仁者远矣"是说，舜拥有天下，在众人中选拔，举用了皋陶，不仁的人就远离了身边。"皋陶（Gāoyáo）"，是舜的法官。"汤有天下，选于众，举伊尹，不仁者远矣"是说，商汤王拥有天下，在众人中选拔,举用伊尹,不仁的人就远离了身边。"伊尹"是商汤的国相,以上是举倒说明,知人善任就是智,天下归仁就是仁。

这一章举例说明仁和智的内涵。

【译文】

樊迟问孔子怎样才能做到仁。孔子说:"爱人。"樊迟又问怎样做才能做到智,孔子说:"知人。"樊迟没听懂。孔子说:"选拔正直的人放在不正直的人之上,能让不正直的人变得正直起来。"樊迟退出来,见到子夏,说:"刚才我见到先生问怎样才能做到智,先生说'选拔正直的人放在不正直的人之上,能让不正直的人变得正直起来',这是什么意思?"子夏说:"这话含义太丰富了。虞舜拥有天下,从众人中选拔,举用皋陶,不仁的人就远离了身边;商汤王拥有天下,从众人中选拔,举用伊尹,不仁的人就远离了身边。"

12.23 子贡问友。子曰:"忠告而善道之,不可则止,毋自辱焉。"

【解读】

"子贡问友"是说,子贡问孔子交友之道。孔子回答说:"忠告而善道之,不可则止,毋自辱焉。""忠"是忠诚。"道"今作导。是说,要忠诚地劝告他,善意地引导他,他不能听从,也就不要勉强,不要自取其辱。

这一章说明交朋友的方法。

【译文】

子贡问对待朋友的方法。孔子说:"要出自忠诚地劝告他,善意地引导他,他不能听从,也就不要勉强,不要自取其辱。"

12.24 曾子曰:"君子以文会友,以友辅仁。"

【解读】

"会"是聚会。"辅"是辅助。曾子说:"君子以文会友,以友辅仁。"是说,君子要用文章学问聚会朋友,用朋友帮助培养仁义。

这一章说明朋友之间相互促进的关系。

【译文】

曾子说:"君子用文章学问聚会朋友,用朋友帮助培养仁义。"

子路第十三

13.1 子路问政。子曰:"先之劳之。"请益。曰:"无倦。"

【解读】

"子路问政"是说,子路问施政之道。孔子说:"先之劳之。"是说,先给百姓做出榜样,然后勉励百姓劳作。"先"是率先,即以身作则。"劳之"在《尧曰》第二章里有用例:"择可劳而劳之,又谁怨。""劳之"是使民劳作,不过这里是从执政者的角度讲的,是勉励百姓劳作的意思。"之"指代百姓。"益"是增加。"请益"是子路请求孔子多讲一些。孔子说:"无倦。"是说,照以上做法坚持下去,不要厌倦懈怠。这是针对子路性格急躁说的。

这一章说明以身作则的重要。

【译文】

子路问施政之道。孔子说:"先为百姓做出榜样,然后勉励百姓劳作。"子路请求再讲一点。孔子说:"不要厌倦懈怠。"

13.2 仲弓为季氏宰,问政。子曰:"先有司,赦小过,举贤才。"曰:"焉知贤才而举之?"子曰:"举尔所知,尔所不知,人其舍诸?"

【解读】

"仲弓"即冉雍。"仲弓为季氏宰"是说,仲弓做季氏的家宰。"问政"是问怎样施政。孔子说:"先有司,赦小过,举贤才。"是说,给下司做榜样,赦免小的过失,选拔贤能的人。仲弓问孔子说:"焉知贤才而举之?"是说,怎样才能识别贤能的人来选拔呢?孔子回答说:"举尔所知,尔所不知,人其舍诸?"是说,选拔你所知道的贤能人才,那些你不知道的,别人难道会舍弃他们吗?也就是说,别人会向你推荐。"舍"是舍弃。"诸"是之乎合音的兼词。

这一章说明任贤和举贤的方法。

【译文】

仲弓给季氏做家宰,问孔子怎样施政。孔子说:"给自己的下司做表率,赦免小的过失,选拔贤能的人。"仲弓说:"怎样才能知道是贤能的人呢?"孔子说:"先选拔你知道的贤能人才,那些你不知道的,别人难道会舍弃他们吗?"

13.3 子路曰:"卫君待子而为政,子将奚先?"子曰:"必也正名乎!"子路曰:"有是哉,子之迂也!奚其正?"子曰:"野哉由也!君子于其所不知,盖阙如也。名不正,则言不顺;言不顺,则事不成;事不成,则礼乐不兴;礼乐不兴,则刑罚不中;刑罚不中,则民无所措手足。故君子名之必可言也,言之必可行也。君子于其言,无所苟而已矣。"

【解读】

子路说:"卫君待子而为政,子将奚先?""卫君"是卫出公。《史记·孔子世家》说,孔子六十三岁时又到了卫国。"是时,卫君辄父不得立,在外,诸侯数以为让。而孔子弟子多仕于卫,卫君欲得孔子为政。"意思是说,当时,卫出公辄的父亲蒯聩没有立为国君,流落在外,许多诸侯国家多次指责卫国这件事,而孔子的学生有多人在卫国当官,卫出公想让孔子来辅助施政。子路的意思是说:"卫君想等先生去辅佐治理,先生将从哪里着手呢?""奚先"即"何先"。孔子说:"必也正名乎!"是说,一定要先下手纠正名分吧!这实际上是个十分严重的问题。卫灵公时立蒯聩为太子,太子因为不满灵公夫人南子的淫乱,与南子刀兵相见,卫灵公就把蒯聩驱逐出国。到灵公死的时候,灵公把君位传给了蒯聩的儿子辄,这就是卫出公。这件事各诸侯国争议很大,有的国家甚至出兵支持蒯聩复国,从名分上讲蒯聩是太子,应当继位,但卫出公是受祖父之命继的位,又不肯让。孔子说的"正名",实际上是调整他们父子之间的关系。如果让蒯聩回来复国,等于颠覆了卫出公的政权,卫出公请孔子来,孔子颠覆卫出公的政权,这也太荒唐了,所以子路说:"有是哉,子之迂也！奚其正?"意思是说,先生竟然迂腐到这种程度了吗? 您怎么来纠正?"有是"是达到这样。"子之迂"是主语后置。"奚"用如"何"。"其"指的是这个国家的事。"奚其正"是说,您怎么来正这个国家的名分? 孔子说:"野哉由也! 君子于其所不知,盖阙如也。""野"是粗野。"阙如"是空起来,在这里是不表态或不发言。是说,仲由呵,你太粗野了! 君子对于他所不知道的事情,一般都是采取存而不论的态度。又说:"名不正,则言不顺;言不顺,则事不成;事不成,则礼乐不兴;礼乐不兴,则刑罚不中;刑罚不中,则民无所措手足。故君子名之必可言也,言之必可行也。君子于其言,无所苟而已矣。"是说,名分不正,说出话来就不会被人顺利接受;不能被人顺利接受,事情就办不成;事情办不成,礼乐就建立不起来;礼乐建立不起来,刑罚就不合理;刑罚不合理,百姓就会手足无措。所以君子定的名分,一定要能说得通,说出来一定能行得通。君子对自己说出的话,不能有一点马虎。"苟"是苟且,马虎。

这一章说明正名的重要性。

【译文】

子路说:"卫君想等先生来治理国家,先生会从哪里先下手呢?"孔子说:"一定要先纠正名分吧!"子路说:"先生的迂腐竟然到了这种程度吗? 你怎么来纠正?"孔子说:"仲由啊,你太粗野了! 君子对于他所不懂的事情,一般是采取存而不论的态度。名分不正,说出话来不顺;说出话来不顺,事情就办不成;事情办不成,礼乐就建立不起来;礼乐建立不起来,刑罚就不得当;刑罚不得当,百姓就会手足无措。所以君子定的名分,一定要能说得通,说出来一定要能行得通。君子对自己说出的话,不能有一点马虎。"

13.4 樊迟请学稼。子曰:"吾不如老农。"请学为圃,曰:"吾不如老圃。"樊迟出。子曰:"小人哉,樊须也! 上好礼,则民莫敢不敬;上好义,则民莫敢不服;上好信,则民莫敢不用情。夫如是,则四方之民襁负其子而至矣,焉用稼!"

【解读】

"樊迟"即樊须。"稼(jià)"是种地。"樊迟请学稼"是说,樊迟向孔子请教种地。孔子说:"吾不如老农。"是说,种地我不如老农民。"圃

(pǔ)"是菜园子。"请学为圃"是说,樊迟向孔子请教种菜园子。孔子说:"吾不如老圃。"是说,我不如老菜农会种菜。"樊迟出"是樊迟走出来。孔子说:"小人哉,樊须也!"是说,樊须是个小人呵! 注意这个"小人"指的是体力劳动者。《孟子·滕文公上》里说:"有大人之事,有小人之事。"又说:"劳心者治人,劳力者治于人。""小人"是劳力者。"上好礼,则民莫敢不敬;上好义,则民莫敢不服;上好信,则民莫敢不用情"是说,如果统治者爱好礼仪,百姓没有敢不敬的;统治者爱好正义,百姓没有敢不服的;统治者爱好诚信,百姓没有敢不用真情的。"好"可灵活理解为倡导,主张。"情"指真情。"夫如是,则四方之民襁负其子而至矣,焉用稼"是说,如果统治者是这样的话,四方的百姓就会背着孩子来归附,哪里用得着学会种地!"襁(qiǎng)"是裹小孩的襁褓。"负"是背。《孟子》对孔子的思想有阐发。认为社会分工不同,需要掌握的专业技术不同。孔子的教育是为社会培养君子,应该掌握的是从政的方法,而不是培养技工。

这一章说明礼、义、信的重要性。

【译文】

樊迟向孔子请教种地。孔子说:"我不如老农。"又请教种菜,孔子说:"我不如老菜农。"樊迟走了出来。孔子说:"樊迟真是个小人呵! 如果统治者倡导礼仪,百姓没有敢不敬的;如果统治者倡导正义,百姓没有敢不服的;如果统治者倡导诚信,百姓没有敢不用真情的。如果是这样的话,四方的百姓就会背着孩子来归附,怎么还用得着学种地!"

13.5　子曰:"诵《诗》三百,授之以政,不达;使于四方,不能专对;虽多,亦奚以为?"

【解读】

"诵"是诵读。"诗"指《诗经》。"三百"指三百首诗。"不达"相当于办不了。"专对"是独立地去应对。孔子说:"诵《诗》三百,授之以政,不达;使于四方,不能专对;虽多,亦奚以为?"是说,熟读了《诗经》三百篇,交给他政事,办不了;派他出使外国,不能独立地应对;即使学得多,又有什么用? 孔子认为《诗经》具有教化作用,并且是诸侯国之间礼尚往来的通用语言。

这一章说明要学以致用。

【译文】

孔子说:"熟读《诗经》三百篇,交给他政事办不了,出使外国不能独立地应对,即使学得多,又有什么用?"

13.6 子曰:"其身正,不令而行;其身不正,虽令不从。"

【解读】

"身"指执政人自身。孔子说:"其身正,不令而行;其身不正,虽令不从。"是说,执政的人行为端正,不发布命令,人们也会执行;自身的行为不端正,即使三令五申,人们也不会听从。

这一章说明政令能否得以推行主要在于执政人的行为。

【译文】

孔子说:"执政人行为端正,不发布命令,人们也会执行;自身的行为不端正,即使三令五申,人们也不会听从。"

13.7 子曰:"鲁卫之政,兄弟也。"

【解读】

鲁国的始封之祖是周公,卫国的始封之祖是康叔。周公与康叔都是周武王的同母兄弟。在西周初同时受封,两国受到周王朝的教化比较多。孔子说:"鲁卫之政,兄弟也。"是说,鲁国和卫国的政治教化犹如兄弟一般。

这一章说明鲁国与卫国都有较好的政治教化。

【译文】

孔子说:"鲁国和卫国的政治教化如同兄弟一般。"

13.8 子谓卫公子荆:"善居室。始有,曰:'苟合矣。'少有,曰:'苟完矣。'富有,曰:'苟美矣。'"

【解读】

"卫公子荆"是卫献公的儿子,名荆,字南楚。《左传·襄公二十九年》说吴公子札"适卫,说蘧瑗、史狗、史鳎、公子荆、公叔发、公子朝,曰:'卫多君子,未有患也'"。"公子荆"是卫国的贤人。"善"是善长,这里指能正确对待。"居室"是家室,这里指家庭里的财富。"苟"是差不多。

"子谓卫公子荆"是说,孔子在评论卫公子荆的时候。"善居室"是能正确对待家里财富的多少。"始有,曰:'苟合矣。'少有,曰:'苟完矣。'富有,曰:'苟美矣'"是说,家里刚有了一点财富,他就说,差不多能合乎需要了。稍微多了一点,又说,差不多完备了。富有了,他又说,差不多完美了。说明公子荆不贪财,只要能满足礼仪上的要求,生活上过得去就很满足。

这一章说明卫公子荆知足不贪。

【译文】

孔子评论卫公子荆时说:"这个人能正确对待家里的财产。刚有了一点,就说:'差不多够用了。'多了一点,就说:'差不多全备了。'富有了,又说:'差不多够完美了。'"

13.9　子适卫,冉有仆。子曰:"庶矣哉!"冉有曰:"既庶矣,又何加焉?"曰:"富之。"曰:"既富矣,又何加焉?"曰:"教之。"

【解读】

"适"是到。"子适卫"是说,孔子到卫国去。"仆"是仆从,这里指驾车。"冉有仆"是说,冉有给孔子驾车。孔子说:"庶矣哉!""庶"是多,这里指人口多。是说,卫国的人口众多。冉有说:"既庶矣,又何加焉?""加"是施加,这里指施加相应的政策。是说,已经人口众多了,下一步的政策该怎么办?孔子说:"富之。"是说,让百姓富裕起来。冉有又问:"既富矣,又何加焉?"是说,已经富裕了之后,下一步的政策又该怎么办?孔子说:"教之。"是说,教育他们。

这一章说明孔子治国的思路。

【译文】

孔子到卫国去,冉有给孔子驾车。孔子说:"人口众多呵!"冉有问:"已经人口众多了,下一步怎么办?"孔子说:"让百姓富起来。"冉有又问:"已经富裕了,下一步又该怎么办?"孔子说:"教育他们。"

13.10　子曰:"苟有用我者,期月而已可也,三年有成。"

【解读】

"苟"是假如。"期(jī)"是一周年。"期月"是偏义复词,"月"字无义。孔子说:"苟有用我者,期月而已可也,三年有成。"是说,如果有人用我来治理,一年便可治得差不多,三年便可见成效。

这一章孔子自述三年可以治理好一个国家。

【译文】

孔子说:"如果有人用我来治理国家,一年可以理顺,三年可以见到成效。"

13.11　子曰:"'善人为邦百年,亦可以胜残去杀矣。'诚哉是言也!"

【解读】

"为邦"是治理国家。"胜"、"去"互文见义,都是消除、去掉的意思。孔子说:"善人为邦百年,亦可以胜残去杀矣。"是说,善人治理国家一百年,也可以消除残暴,免去虐杀了。"诚哉是言也!""诚"是确实。"是言"是这话。是说,这话确实对呵!可见前面的几句话是引用别人的话。"善人"是好人,但不一定道德高。在《先进》第二十章里孔子说:善人"不践迹,亦不入于室"。故治理好国家需要较长的时间。

这一章说明善人治国需要长时间的努力。

【译文】

孔子说:"'善人治理国家一百年,也可以消除残暴免去虐杀了。'这话说得确实对呵!"

13.12　子曰:"如有王者,必世而后仁。"

【解读】

"王者"指能用王道治国的人。古人把治理国家分为王道与霸道两种,礼仪教化治理国家为王道,武力征伐治理国家为霸道。王者实际上指圣王。孔子说:"如有王者,必世而后仁。"是说,如果有圣王治理国家,一定在三十年后能使天下归仁。"世"指三十年。

这一章说明三十年可实现天下归仁。

【译文】

孔子说:"如果有圣王治世,三十年后一定会天下归仁。"

13.13 子曰:"苟正其身矣,于从政乎何有? 不能正其身,如正人何?"

【解读】

"苟"是假设连词。"何有"是何难之有的省略。"正人"是纠正别人。"如正人何"是说,怎么去纠正人。孔子说:"苟正其身矣,于从政乎何有? 不能正其身,如正人何?"是说,如果自身能行为端正,从政有什么难的? 如果自身不能行为端正,怎么去纠正他人?

这一章说明正人先正己的道理。

【译文】

孔子说:"假如能够纠正自身,从政有什么难的? 不能纠正自身,怎么去纠正他人?"

13.14 冉子退朝。子曰:"何晏也?"对曰:"有政。"子曰:"其事也。如有政,虽不吾以,吾其与闻之。"

【解读】

"冉子"即冉有。孔子说的"事"指的是公务。"政"指的是国家的大政方针。"不吾以"是不用我。"与闻"是听到。"其"表示推断语气。"冉子退朝"是冉有下了朝。孔子说:"何晏也?""晏"是晚。是说,怎么回来得这么晚?"对曰"是冉有回答说。"有政"是说有政务。孔子说:"其事也。如有政,虽不吾以,吾其与闻之。"是说,大概是事务吧。如果有政务,虽然不用我了,大概我也能听到一些吧! 显然,孔子认为陷入公务的忙乱之中,并不等于真正地关乎国家的政令教化。

这一章区别事务与政务的不同。

【译文】

冉有下了朝。孔子说:"怎么回来得这么晚?"冉有回答说:"有政务。"孔子说:"大概是事务吧。如果有政务,我虽然不在位了,也能听到一些吧!"

13.15 定公问:"一言而可以兴邦,有诸?"孔子对曰:"言

不可以若是。其几也,人之言曰:'为君难,为臣不易。'如知为君之难也,不几乎一言而兴邦乎?"

日:"一言而丧邦,有诸?"孔子对曰:"言不可以若是。其几也,人之言曰:'予无乐乎为君,唯其言而莫予违也。'如其善而莫之违也,不亦善乎? 如不善而莫之违也,不几乎一言而丧邦乎?"

【解读】

"一言"是一句话。"兴邦"是国家兴盛。"有诸"是有之乎。鲁定公问孔子说:"一言而可以兴邦,有诸?"是说,一句话就能使国家兴盛起来,有这样的话吗? 孔子回答说:"言不可以若是。"是说,话不能像这样管事。也就是说,话没有这么灵验。"其几也,人之言曰:'为君难,为臣不易。'如知为君之难也,不几乎一言而兴邦乎?""几"是接近。是说,要是找一句接近的话,人们说:"做君王难,当臣子不易。"如果知道当君王难,不接近于一句话可使国家兴盛起来吗?

"丧邦"是丧失国家。鲁定公又问:"一言而丧邦,有诸?"是说,一句话就可以丧失国家,有这样的话吗? 孔子回答说:"言不可以若是。其几也,人之言曰:'予无乐乎为君,唯其言而莫予违也。'如其善而莫之违也,不亦善乎? 如不善而莫之违也,不几乎一言而丧邦乎!"是说,话没有像这样管事的,要是找一句接近的话,人们说:"我做国君没有什么快乐的,只有我说话没人敢违抗我。"如果说的话正确而没人敢违抗,不也很好吗? 如果说的话不正确而没人敢违抗,不接近于一句话可以丧失国家吗?

这一章说明君王的责任远比权力大得多。

【译文】

鲁定公问孔子说:"一句话就可以使国家兴盛起来,有这样的话吗?"孔子回答说:"话没有这么管事的。不过要找一句接近的话,人们说:'做国君难,做臣子的也不易。'如果真能懂得做国君难,不就接近于一句话就可以使国家兴盛吗?"

鲁定公又问:"一句话就可以丧失国家,有这样的话吗?"孔子回答说:"话没有这么管事的。不过要找一句接近的话,人们说:'我做国君没有什么快乐,只有说出话来没人敢违抗我。'如果说的话正确,没有人敢违抗,不也很好吗? 如果说的话不正确,没有人敢违抗,不就接近于一句话可以丧失国家吗?"

13.16 叶公问政。子曰:"近者说,远者来。"

【解读】

"叶公问政"是叶公问孔子怎样施政。孔子说:"近者说,远者来。""说"今作悦。是说,让附近的百姓喜悦,让远地的百姓来归附。

这一章说明近悦远来是仁者之政。

【译文】

叶公问孔子怎样施政。孔子回答说:"让附近的百姓喜悦,让远地的百姓来归附。"

13.17 子夏为莒父宰,问政。子曰:"无欲速,无见小利。欲速则不达,见小利则大事不成。"

【解读】

"莒父",鲁国城邑,在今山东莒县境内。"子夏为莒父宰"是说,子夏做莒父的邑宰。"问政"是子夏问孔子怎样施政。孔子说:"无欲速,无见小利。欲速则不达,见小利则大事不成。"是说,不要求速成,不要贪图小利。求速成反而达不到目的,贪图小利会办不成大事。

这一章说明施政要循序渐进,不图小利。

【译文】

子夏做莒父的邑宰,问怎样施政。孔子说:"不要求快,不要贪图小利。求快反而达不到目的,贪图小利就办不成大事。"

13.18 叶公语孔子曰:"吾党有直躬者,其父攘羊,而子证之。"孔子曰:"吾党之直者异于是,父为子隐,子为父隐,直在其中矣。"

【解读】

"党"指家乡。"直躬",孔安国注:"直身而行。""攘(rǎng)"是偷盗。"证",《说文》:"告也。"叶公告诉孔子说:"吾党有直躬者,其父攘羊,而子证之。"是说,我的家乡里有个立身正直的人,他父亲偷了羊,他去揭发了自己的父亲。孔子说:"吾党之直者异于是,父为子隐,子为父隐,直在其中矣。"是说,我们家乡的正直人与这不一样,父亲为儿子隐瞒,儿子为父亲隐瞒,正直就在这里面了。孔子认为儿子去告发父亲,直是直了,但说不上正。"正"要符合孝道。

这一章说明正与直的区别。

【译文】

叶公告诉孔子说:"我们家乡有个立身正直的人,他父亲偷了羊,儿子就把父亲告发了。"孔子说:"我们家乡的正直人与这不一样,父亲为儿子隐瞒,儿子为父亲隐瞒,正直就在这里面了。"

13.19 樊迟问仁。子曰:"居处恭,执事敬,与人忠。虽之夷狄,不可弃也。"

【解读】

"樊迟问仁"是樊迟问孔子怎样才能做到仁。孔子说:"居处恭,执事敬,与人忠。虽之夷狄,不可弃也。"是说,平时生活要谦恭,办起事来要敬业,与人交往要忠诚。即使到了夷狄之邦,也不能丢弃这种品德。"之"是到。"夷狄"指落后的少数民族地区。

这一章说明仁人的品德要恭、敬、忠。

【译文】

樊迟问怎样才能做到仁。孔子说:"平常生活要谦恭,办起事来要兢兢业业,与人交往要忠诚。即使到了夷狄之邦,也不要丢弃。"

13.20 子贡问曰:"何如斯可谓之士矣?"子曰:"行己有耻,使于四方,不辱君命,可谓士矣。"曰:"敢问其次。"曰:"宗族称孝焉,乡党称弟焉。"曰:"敢问其次。"曰:"言必信,行必果,硁硁然小人哉,抑亦可以为次矣。"曰:"今之从政者何如?"子曰:"噫,斗筲之人,何足算也!"

【解读】

"士"是知识分子。子贡问:"何如斯可谓之士矣?"是子贡问孔子说,怎样做才可以说是士人的品德修养? 孔子回答说:"行己有耻,使于四方,不辱君命,可谓士矣。""不辱君命"是不让君王的命令受辱,即能完成。是说,自己的行为要有廉耻,出使国外,能很好地完成国王的使命,这可以算做士人的品德修养了。"曰:'敢问其次。'"是子贡又问次一等的修养如何。孔子说:"宗族称孝焉,乡党称弟焉。"是说,次一等的是,在宗族里,称赞他能孝顺父母;在乡党里,称赞他友爱兄弟。"弟"今作悌。"曰:'敢问其次。'"是子贡又问再次一等的修养如何。孔子说:"言必信,行必果,硁硁然小人哉,抑亦可以为次矣。"是说,说出话讲信用,行动坚决果敢,拘于小节的小人呵,或者也可以算是再次一等的士人品德修养。"硁硁(kēng)",刘宝楠《正义》:"坚确之意。"指拘于小信。"抑",或者。"曰:'今之从政者何如?'"是子贡问,现在为官的人怎么样? 孔子回答说:"噫,斗筲之人,何足算也!"是说,咳! 这些器量小的人,算得了什么!"斗筲(shāo)"是量器名,一斗十升,一筲容一斗二升。比喻器量小。

这一章说明士的品德修养。

【译文】

子贡问道:"怎样才可以称得上士?"孔子说:"自己的行为有廉耻,出使国外,能很好地完成国王交给的使命,可以称做士了。"子贡说:"请问次一等的士如何?"孔子说:"在宗族里称赞他孝顺父母,在家乡里称赞他友爱兄弟。"子贡说:"再次一等的士如何?"孔子说:"说话一定讲信用,行动一定坚决果敢,拘于小节的小人呵! 或许也可以说是再次一等的士了。"子贡问:"现在执政的人怎么样?"孔子说:"咳,这些器量狭小的人,算得了什么?"

13.21 子曰:"不得中行而与之,必也狂狷乎? 狂者进取,狷者有所不为也。"

【解读】

"中行",刘宝楠《正义》:"凌氏鸣喈《论语解义》云:'中行者,依中庸而行也。'""与之",与之交往。"狂",狂放不拘。"狷(juàn)",狷介,洁身自好,不肯同流合污。《孟子·尽心下》:"孔子'不得中道而与之,必也狂狷乎! 狂者进取,狷者有所不为也'。孔子岂不欲中道哉? 不可必得,故思其次也。'敢问何如斯所谓狂矣?'曰:'如瑟张、曾皙、牧皮者,孔子之所谓狂矣。''何以谓之狂也？'曰：'其志嘐嘐然，曰"古之人！古之人"！夷考其行而不掩焉者也。狂者又不可得，欲得不屑不洁之士，而与之，是獧也，是又其次也。'"孔子说："不得中行而与之，必也狂狷乎？狂者进取，狷者有所不为也。"是说，得不到合乎中道的人和他交往，那一定要找狂放的人和狷介的人。狂放的人勇于进取，狷介的人不同流合污。

这一章说明狂狷胜于平庸。

【译文】

孔子说："得不到合乎中道的人和他交往，那一定要找狂放的人和狷介的人。狂放的人勇于进取，狷介的人能洁身自好。"

13.22 子曰："南人有言曰：'人而无恒，不可以作巫医。'善夫！""不恒其德，或承之羞。"子曰："不占而已矣！"

【解读】

"巫医"，用巫术治病的人。孔子说："南人有言曰：'人而无恒，不可以作巫医。'善夫！"是说，南方人有俗语说："人如果没有持之以恒的操守，做巫医也不行。"说得好呵！巫医靠通灵术治病，最为玄虚，连玄虚的人都做不了，在现实中就更难立足了。"不恒其德，或承之羞"是《周易·恒卦》九三爻辞，意思是，道德品行不能恒守，会受到羞辱。象辞的解释是"不恒其德，无所容也"。是说，这种有奶便是娘的人，无处可以容纳，即到处受不到欢迎。孔子说："不占而已矣。"是说，这种人不用占卦了。也就是说，结果肯定是到处吃不开，用不着去算卦。

这一章说明恒守德行是立身之本。

【译文】

孔子说："南方人有句俗话：'人如果不恒守德行，做巫医都不行。'这话说得好呵。"《周易·恒卦》九三爻辞说："道德品行不能恒守，会受到羞辱。"孔子说："这种人用不着去算卦。"

13.23 子曰："君子和而不同，小人同而不和。"

【解读】

"和"是阴阳和谐，在生活上是多元素的统一，在哲学上是对立的统一性,在政治上是不同意见各自发挥它的有益作用达成的和谐一致。"同"是单一性,在生活上是单元素的相同,在政治上是不讲原则的苟同。《左传·昭公二十年》齐景公问晏子说:"梁丘据与我能算得上和吗?"晏子说:"只能算得上是同,不能算做和。大王认为可以的事,其中有不妥的地方,下臣把不妥的地方指出来,使事情变得更加完善。大王认为不可的事,其中有可以的成分,下臣提出可以的成分,使大王的意见得到修正。这叫做和,梁丘据不是这样的人。大王说可以,他也说可以;大王说不可以,他也说不可以。就好像水再加点水做成的汤,有什么味道呢,谁还愿意吃? 就好像用五音中的一个音弹奏出的乐曲,单调得很,谁还愿意听? 同不能成事就是这样的。"孔子说:"君子和而不同,小人同而不和。"是说,君子能不同意见和谐相处而不盲目苟同,小人盲目苟同而不能意见分歧时和谐相处。

这一章说明君子的作风是和而不同,小人反是。

【译文】

孔子说:"君子和谐相处但不盲目苟同,小人盲目苟同却不能和谐相处。"

13.24 子贡问曰:"乡人皆好之,何如?"子曰:"未可也。""乡人皆恶之,何如?"子曰:"未可也。不如乡人之善者好之,其不善者恶之。"

【解读】

"好(hào)"与"恶(wù)"对举,指的是爱好、喜欢。"恶"是讨厌、厌恶。"未可"是不可以、不行。子贡问孔子说:"乡人皆好之,何如?"是说,满乡的人都喜欢他,这样的人怎么样? 孔子回答说:"未可也。"是说,不可以。子贡又问:"乡人皆恶之,何如?"是说,满乡的人都讨厌他,这种人怎么样? 孔子说:"未可也。不如乡人之善者好之,其不善者恶之。"是说,不可以。不如满乡的好人都喜欢他,满乡的坏人都厌恶他。

这一章说明君子的标准是善人好恶人厌。

【译文】

子贡问孔子说:"满乡的人都喜欢他,这样的人怎么样?"孔子说:"不行。"子贡又问:"满乡的人都厌恶他,这样的人怎么样?"孔子说:"也不行。不如满乡的好人都喜欢他,满乡的坏人都厌恶他。"

13.25　子曰:"君子易事而难说也。说之不以道,不说也;及其使人也,器之。小人难事而易说也。说之虽不以道,说也;及其使人也,求备焉。"

【解读】

"易"与"难"对举,易指容易,难指困难。"事"与"说"并列,事指事奉,说指喜悦,今作悦。"器"是有一种用途的器皿,"器之"是把他当成器来对待,即只要求有一种用处,不要求全能。孔子说:"君子易事而难说也。说之不以道,不说也;及其使人也,器之。"是说,君子很容易服侍,但却很难讨他的欢心。不用正道讨他欢心,他不喜欢;到他使用人的时候,只要求人有一种用处就可以了,不要求全能。"小人难事而易说也。说之虽不以道,说也;及其使人也,求备焉。""备"是完备,指全能。是说,小人难以事奉但却很容易讨他欢心。不用正道讨他欢心,他也会喜悦;到他用人的时候,要求人要全能。君子和而不同,所以易事而难悦;小人同而不和,所以难事而易悦。

这一章说明君子与小人对人不同。

【译文】

孔子说:"君子容易服侍,但讨他的喜欢很难。不用正道讨他的喜欢,他不喜欢;等到他使用人的时候,他对人是量才使用,不求全责备。小人很难服侍,但讨他的喜欢很容易。不用正道讨他的喜欢,他也会喜欢;等到他用人的时候,他会求全责备。"

13.26　子曰:"君子泰而不骄,小人骄而不泰。"

【解读】

"泰"是舒泰,指放得开。孔子说:"君子泰而不骄,小人骄而不泰。"是说,君子的为人是放得开但不骄纵,小人是骄纵但却放不开。小人狭隘又没有自知之明,所以骄而不泰。君子大度又有自知之明,所以泰而不骄。

这一章说明君子与小人为人不同。

【译文】

孔子说:"君子的为人是放得开但不骄纵,小人的为人是骄纵但却放不开。"

13.27 子曰:"刚、毅、木、讷近仁。"

【解读】

"刚"是刚强。"毅"是坚毅。"木"是像木头一样质钝,指质朴。"讷"是说话迟钝,指谨言。孔子说:"刚、毅、木、讷近仁。"是说,刚强、坚毅、质钝、谨言这几种表现接近仁。

这一章说明仁人的行为表现。

【译文】

孔子说:"刚强、坚毅、质钝、谨言,这几种表现接近仁。"

13.28 子路问曰:"何如斯可谓之士矣?"子曰:"切切偲偲,怡怡如也,可谓士矣。朋友切切偲偲,兄弟怡怡。"

【解读】

"切切偲偲(sī)",毛亨《诗经·常棣》传"兄弟尚恩,熙熙然;朋友以义,切切节节然"。依毛传"切切偲偲"即"切切节节"。孔颖达《正义》:"切切节节者,皆切磋勉励之貌。"马融注:"切切偲偲,相切责之貌。""怡怡"是和乐的样子。子路问孔子:"何如斯可谓之士矣?"是说,怎样才可以称做士呢? 孔子回答说:"切切偲偲,怡怡如也,可谓士矣。朋友切切偲偲,兄弟怡怡。"是说,相互切磋勉励,和乐的样子,可以叫做士了。朋友之间,相互切磋勉励,兄弟之间和乐相处。

这一章说明士在朋友兄弟中的表现。

【译文】

子路问孔子说:"怎样才可以称做士?"孔子回答说:"相互切磋勉励,和乐相处,可以称做士了。朋友之间相互切磋勉励,兄弟之间和乐相处。"

13.29 子曰:"善人教民七年,亦可以即戎矣。"

【解读】

"教"是教化。"戎"是兵戎,指战争。"即戎"指去作战。孔子说:

"善人教民七年,亦可以即戎矣。"是说,善人教化百姓七年,百姓也可以去作战了。

这一章说明百姓作战所需条件。

【译文】

孔子说:"善人教化百姓七年,百姓也可以去作战了。"

13.30　子曰:"以不教民战,是谓弃之。"

【解读】

"弃之"是扔掉他们,指白去送死。孔子说:"以不教民战,是谓弃之。"是说,用没有教化过的百姓去作战,这等于让百姓去送死。

这一章说明训练士兵的重要。

【译文】

孔子说:"用没有教化过的百姓去作战,这叫做让百姓去送死。"

宪问第十四

14.1 宪问耻。子曰:"邦有道,穀;邦无道,穀,耻也。""克、伐、怨、欲不行焉,可以为仁矣?"子曰:"可以为难矣,仁则吾不知也。"

【解读】

这一章实际上说的是两个问题,一是耻,二是仁。因为第二个问题前面没有"原宪问"起首,故列为一章。

"宪"是孔子的学生原宪,字子思。"耻"是耻辱。"宪问耻"是说,原宪问孔子什么是可耻? 子曰:"邦有道,穀;邦无道,穀,耻也。"是说,国家有道,政治清明,可以吃俸禄;国家无道,政治黑暗,吃俸禄,可耻。"穀"是国家以谷物形式发给官员的俸禄。"穀"实际上就是出来做官的意思。

原宪又问:"克、伐、怨、欲不行焉,可以为仁矣?"是说,好胜、自夸、怨恨、贪欲在自己身上都没有,可以算做仁了吗? "克"是争强好胜。"伐"是矜伐自吹。"怨"是多怨。"欲"是贪婪。孔子说:"可以为难矣,仁则吾不知也。"是说,可以说是难能可贵了,仁还说不上。孔子说的"吾不知"是一种委婉说法,意思是说,我还看不出来,实际上就是说不上,还不能算。"仁"是一种道德,没有以上四种缺点,仅是一种品行,不是一个层次。

这一章说明什么是耻和仁。

【译文】

原宪问孔子什么叫可耻。孔子说:"国家有道,当官吃俸禄;国家无道,出来当官吃俸禄,这就是可耻。"原宪问:"好胜、自夸、怨恨、贪欲这四种坏毛病在自己身上都没有,可以算做仁了吗?"孔子说:"可以说是难能可贵,仁我还看不出来。"

14.2　子曰:"士而怀居,不足以为士矣。"

【解读】

"怀"是留恋。"居"指生活条件。"怀居"是留恋生活上的享受。孔子说:"士而怀居,不足以为士矣。"是说,士人如果留恋生活上的享受,便不配称做士了。

这一章说明士人不能留恋生活上的享受。

【译文】

孔子说:"读书人如果留恋生活上的享受,就不配称做读书人了。"

14.3　子曰:"邦有道,危言危行;邦无道,危行言孙。"

【解读】

"危"是高峻危殆。用以形容言行,指大胆正直。"孙"今作逊,是退让。孔子说:"邦有道,危言危行;邦无道,危行言孙。"是说,国家有道,行为大胆正直,说话大胆正直;国家无道,行为大胆正直,说话要退让。国家政治清明,可以畅所欲言;国家政治黑暗,不允许不同意见,说话只好退让。

这一章说明君子的处世方法。

【译文】

孔子说:"国家有道,行为大胆正直,说话大胆正直;国家无道,行为大胆正直,说话要退让。"

14.4　子曰:"有德者必有言,有言者不必有德;仁者必有勇,勇者不必有仁。"

【解读】

孔子说:"有德者必有言,有言者不必有德。"是说,有道德的人一定有合乎道德的言论,有合乎道德言论的人不一定有道德。"仁者必有勇,勇者不必有仁"是说,有仁德的人一定勇敢,勇敢的人不一定有仁德。"言"与"勇"是外在表现,"德"与"仁"是内在修养。有它的一致性,也有不一致性。

这一章说明内在的"德"与"仁"和外在的"言"与"勇"应区别对待。

【译文】

孔子说:"有道德的人一定有合乎道德的言论,有合乎道德言论的人不一定有道德;有仁义的人一定勇敢,勇敢的人不一定有仁义。"

14.5 南宫适问于孔子曰:"羿善射,奡荡舟,俱不得其死然。禹、稷躬稼而有天下。"夫子不答。南宫适出,子曰:"君子哉若人! 尚德哉若人!"

【解读】

"南宫适"是孔子弟子,《史记·仲尼弟子列传》作"南宫括,字子容"。"羿(yì)",孔安国注:"羿,有穷国之君,篡夏后相之位,其臣寒浞杀之。因其室而生奡(ào),奡多力,能陆地行舟,为夏后少康所杀。"意思是说,后羿是夏朝初年的神箭手,原封地在有穷国,后来篡夺了夏后相的帝位,被他的徒弟寒浞杀死,寒浞占据了羿的夫人,生了的孩子叫奡,奡是个大力士,能在陆地上划着船走,后来被夏帝少康所杀。南宫适问孔子:"羿善射,奡荡舟,俱不得其死然。禹、稷躬耕而有天下。""然"是复指。"稷"是后稷,周王朝的先祖。是说,后羿是神箭手,奡是大力士,能在陆地行舟,都不得好死。大禹、后稷亲自耕作却最后取得了天下。南宫适这样说,是想听听孔子对尚德与尚力的看法,"夫子不答",是因为这个问题太明显了,南宫适已经意识到了,当然是王道胜于霸道。南宫适又是孔子侄女的女婿,当面也不好夸奖。等"南宫适出",孔子才说:"君子哉若人! 尚德哉若人!"是说,这个人是个君子! 这个人尚德呵!"若人"是这个人。

这一章说明尚德胜于尚武。

【译文】

南宫适问孔子说:"羿是神箭手,奡是大力士,都不得好死;大禹和后稷亲自种田,却最后得到了天下。"孔子没有回答。南宫适走出去,孔子说:"君子呵,这个人! 崇尚道德呵,这个人!"

14.6 子曰:"君子而不仁者有矣夫,未有小人而仁者也。"

【解读】

这一章是说,君子之中不仁的人也是有的吧! 小人之中不会有仁的人。"夫"用在句末表推论语气。孔子认为"君子喻于义,小人喻于利","喻于义"的人可能会达不到"仁"的标准,而"喻于利"的人则不可能达到"仁"的标准。

这一章说明小人与仁无缘。

【译文】

孔子说:"君子之中达不到仁的人也是有的吧! 小人之中不会有仁的人。"

14.7　子曰:"爱之,能勿劳乎? 忠焉,能勿诲乎?"

【解读】

"劳"是辛劳。"诲"是教诲。"焉"用如"于之",是"于旃"的合音。孔子说:"爱之,能勿劳乎? 忠焉,能勿诲乎?"是说,真要是爱他,能不让他劳苦吗? 真要是对他忠诚,能不教诲他吗? 孔子认为劳苦才能锻炼人,不主张溺爱;教诲才是忠诚,不主张随声附合。

这一章说明什么是真正的爱和忠。

【译文】

孔子说:"爱他,能不让他劳苦吗? 忠诚他,能不教诲他吗?"

14.8　子曰:"为命,裨谌草创之,世叔讨论之,行人子羽修饰之,东里子产润色之。"

【解读】

"裨谌(bìchén)"是郑国大夫。《左传》说他"能谋"。"世叔",郑国大夫子太叔,名游吉。《左传》说他"美秀而文"。"行人"是外交官。"子羽"是郑国大夫公孙挥的字。《左传》说他"能知四国之为","善为辞令"。"东里",地名。"子产",郑国国相。《左传》说他"择能而使之"。《左传·襄公三十一年》记载:"郑国将有诸侯之事,子产乃问四国之为于子羽,且使多为辞令;与裨谌乘以适野,使谋可否;而告冯简子,使断之。事成,乃授子太叔使行之,以应对宾客。是以鲜有败事。"意思是说,郑国要有外交上的事情,子产就向公孙挥询问四方诸侯的动向,并且让他多设想出一些预案,拟出外交辞令;与裨谌一同乘车到野外,让他找乡下知情人策划是否可行,再把谋划结果告诉冯简子,让他决断。事情按计划完成,就交给子太叔执行,与诸侯交往或应对宾客。因此,很少把事情办坏。可见裨谌、世叔、子羽都是子产身边谋事班子里的行家里手。孔子说:"为命,裨谌草创之。"是说,郑国制定政令,先由裨谌起草。"草创"是起草。"世叔讨论之"是说,再交给世叔去斟酌。"讨论"指提出意见。"行人子羽修饰之"是说,让外交官子羽加以修改。"东里子产润色之"是说,东里的子产最后做文辞上的加工。

　　这一章说明郑子产能用人,发挥集体智慧制定政令。

【译文】

　　孔子说:"郑国制定政令,先由裨谌起草,交给世叔去斟酌,外交官子羽加以修改,东里的子产最后做文辞上的加工。"

　　14.9 或问子产。子曰:"惠人也。"问子西。曰:"彼哉,彼哉!"问管仲。曰:"人也。夺伯氏骈邑三百,饭疏食,没齿无怨言。"

【解读】

　　"子产"即郑子产。"或问子产"是说,有的人问孔子,子产是个什么样的人。孔子回答说:"惠人也。"是说,是个施惠百姓的人。"子西"是楚国的公子申,字子西。这个人把楚国的君位让给昭王,也是个当时名气很大的人物。这一章是孔子对当时风云人物的评论,所以问到郑国的子产,楚国的子西,齐国的管仲。郑国也有子西,但在诸侯中的影响远没有楚国子西那样大,人们也不会问孔子怎样评价。楚国子西虽然有让国之贤,但他没有政绩,所以孔子对他的评论是"彼哉,彼哉"!是说,他呵,他呵!也就是说,他没的可说,没给百姓带来什么实惠。"问管仲"是有人又问管仲是个什么样的人。管仲是齐国的国相,孔子对他的历史贡献评价很高。孔子说:"人也。夺伯氏骈邑三百,饭疏食,没齿无怨言。"是说,他是个仁人,在执政期间削夺了伯氏三百户的采地骈邑,伯氏只能吃粗粮,但一直到死都没有怨言。"伯氏"这个人,史书上记载得不明,但从孔子的评论中可以推知,这个人应当是齐王的宗族,在王室的斗争中谋过私利,管仲较好地解决了王室的争斗,虽然侵犯了一些人的利益,但使齐国强大起来,保住了王室的长远利益,所以才没有怨言。"人也"即"仁人也"。《尔雅·释名》:"人,仁也。""仁"高于"惠",孔子重政绩。

这一章是孔子对子产、子西、管仲的评论。

【译文】

有人问子产是个什么样的人。孔子说:"是个施惠百姓的人。"又问子西是个什么样的人。孔子说:"他呀,他呀!"问管仲是个什么样的人。孔子说:"是个仁人。他削夺伯氏三百户的封地骈邑,使伯氏只能吃粗粮,但伯氏到死也没有怨恨。"

14.10　子曰:"贫而无怨难,富而无骄易。"

【解读】

"而"是转折连词。"骄"是骄奢。孔子说:"贫而无怨难,富而无骄易。"是说,贫穷却没有怨恨,这很难做到。富贵却不骄奢,这比较容易做到。两句话放在一起,又有"难"和"易"的反义词,这就有了比较的意义。两者都比较难,但相对地说"富而无骄"要容易一些。孔子虽然说的是大实话,但含义较丰富。从个人修养上说,孔子讲"贫而乐,富而好礼","贫而乐"较难,尤其应注意这方面的修养。从执政者的角度讲,要求"贫而无怨"难,所以要使百姓先富起来。"富而无骄易",人民富足了再进行教化要容易一些。这就是上一章讲的"庶矣"加之以"富之","富矣"加之以"教之"。贫穷是产生民怨的根源。

这一章说明贫穷无怨的艰难。

【译文】

孔子说:"贫穷却没有怨恨很难,富贵却不骄奢比较容易做到。"

14.11　子曰:"孟公绰为赵魏老则优,不可以为滕薛大夫。"

【解读】

"孟公绰"是鲁国大夫。下一章孔子说他"公绰之不欲",是个没有贪欲的人。《史记·仲尼弟子列传》说:"孔子之所严事……于鲁,孟公绰。"是孔子所尊敬的人。"赵魏"指晋国的诸卿,赵氏、魏氏。"老",孔安国注："家臣称老。""优"是绰绰有余。孔子说："孟公绰为赵魏老则优。"是说，孟公绰做晋国赵氏、魏氏的家臣是满胜任的。因为晋国是个大国，赵氏、魏氏在晋国地位高，孟公绰人品好，人格的力量足以影响上下。"滕薛"都是小国，内忧外患不断，仅凭人格的力量不足以排除患难，故孔子说："不可以为滕薛大夫。"是说，没有能力做滕国、薛国的大夫。《汉书·薛宣传》："频阳县北当上郡、西河，为数郡凑，多盗贼。其令平陵薛恭，本县孝者，功次稍迁，未尝治民，职不办。而栗邑县小，僻在山中，民谨朴易治。令钜鹿尹赏，久郡用事吏，为楼烦长，举茂材，迁在栗。宣即以令奏赏与恭换县。二人视事数月，而两县皆治。宣因移书劳勉之曰：'昔孟公绰优于赵魏而不宜滕薛，故或以德显，或以功举。'"意思是说，频阳县北与上郡、西河接壤，是几个郡相邻的三不管地区，盗贼比较多。县令是平陵的薛恭，这个人是平陵的孝子，按资格升成的县令，没有办案经验，惩治盗贼不在行。栗邑是个小县，在山区僻远之处，百姓谨朴易治，县令是钜鹿的尹赏，郡吏出身，有长期办案经验。薛宣按当时任用县令的规定，奏明朝廷，让薛恭与尹赏互换治县。上任才几个月，两个县都得到治理。薛宣下公文奖励他们说："当年'孟公绰优于赵魏而不宜滕薛'。所以说，有人靠道德显名，有人靠业绩受推举。"也就是说，有德不一定有才，有才不一定有德，用其所长是吏治正途。

这一章说明孟公绰德高于才。

【译文】

孔子说："孟公绰做赵、魏氏的家臣满可胜任，但做不了滕国、薛国的大夫。"

14.12 子路问成人。子曰："若臧武仲之知，公绰之不欲，卞庄子之勇，冉求之艺，文之以礼乐，亦可以为成人矣。"曰："今之成人者何必然？见利思义，见危授命，久要不忘平生之言，亦可以为成人矣。"

【解读】

"成人"指的是完美的人。"子路问成人"是子路问孔子怎样才算一个完美的人。"臧武仲"即臧纥，是鲁国大夫，臧文仲的孙子，臧宣叔的儿子。他的母亲是鲁宣公夫人穆姜妹妹的女儿，从小在宫中长大，深受穆姜宠爱,继臧宣叔而立。他为人聪明有智,《左传》里记载了他的事迹。"卞庄子",鲁国大夫。"卞"是封地,"庄"是谥号。《荀子·大略》里有关于他勇敢的记载。孔子说:"若臧武仲之知,公绰之不欲,卞庄子之勇,冉求之艺,文之以礼乐,亦可以为成人矣。"是说,像臧武仲那样有智慧,像孟公绰那样没有贪欲,像卞庄子那样勇武,像冉求那样多才多艺,再用礼乐来加以文饰,就可以称做完美的人了。又说:"今之成人者何必然? 见利思义,见危授命,久要不忘平生之言,亦可以为成人矣。"是说,现在完美的人哪能一定会这样呢? 见到利益能想到该不该得,遇到危险能够付出生命,与人约定的时间长了,还不忘记当时自己的诺言,也就可以算是个完美的人了。"授命"是交出生命。"久要"即久约。

这一章说明怎样才是个完美的人。

【译文】

子路问孔子怎样才是一个完美的人。孔子说:"像臧武仲那样有智慧,像孟公绰那样没有贪欲,像卞庄子那样勇敢,像冉求那样多才多艺,再用礼乐加以文明,也可以算做是完美的人了。"又说:"现在所谓完美的人,又哪能一定会这样呢? 见到利益能想到该不该得,遇到危险能付出生命,与人约定的时间长了,能不忘记自己平生的诺言,也可以算做是完美的人了。"

14.13　子问公叔文子于公明贾曰:"信乎,夫子不言,不笑,不取乎?"公明贾对曰:"以告者过也。夫子时然后言,人不厌其言;乐然后笑,人不厌其笑;义然后取,人不厌其取。"子曰:"其然? 岂其然乎?"

【解读】

"公叔文子",卫国大夫,姓姬,名拔,文是谥号,卫献公的孙子。"公明贾",卫国人,史书未见明载。依上下文推断,当是孔子在卫国的熟人。"子问公叔文子于公明贾"是说,孔子向公明贾打听公叔文子。"信乎,夫子不言,不笑,不取乎"是说,人们告诉我说他老先生见人不说话,也不笑,分毫不取,这是真的吗? "信乎"是真的吗? 公明贾回答说:"以告者过也。夫子时然后言,人不厌其言;乐然后笑,人不厌其笑;义然后取,人不厌其取。"是说,这是告诉你的人传错了。他老先生该说话的时候然后才说,人们不讨厌他说话;高兴了然后才笑,人们不讨厌他笑;该取的时候才取,人们不讨厌他取。"以"是因为。"时"是应该的时候。按公明贾的介绍,公叔文子不仅是个不苟言笑,不取无义之财的人,而且是个真诚坦率,符合中庸之道的人。这样的人很难得。所以孔子惊奇地说:"其然? 岂其然乎?"是说,他是这样的人吗? 难道真的是这样的人吗? 这两句是用反问句表示惊叹,不能理解为怀疑。

这一章是孔子对公叔文子的赞叹。

【译文】

孔子向公明贾打听公叔文子。说:"真是这样的吗? 他老先生不说话,也不笑,又分毫不取吗?"公明贾回答说:"这是因为告诉你的人传错了。他老先生该说话的时候然后才说,人们不讨厌他说话;高兴的时候然后才笑,人们不讨厌他的笑;该取的时候然后才取,人们不讨厌他的取。"孔子说:"他是这样的吗? 难道真的是这样的吗?"

14.14 子曰:"臧武仲以防求为后于鲁,虽曰不要君,吾不信也。"

【解读】

"臧武仲"即鲁大夫臧纥。"防",孔安国注:"武仲故邑。'为后',立后也。鲁襄公二十三年,武仲为孟氏所谮,出奔邾。自邾如防,使为以大蔡纳请曰:'纥非能害也,知不足也。非敢私请,苟守先祀,无废二勋,敢不辟邑。'乃立臧为,纥致防而奔齐,此所谓要君。"意思是说,《左传·襄公二十三年》记载,臧武仲与季武子的关系很好,但一直受孟氏猜忌。孟氏多次向季武子说臧武仲"将为乱",又向臧武仲借兵除道,臧武仲心有提防,在视察时就带了甲士。孟氏就说他带甲士作乱,于是季武子攻打臧武仲,臧武仲砍断鹿门的门闩,逃奔到邾国。当时臧武仲有两个异母哥哥,叫臧贾、臧为,住在姥爷家铸国,臧武仲给了他们一只大龟,让他们献给鲁君,请求鲁君允许他们继承臧氏的封地。臧为把大龟献给鲁君,臧武仲又从邾国回到防地,向鲁君请求说,我并不是要作乱,当时带甲士只不过是没加考虑;也不是为我请求,是考虑我的先人臧文仲、臧宣叔给鲁国立过大功,应该有人接续香烟;如果有人能在鲁国继承臧氏一脉,我愿意把防交出来。最后鲁君允许臧为来继承。臧武仲就交出了防,逃奔到了齐国。可见"为后"是给臧氏立后。当时有人议论说,臧武仲的做法算不上要挟鲁君。孔子认为,要不要为臧氏立后,应当完全由鲁君决定,臧武仲用让出防作为条件,这等于是与鲁君讨价还价,与国君讨价还价就是要挟国君。孔子说:"臧武仲以防求为后于鲁,虽曰不要君,吾不信也。"是说,臧武仲用让出防作为条件请求鲁国为臧氏立后,虽然有人说不能算是要挟鲁君,但我不相信。

这一章说明臣应无条件地服从君。

【译文】

孔子说:"臧武仲用让出防作为条件请求鲁国为臧氏立后,虽然有人认为不能算要挟国君,但我不相信。"

14.15 子曰:"晋文公谲而不正,齐桓公正而不谲。"

【解读】

"晋文公",姓姬,名重耳。"齐桓公",姓姜,名小白。两个人都是春秋五霸中最有声望的霸主。"谲(jué)",欺诈。孔子说:"晋文公谲而不正,齐桓公正而不谲。"是说,晋文公诡诈不正派,齐桓公正派不诡诈。关于晋文公与齐桓公的事迹,《左传》里有大量记载。孔子作《春秋》对他们的为人很了解,孔子的评论,可以作为了解他们的参考。

这一章是孔子对晋文公、齐桓公的评论。

【译文】

孔子说:"晋文公诡诈而不正派,齐桓公正派而不诡诈。"

14.16 子路曰:"桓公杀公子纠,召忽死之,管仲不死。"曰:"未仁乎?"子曰:"桓公九合诸侯,不以兵车,管仲之力也。如其仁,如其仁。"

【解读】

"桓公"即齐桓公。"公子纠"是齐桓公的异母哥哥,两人都是齐襄公的儿子。齐襄公无道,桓公小白由其师傅鲍叔牙陪同逃往母家莒国,公子纠由其师傅管仲、召忽二人陪同逃往母家鲁国。齐襄公死后,小白抢先回到齐国,被立为桓公。桓公为保住君位兴兵伐鲁,迫使鲁国杀死公子纠。召忽因此自杀为公子纠殉身。管仲没有为主子自杀,后来由鲍叔牙推荐,做了齐桓公的国相。子路说:"桓公杀公子纠,召忽死之,管仲不死。"是说,齐桓公杀死了公子纠,召忽为主子殉难,管仲却不为主子而死。子路问:"未仁乎?"是说,子路问孔子说:"管仲不能算是仁吧?"子曰:"桓公九合诸侯,不以兵车,管仲之力也。如其仁,如其仁。"是说,齐桓公九次主持诸侯间的盟会成为霸主,不用武力,都是管仲的功劳。这就是管仲的仁,这就是管仲的仁。"合"是诸侯间的盟会。"如",王引之《经传释词》说:"如犹乃也。""如"、"乃"古音相近。

这一章是孔子对管仲的评论。

【译文】

子路说:"齐桓公杀了公子纠,召忽为公子纠殉难自杀,管仲不为主子而死。"接着说:"管仲不能算是仁吧?"孔子说:"齐桓公九次主持诸侯间的盟会成为霸主,不是用武力,而是管仲的功劳,这就是管仲的仁,这就是管仲的仁。"

14.17 子贡曰:"管仲非仁者与?桓公杀公子纠,不能死,又相之。"子曰:"管仲相桓公,霸诸侯,一匡天下,民到于今受其赐。微管仲,吾其被发左衽矣。岂若匹夫匹妇之为谅也,自经于沟渎而莫之知也?"

【解读】

子贡与子路有同样的疑问,说:"管仲非仁者与?桓公杀公子纠,不能死,又相之。"是说,管仲不是仁人吧?齐桓公杀了公子纠,他不能为公子纠殉难,还给齐桓公做了国相。孔子回答说:"管仲相桓公,霸诸侯,一匡天下,民到于今受其赐。微管仲,吾其被发左衽矣。岂若匹夫匹妇之为谅也,自经于沟渎而莫之知也?"是说,管仲辅佐齐桓公,称霸诸侯,匡正天下,人们到现在还受着他的恩惠。如果没有管仲,我们都会披散头发,衣襟左开,沦为落后民族了。难道要像普通人那样守着小节小信,上吊自杀弃尸沟渠还没人知道才对吗?"一匡天下"是指齐桓公能匡正天下一同尊王攘夷。"受其赐"是受他的恩惠。"微"同无。"被"同披。"左衽(rèn)"是衣服从左边开大襟。"披发左衽"是我国少数民族的风俗习惯。"匹夫匹妇"是一夫一妻的老百姓,指普通人。"谅"是守信用。"自经"是上吊自杀。"沟渎(dú)"是沟渠。这里指弃尸沟渠。

这一章是孔子称赞管仲的历史贡献。

【译文】

子贡问道:"管仲不是仁人吧? 齐桓公杀了公子纠,他不但不为主子殉难,还给桓公做了国相。"孔子说:"管仲辅助桓公,称霸诸侯,匡正天下一同尊王攘夷,人们到今天还受着他的恩惠。没有管仲,我们都会披散头发,衣襟左开,沦为落后民族了。难道要像普通人那样守着小节小信,上吊自杀弃尸沟渠还没有人知晓才是对的吗?"

14.18 公叔文子之臣大夫僎与文子同升诸公。子闻之,曰:"可以为'文'矣。"

【解读】

"公叔文子"是卫国的宗室大臣。"大夫僎(zhuàn)"是公叔文子的家臣。孔安国注:"大夫僎本文子家臣,荐之使与己并为大夫,同升在公朝。""公叔文子之臣大夫僎与文子同升诸公"是说,公叔文子的家臣僎,由于公叔文子的推荐而提升,与公叔文子一同做了卫国的大夫。"子闻之"是孔子听说了公叔文子推荐家臣僎这件事。孔子说:"可以为'文'矣。"是说,这就足以配得上文的谥号了。《礼记·檀弓》云,公叔文子死后谥为"贞惠文子"。郑玄注说:"不言'贞惠'者,'文'足以兼之。"

这一章赞扬公叔文子能不避身份荐贤。

【译文】

公叔文子的家臣僎,经公叔文子举荐,与公叔文子一同做了卫君的大夫。孔子听到后说:"仅这一点就足以配得上'文'的谥号了。"

14.19 子言卫灵公之无道也,康子曰:"夫如是,奚而不丧?"孔子曰:"仲叔圉治宾客,祝鲍治宗庙,王孙贾治军旅。夫如是,奚其丧?"

【解读】

"卫灵公",名元,卫国国君,在位 42 年。《左传》有"卫灵公不君"的记载。"康子"是鲁国的季康子。"仲叔圉(yǔ)"即孔文子,名圉,卫大夫。"祝鲍(tuó)",字子鱼,卫国大夫。"王孙贾"与仲叔圉、祝鲍三人都是卫国的贤大夫。"子言卫灵公之无道也"是说,孔子说卫灵公是个无道之君。"之"用在主谓之间起结构作用,使"卫灵公"与"无道"成为一个主谓结构,共同作"言"的宾语。"康子曰:夫如是,奚而不丧"是说,季康子问道,既然如此,为什么不灭亡?"奚"用同何。孔子回答说:"仲叔圉治宾客,祝鮀治宗庙,王孙贾治军旅。夫如是,奚其丧?"是说,有仲叔圉接待宾客,祝鮀掌管宗庙,王孙贾掌管军队,这样,又怎么会灭亡呢?

这一章说明任用贤人的巨大作用。

【译文】

孔子说卫灵公无道,季康子问道:"既然如此,为什么不灭亡呢?"孔子回答说:"有仲叔圉接待宾客,祝鮀管理宗庙,王孙贾掌管军队,这样,又怎么会灭亡呢?"

14.20 子曰:"其言之不怍,则为之也难。"

【解读】

"怍(zuò)"是惭愧。孔子说:"其言之不怍,则为之也难。"是说,一个人大言不惭,那他做起来就困难了。

这一章说明人要言行相顾。

【译文】

孔子说:"一个人大言不惭,做起来就困难了。"

14.21 陈成子弑简公。孔子沐浴而朝,告于哀公曰:"陈恒弑其君,请讨之。"公曰:"告夫三子!"孔子曰:"以吾从大夫之后,不敢不告也。君曰'告夫三子'者!"之三子告,不可。孔子曰:"以吾从大夫之后,不敢不告也。"

【解读】

"陈成子"即陈恒。"简公"是齐简公,名壬。《左传·哀公十四年》记载:"甲午,齐陈恒弑其君壬于舒州。孔丘三日齐,而请伐齐三,公曰:'鲁为齐弱久矣,子之伐之,将若之何?'对曰:'陈恒弑其君,民之不与者半,以鲁之众,加齐之半,可克也。'公曰:'子告季孙。'孔子辞,退而告人曰:'吾以从大夫之后也,故不敢不言。'"意思是说,六月初五,齐国陈恒在舒州杀了齐国君壬。孔子斋戒了三天,三次请求讨伐齐国。鲁哀公说："鲁国被齐国削弱已经很久了,您讨伐齐国,后果会怎么样?"孔子回答说："陈恒杀了国君,齐国百姓不亲附的有一半人,有鲁国的兵众,再加上齐国人的一半,是可以打胜的。"哀公说："您去告诉季孙吧。"孔子辞退出来,告诉人们说："我因为位列大夫之末,所以不敢不去请求。"以上是这一章的时代背景。"陈成子弑简公"是说,齐国的陈恒杀了齐简公。"孔子沐浴而朝"是说,孔子进行了斋戒上朝去见鲁哀公。对哀公说："陈恒弑其君,请讨之。"是说,陈恒杀了他的国君,我请求鲁国去讨伐他。"公曰"是鲁哀公说。"告夫三子"是说,你去告诉孟孙、仲孙、季孙三家。当时哀公没有实权只好这么说,实际上是让季孙决定出不出兵。季孙氏也是个想取而代之的人物,当然不会出兵。孔子看到没希望了,说："以吾从大夫之后,不敢不告也。君曰'告夫三子'者!"是说,因为我位在大夫之末,不能不来请求,国君却说让我去告诉三家!"敢"是能愿动词,"不敢"可理解为"不能"。"之三子告,不可。""之"是到。是说,孔子到三家去告诉,三家不答应出兵。孔子说："以吾从大夫之后,不敢不告也。"是说,因为我好歹是个大夫,不能不来告诉。孔子认为大夫有责任讨伐弑君之贼,自己应当出面请求。至于鲁国不可能出兵,早就是孔子意料中的事。尽管如此,自己还是要办自己该办的事。

这一章说明孔子"弑君之贼,人人可得而诛之"的思想。

【译文】

齐国陈恒杀了齐简公,孔子洁身沐浴去上朝,告诉鲁哀公说："陈恒杀了他的国君,我请求鲁国出兵讨伐他。"鲁哀公说："您去告诉孟孙、仲孙、季孙三家吧。"孔子走出来对人们说："因为我位在大夫之末,不能不来请求呵。国君却说让我去'告诉三家'。"孔子到了三家去告诉,三家不答应出兵。孔子出来说："因为我位在大夫之末,不能不来告诉呵。"

14.22　子路问事君。子曰："勿欺也,而犯之。"

【解读】

"子路问事君"是子路问孔子做臣子的应该怎样事奉君王。孔子说："勿欺也,而犯之。"是说,对君王要忠诚,不能欺骗。遇到君王有错的时候,却应当当面指出来。"犯"是干犯,指直言敢谏。既不要阳奉阴违,也不要背后议论。

这一章说明臣应当怎样事奉君王。

【译文】

子路问应当怎样事奉君王,孔子说:"不要欺骗他,但要直言敢谏。"

14.23 子曰:"君子上达,小人下达。"

【解读】

孔子在《周易·系辞》里说:"形而上者谓之道,形而下者谓之器。""上"指道义。"下"指物。孔子说:"君子上达,小人下达。"是说,君子通达道义,小人通达财物。

这一章说明君子与小人追求的目标不同。

【译文】

孔子说:"君子通达道义,小人通达财利。"

14.24 子曰:"古之学者为己,今之学者为人。"

【解读】

"为己"指为提高自己的道德修养。"为人"指为显示自己给别人看。孔子说:"古之学者为己,今之学者为人。"是说,古代学习的人是为了提高自己的道德修养,现在学习的人是为了给人看。孔子当然肯定的是古人的学习动机。

这一章说明学习的动机要纯正。

【译文】

孔子说:"古时候学习的人是为了提高自己,现在学习的人是为了给人看。"

14.25 蘧伯玉使人于孔子,孔子与之坐而问焉,曰:"夫子何为?"对曰:"夫子欲寡其过而未能也。"使者出。子曰:"使乎,使乎!"

【解读】

"蘧伯玉"是卫国大夫,名瑗,字伯玉,是孔子的朋友。《史记·仲尼弟子列传》说:"孔子之所严事……于卫,蘧伯玉。"是孔子所尊敬的人。孔子到卫国曾经住在他的家里。"蘧伯玉使人于孔子"是说,蘧伯玉派使者到孔子家里访问。"孔子与之坐而问焉"是说,孔子让使者坐下来问他。孔子说:"夫子何为?"是说,蘧老先生在家里干什么?使者回答说:"夫子欲寡其过而未能也。"是说,他老先生想少犯错误却还没有做到,也就是说他老人家在修身。使者出去后,孔子说:"使乎,使乎!"是说,好使者,好使者!孔子认为使者能应对得体,不辱使命,就是好使者。

这一章是孔子赞扬蘧伯玉的使者有水平。

【译文】

蘧伯玉派使者到孔子家里访问,孔子让使者坐下问他,说:"蘧老先生在家里做什么?"使者回答说:"他老先生想少犯错误但还没有做到。"使者走出去,孔子说:"好使者,好使者!"

14.26　子曰:"不在其位,不谋其政。"

曾子曰:"君子思不出其位。"

【解读】

孔子说:"不在其位,不谋其政。"是说,不在那个职位上,不考虑它的政务。这几句在《泰伯》篇重出。《泰伯》篇强调的是对个人的要求,这里强调的是等级名分。《庄子》一再讥讽孔子"不在其位而谋其政"。孔子也确实是没有天子、诸侯的职位,成天考虑的却是"治国平天下"。这是不是矛盾了呢?看来认识问题不能绝对化。孔子说的"不谋其政"是指不要超越个人的身份等级,这并不等于不让人去思考治国平天下的大道。君王的职责是治国平天下,君子追求的是认识治国平天下的大道成为圣人。如果因为"不在其位,不谋其政",而放弃了对大道的追求,那就违背了孔子的意思。其实庄子在讥讽孔子的同时,也考虑的是"道"的问题。

曾子说:"君子思不出其位。"也是说,考虑问题不要超出自己的职位。可见,这是在正常条件下,让上下位的人都能恪尽职守,社会就会相对安定。主要是针对当时各诸侯国君指挥不了臣说的。

这一章说明遵守职分的重要。

【译文】

孔子说:"不在那个职位上,不考虑那个职位的政务。"

曾子说:"君子考虑问题不要超出自己的职位。"

14.27 子曰："君子耻其言而过其行。"

【解读】

《论语正义》说，这句话在皇侃本里作"君子耻其言之过其行也。"如按皇本理解，"耻"是动词作谓语，是意动用法，即以什么为耻。"其言而过其行"是动词"耻"的宾语。"而"的用法有点特殊，是"反而"的意思。孔子说："君子耻其言而过其行。"是说，君子以其言反而超过了他的实际行动为可耻。也就是说，君子把那种说得好听行动却跟不上看成是可耻的，要求自己说到做到。如按现在的本子，则应该把"耻"和"过"理解成引申为检讨。是君子应检讨自己的言行。译文从前一种说法。

这一章是说君子不要做说话的巨人、行动的矮子。

【译文】

孔子说："君子把言过其行看成是可耻的。"

14.28 子曰："君子道者三，我无能焉：仁者不忧，知者不惑，勇者不惧。"子贡曰："夫子自道也。"

【解读】

孔子说："君子道者三，我无能焉：仁者不忧，知者不惑，勇者不惧。"是说，君子的道德有三项，我还没能做到：一是仁义的人不忧愁，二是智慧的人不迷惑，三是勇敢的人无所畏惧。子贡说："夫子自道也。"是说，这正是先生对自己的说明。子贡认为孔子这三项都做到了，所以这样说。其实孔子也不完全是自谦。"仁"、"智"、"勇"都是相对的要求，孔子认为自己还没有完全做到，是希望他的学生能不断地去追求。子贡对孔子佩服得五体投地，是认为孔子基本上都做到了。

这一章说明孔子仁智勇的道德。

【译文】

孔子说："君子的道德有三项，我还没能做到：仁义的人不忧愁，智慧的人不迷惑，勇敢的人无所畏惧。"子贡说："这正是先生对自己的说明。"

14.29 子贡方人。子曰："赐也贤乎哉？夫我则不暇。"

【解读】

"方人"是褒贬人。刘宝楠《论语正义》:"方人,郑本作谤,谓言人之过恶。"意思是,"方人"在郑玄的《鲁论语》本子里作"谤人",是说别人的不好。"方"、"谤"读音相近,词义有联系,可以相信。"子贡方人"是说,子贡在那里褒贬人。孔子说:"赐也贤乎哉? 夫我则不暇。"是说,你端木赐就是个贤人了吗? 要是我就没闲工夫去褒贬人。孔子在《卫灵公》第十五章里说:"吾之于人也,谁毁谁誉? 如有所誉者,其有所试矣。"可见孔子不主张去褒贬人。

这一章说明孔子反对褒贬人。

【译文】

子贡在那里褒贬人。孔子说:"端木赐呵,你自己是个贤人了吗? 要是我就没有那个闲工夫。"

14.30 子曰:"不患人之不己知,患其不能也。"

【解读】

"患"是担忧。孔子说:"不患人之不己知,患其不能也。"是说,不担忧别人不了解自己,要担忧自己没本事。

这一章说明修身重于被社会了解。

【译文】

孔子说:"不要担忧别人不了解自己,要担忧自己没有能力。"

14.31 子曰:"不逆诈,不亿不信,抑亦先觉者,是贤乎?"

【解读】

"逆"是逆想。"诈"是欺诈。"不逆诈"是不要先把人想的是在欺诈自己。"亿"同臆,指臆想。"不亿不信"是不要臆想别人不诚信。"抑"一般作选择连词,是或者的意思。"先觉"是发现。"抑亦先觉者"是说,或许也能早发现别人的好坏。"是贤乎"是说,但这算得上贤能吗? 这两句旧注不误,应该把文义上下贯通起来去理解。上几章都在讲要严格要求自己,下一章批评他人的逆诈。这一章也应该是对自身的要求,戒除逆诈。

这一章说明君子不要去猜测。

【译文】

孔子说:"不要事先预想别人在欺诈,不要凭空猜想别人不诚实,或许这样会早点发现人的好坏,但这能算是贤明吗?"

14.32 微生亩谓孔子曰:"丘何为是栖栖者与?无乃为佞乎?"孔子曰:"非敢为佞也,疾固也。"

【解读】

"微生亩",人名。包咸注:"微生,姓;亩,名。"据上下文意推断,应是一个隐士。直接称孔子为丘,应当比孔子年长。"栖栖"是奔波不息。班固《答宾戏》:"栖栖惶惶,孔席不暖。""无乃"是莫不是的意思。"佞"是花言巧语。微生亩对孔子说:"丘何为是栖栖者与?无乃为佞乎?"是说,孔丘你为什么这样到处奔波呢?莫不是要卖弄你的口才吧?孔子说:"非敢佞也,疾固也。"是说,我不敢卖弄口才,而是为了医治世人的固陋。"疾固"是以固为疾,即把固陋看成是疾病,也就是要医治固陋。孔子这样说,一方面是表明自己济世的目的,同时也是对微生亩的反唇相讥。

这一章孔子说明自己济世的目的。

【译文】

微生亩对孔子说:"孔丘,你为什么要这样到处奔波呢?莫不是要卖弄你的口才吧?"孔子说:"我倒不敢卖弄自己的口才,而是要医治世人的固陋。"

14.33 子曰:"骥不称其力,称其德也。"

【解读】

"骥"是良马,千里马。"称"是称赞。"德"指才能。孔子说:"骥不称其力,称其德也。"是说,良马并不是称赞它的力气,而是称赞它的才德。良马的才德是能日行千里。要论力气,拉车不如牛,韩愈有《马说》可参考。

这一章说明才能重于体力。

【译文】

孔子说:"良马并不是称赞它的力气,而是称赞它的才能。"

14.34　或曰:"以德报怨,何如?"子曰:"何以报德? 以直报怨,以德报德。"

【解读】

"或曰"是有人说。《老子》说过:"大小多少,报怨以德。""德"指恩惠。"以德报怨,何如"是说,用恩惠报答别人的怨恨,这种做法怎么样? 孔子说:"何以报德? 以直报怨,以德报德。"是说,那用什么来报答恩惠呢? 正确的做法是用正直报答怨恨,用恩惠报答恩惠。

这一章说明孔子主张区别对待"怨"和"德"。

【译文】

有人说:"用恩惠报答别人的怨恨,怎么样?"孔子说:"那用什么去报答恩惠呢? 用正直报答怨恨,用恩惠报答恩惠。"

14.35　子曰:"莫我知也夫!"子贡曰:"何为其莫知子也?"子曰:"不怨天,不尤人,下学而上达。知我者其天乎!"

【解读】

孔子说:"莫我知也夫!"是说,没有人了解我呀!"也夫"都是语气词。"也"表判断,"夫"表感叹。子贡说:"何为其莫知子也?"是说,哪些方面没人了解先生呢? "何"指什么事情,哪些方面。"为"相当于"是"。"其"在句中调节语气。孔子回答说:"不怨天,不尤人,下学而上达。知我者其天乎!"是说,不怨恨天,不责怪人,下学人事,上知天道。了解我的只有上天吧! 孔子在现实中主要是被一些隐士们误解,所以才说以上的话。

这一章孔子自己表明心志。

【译文】

孔子说:"没有人了解我呀!"子贡问道:"什么事情没人了解先生呢?"孔子说:"不怨恨天,不责怪人,下学人间社会,上知天道。了解我的只有上天吧!"

14.36　公伯寮愬子路于季孙。子服景伯以告,曰:"夫子固有惑志于公伯寮,吾力犹能肆诸市朝。"子曰:"道之将行也与,命也;道之将废也与,命也。公伯寮其如命何!"

【解读】

"公伯寮",孔子的学生,姓公伯,名寮。《史记·仲尼弟子列传》作"公伯缭,字子周"。"愬"同诉,告也。这里是诬告的意思。"公伯寮愬子路于季孙"是说,公伯寮向季孙诬告子路。当时公伯寮与子路都是季孙的家臣。"子服景伯"是鲁国大夫,属孟孙家族,据《左传》名何。"子服景伯以告"是说,子服景伯把公伯寮诬告子路的事告诉孔子。"夫子固有惑志于公伯寮,吾力犹能肆诸市朝"是说,季孙本来就听信公伯寮心里有些疑惑了,现在我还有能力让季孙杀了公伯寮把他的尸首街头示众。郑玄注:"吾势力犹能辨子路之无罪于季孙,使之诛寮而肆之。有罪既刑陈其尸曰肆。"孔子说:"道之将行也与,命也;道之将废也与,命也。公伯寮其如命何!"是说,大道如果将会推行,这是天命;大道如果将被废止,这也是天命。公伯寮能把天命怎么样! 孔子这样说,一是安慰子路,二是要消除子服景伯的怒气,三是要了解一下真实情况,不想把事情闹大。

关于天命的说法,刘宝楠《论语正义》引张尔岐《蒿庵闲话》说:"人道之当然而不可违者,义也。天道之本然而不可争者,命也。贫富、贵贱、得失、死生之有所制而不可强者,君子与小人一也。命不何知? 君子当以义知命矣。凡义所不可,即以为命所不有也。故进而不得于命者,退而犹不失吾义也。小人尝以智力知命矣。力不能争,则智邀之。智力无可施,而后谓之命也。君子以义安命,故其心常泰,小人以智力争命,故其心多怨。众人之于命,亦有安之矣。大约皆知其无可奈何而后安之者也。圣人之于命安之矣,实不以命为准也,而以义为准。故虽力有可争,势有可图,而退然处之曰:'义之所不可也。'义所不可,斯曰命矣……义所不在,斯命所不有矣。故圣贤之于命,一于义者也,安义斯安命矣。众人之于命,不必一于义也,而命皆有以制之,制之至无可奈何而后安之。故圣贤之与众人安命同也,而安之者不同也。"意思是说,人与人之间理当如此不可违背的叫做义。天道本然人不能去争的叫做命。贫富、贵贱、得失、生死,被某种力量控制着不能勉强,君子、小人是一样的。有命与没有命怎么知道的? 君子应当用义去认知命。凡是义上不能去做的,就认为是命里没有。所以前进如果没有那个命,还可以退一步说不失于义。小人应当是用自己的智慧和力气去认知命。

力气争不来,就用智慧去争,力气智慧都得不到,然后就知道是命了。君子按义去安命,所以心里泰然处之。小人用力气、智慧争命,所以心里老是埋怨。一般人对于命,也有安命的做法,大约是知道自己无可奈何的时候然后就安命了。圣人对于命,也有安命的做法,其实是不以命为标准的,而是以义为标准。所以尽管有时力量可以去争,形势也有利可图,但却不去争取,说:"义不允许这样做。"义不允许,这就是命该如此……义不在此,这里就没有命。所以圣贤对于命,都是按义做标准,安于义就是安于命了。一般人对于命,不一定总按义做标准,但命却在控制着他,控制到无可奈何然后就安命了。所以圣贤与一般人安命相同,但安命的方法不同。张尔岐先生没有提到仁,但他说到"人道之当然不可违者,义也"。这与前人讲的"义者,宜也"是一致的。

在孔子的思想里,"人道之当然"根据什么制定? 那就是仁。到这里我们可以简单地归纳一下:不可能抗拒的自然规律就是天命,顺应不可抗拒的自然规律就是安命。人与人之间的社会道德就是要坚持公益,坚持公益就是仁。根据仁可以判定"人道之当然",人道之当然就是"义"。遵守"人道之当然"的秩序就是礼。懂得其中的关系并能妥善处理就是智。出自真诚地按照去做就是信。圣贤对天命的认识是根据仁义判定的,合乎仁义又能办成的就是道之将行,合乎仁义却办不成的就是道之将废。仁义是人道,决定人道兴废的是天道。人只要按人道去做就无愧地顺应天道了,所以可以"不怨天,不尤人"。

这一章说明道的兴废取决于天命。

【译文】

公伯寮向季孙诬告子路。子服景伯告诉孔子,并且说:"季孙老先生本来就受到公伯寮的迷惑开始怀疑子路了。不过,我还有能力让季孙把公伯寮杀死,陈尸街市示众。"孔子说:"大道如果将要得到推行,那是天命;大道如果将要被废止,那也是天命。公伯寮能把天命怎么样呢!"

14.37 子曰:"贤者辟世,其次辟地,其次辟色,其次辟言。"子曰:"作者七人矣。"

【解读】

"辟"今作避,是避开的意思。"世"指人世间,即社会。孔子说:"贤者辟世,其次辟地,其次辟色,其次辟言。"是说,贤明的人躲避乱世,次一等的躲避乱地,再次一等的看脸色不对劲就避开,又次一等的听说话不对劲就避开。这是针对与执政的人是否合作说的,避开就是去做隐士。孔子又说:"作者七人矣。"是说,这样做的已经有七个人了。包咸注:"七人谓长沮、桀溺、丈人、石门、荷蒉、仪封人、楚狂接舆。"这七个人都是孔子同时代的人,孔子对他们的做法有不同看法,不可能用他们做榜样。在《微子》第八章里,孔子说:"逸民:伯夷、叔齐、虞仲、夷逸、朱张、柳下惠、少连。"应当指这七个人。

这一章说明古代隐士中的贤者。

【译文】

孔子说:"贤明的人躲避乱世,次一等的人躲避乱地,再次一等的看脸色不对劲就避开,又次一等的听说话不对劲就避开。"孔子又说:"这样做的已经有七个人了。"

14.38 子路宿于石门。晨门曰:"奚自?"子路曰:"自孔氏。"曰:"是知其不可而为之者与?"

【解读】

"石门",郑玄注:"石门,鲁城外门也。""晨门"是早晚管开闭城门的守门人。"奚"是疑问代词,用同"何"。"子路宿于石门"是说,子路在石门住了一晚上。"晨门曰:'奚自'"是说,守门人问子路:"你从哪里来?"子路曰:"自孔氏。"是说,子路回答说:"我从孔先生家里来。"守门人说:"是知其不可而为之者与?"是说,就是那位知道做不到却定要去做的人吗?"知其不可而为之"就是孔子"尽人事,知天命"的做法,人为的努力不能放弃,这是由仁义决定的,明知办不成也要去做。孔子坚信仁义符合天命,办成办不成不过是迟早的事。现在办不成,将来可以办成,不能放弃现在的准备工作。

这一章说明孔子"尽人事,知天命"的一贯做法。

【译文】

子路在石门住了一晚上。守门的人说:"你从哪里来?"子路说:"我从孔先生家里来。"守门人说："就是那个知道做不成却定要去做的人吗？"

14.39　子击磬于卫,有荷蒉而过孔氏之门者,曰："有心哉,击磬乎?"既而曰："鄙哉,硁硁乎! 莫己知也,斯己而已矣。深则厉,浅则揭。"子曰："果哉,末之难矣。"

【解读】

"子击磬于卫"是说,孔子在卫国,有一天正在敲着磬。"有荷蒉而过孔氏之门者"是说,有一个挑着草筐子的人正好从孔子的门前经过。"蒉"是草筐。"曰"是荷蒉人说。"有心哉,击磬乎"是说,这个磬敲得有心思呵。"既而曰"是说,等了一会又说。"鄙哉,硁硁乎! 莫己知也,斯己而已矣。深则厉,浅则揭"是说,这磬声硁硁的,格调不高呵! 好像是说没人了解自己,没人了解自己就不要勉强好了。水深,就不用挽起衣服蹚过去;水浅,就提起裤腿蹚过去。"鄙"是可鄙。"硁(kēng)"是象声词,"硁硁"是击磬发出的声音。"斯己"应为"斯已","斯"是这,"已"是停止。"斯已"是这就该停止。"而已"是罢了。"深则厉,浅则揭"是《诗经·邶风·匏有苦叶》里的句子。"揭"是撩起衣服。"厉"是不撩衣服。指的是过河,水浅就撩起衣服以免打湿,水深撩起衣服也没用,干脆穿着衣服蹚过去。这里是比喻,是说社会黑暗就不要参与,社会不黑暗就参与,要灵活应变,不能水深水浅都一个样。孔子听到后说："果哉,末之难也。"是说,真要如此的话,那就没有什么难的了。意思是说,事情并不那么简单,这样去做不行。"果哉"是当真如此。"末"用同"无"。刘宝楠《论语正义》说："夫子言天下有道,丘不与易。是其不能忘天下。正以世乱不可以已耳。出处之际,夫子以道为衡。若但如涉水之厉揭,则亦无所难矣。此正荷蒉不能解夫子之道也。"意思是说,孔子说天下有道,就用不着我去改造了。这说明孔子不能忘记天下,正因为世乱自己才不能停止。入世还是出世,孔子以人道作为衡量标准。如果像蹚水一样撩不撩衣服那么简单,也就没有什么难的了。这正是挑草筐的人不能理解孔子之道的地方。这样讲与上一章意思贯通,其他说法不确。

【译文】

孔子在卫国,有一天正敲着磬。有一个挑着草筐的人正好从孔子门前经过,说:"这磬敲得有心思啊!"过了一会说:"这磬声硁硁的,格调不高啊!好像在说没人了解自己,没人了解就不要勉强好了。'水深,就穿着衣服蹚过去;水浅,就撩起衣服蹚过去。'"孔子听到后说:"果真如此的话,那就没什么可难的了。"

14.40 子张曰:"《书》云:'高宗谅阴,三年不言。'何谓也?"子曰:"何必高宗,古之人皆然。君薨,百官总己以听于冢宰三年。"

【解读】

"子张"是孔子的学生颛孙师。《书》指《尚书》。"高宗"指殷高宗武丁。"谅阴",《尚书·说命》作"亮阴",指天子或诸侯的服孝守丧。"高宗谅阴,三年不言"在《尚书·无逸》篇里作:"乃或亮阴,三年不言。"意思是,于是居庐守丧,三年不谈国事。高宗继殷中宗而立,为中宗守了三年丧。据《说命》的说法是,高宗在做梦时梦到一个贤人,醒来后画像访求,在傅岩之野见到一个囚徒傅说在打版墙,长得很像,于是提拔他当了天官冢宰,总理国家大事,自己为中宗守丧,三年不干预政事。天下得到治理。"薨(hōng)"是天子驾崩。"冢宰"是周朝的官名——天官冢宰,商朝时称做相。子张说:"《书》云:'高宗谅阴,三年不言。'何谓也?"是说,《尚书》里说"殷高宗居庐守丧,三年不谈国事"是什么意思?孔子回答说:"何必高宗,古之人皆然。君薨,百官总己以听于冢宰三年。""总己"犹言率己,是让百官率己之职事。不仅是殷高宗如此,古时候都是这样。国君死了,继位的君王三年不过问国事,各部门的官员带着国君交给的任务都听宰相的命令。

这一章说明天子诸侯居丧的礼仪。

【译文】

子张说:"《尚书》里说:'高宗居丧三年不言国事',这是什么意思?"孔子说:"不仅仅是高宗如此,古时候的人都是这样。国君死了,继位的国君三年不理朝政,各部门的官员都听命于宰相。"

14.41 子曰:"上好礼,则民易使也。"

【解读】

孔子说:"上好礼,则民易使也。"是说,统治者爱好礼仪,百姓就容易役使。也就是说,统治者躬行礼仪,百姓懂得守礼就听话。

这一章说明以礼治国的作用。

【译文】

孔子说:"在上位的人躬行礼仪,百姓就容易役使。"

14.42　子路问君子,子曰:"修己以敬。"曰:"如斯而已乎?"曰:"修己以安人。"曰:"如斯而已乎?"曰:"修己以安百姓。修己以安百姓,尧舜其犹病诸?"

【解读】

"子路问君子"是说,子路问孔子怎样才能算是一个君子。孔子回答说:"修己以敬。"是说,修养自己,恭敬地对待人。子路又问:"如斯而已乎?"是说,这样就行了吗? 孔子说:"修己以安人。"是说,修养自己,使人得到安乐。这个"人"指与自己接触的人。子路又问:"如斯而已乎?"孔子说:"修己以安百姓。修己以安百姓,尧舜其犹病诸?"是说,修养自己使百姓得到安乐。能修养自己而使百姓得到安乐,即使是尧舜也难以做到吧! 刘宝楠《论语正义》说:"君子,谓在位者也。修己者,修身也。以敬者,礼无不敬也。安人者,齐家也。安百姓,则治国平天下也。"孔子由修身到恭敬再到安人,又到安百姓,一步步分开说,是想逐层深入地说明君子肩负的责任。

这一章说明君子进修的阶梯。

【译文】

子路问怎样才算一个君子,孔子说:"修养自己,恭敬地对待人。"子路问道:"这样就可以了吗?"孔子说:"修养自己,使人得到安乐。"子路又问:"这样就可以了吗?"孔子说:"修养自己使百姓得到安乐。能修养自己使百姓得到安乐,即使是尧、舜也难以做到吧!"

14.43　原壤夷俟。子曰:"幼而不孙弟,长而无述焉,老而不死,是为贼。"以杖叩其胫。

【解读】

《礼记·檀弓》："孔子之故人曰原壤，其母死，夫子助之沐椁。原壤登木曰：'久矣，予之不托于音也，歌曰：狸首之斑然，执女手之卷然。'夫子为弗闻也者而过之。从者曰：'子未可以已乎？'夫子曰：'丘闻之，亲者毋失其为亲也，故者毋失其为故也。'"按孔颖达的解释是说，孔子的老相识原壤，他的母亲死了，孔子帮助他置备外棺。原壤站在棺材上说："我好久没有唱歌了，于是唱道：木材的花纹好像狸猫头上的斑纹，你的手像女孩的手（那样）柔卷。"孔子装作没听见就走过去了。跟随的人说："先生不能与他绝交吗？"孔子说："我听说'是亲戚不要丢掉亲戚，是故人不要失去故人'。""夷"是"跠"的借字，马融注"踞也"。《说文》："居，蹲也。""夷"是蹲着。"俟"是等待。"原壤夷俟"是说，原壤蹲在地上等孔子。孔子说："幼而不孙弟，长而无述焉，老而不死，是为贼。""孙"今作逊。"弟"今作悌。"无述"是没有可称述的优点。"贼"是害。这句话是说，小时候不恭逊、不孝悌，长大了没的可称述，老了不死白吃粮食，这就是个祸害。"胫"是小腿。"以杖叩其胫"是说，用手杖敲击他的小腿。孔子认为原壤见到故人不站起来，极不懂礼貌，所以很生气。又想起他母亲死了还唱歌，所以要教训他。

这一章说明孔子要求人注重礼节。

【译文】

原壤蹲在地上等孔子。孔子说："小时候不恭逊、不孝悌，长大了没一点好的地方可称述，老了不死白糟蹋粮食，这就是个祸害。"说着用手杖敲了敲他的小腿。

14.44 阙党童子将命。或问之曰："益者与？"子曰："吾见其居于位也，见其与先生并行也。非求益者也，欲速成者也。"

【解读】

"阙党"即阙里，孔子的家乡。"将命"是传达主人与客人之间的话语。这里可能是孔子的家乡举办乡礼，让一个孩子做司仪。"益"下文孔子说"求益"，可见"益"是想学习礼仪。"阙党童子将命"是说，阙党一个童子向孔子传令。有人问孔子说："这是个想学习的孩子吗？"孔子说:"吾见其居于位也,见其与先生并行也。非求益者也,欲速成者也。"是说,我看见他坐在大人的位置上,又见他与长辈并排走,不像是个想学习的孩子,是个急于求成的早熟的孩子。

这一章说明孔子注重礼仪的细节。

【译文】

阙党一个童子向孔子传令。有人问孔子说:"这是个想学习的孩子吗?"孔子说:"我看见他坐在大人的座位上,又见他与长辈并排走,不像是个想学习的孩子,而是个急于求成的小大人。"

卫灵公第十五

15.1 卫灵公问陈于孔子。孔子对曰："俎豆之事,则尝闻之矣;军旅之事,未之学也。"明日遂行。

【解读】

"陈",今作阵,指排兵布阵。"俎豆"是古代的礼器。"俎豆之事"指礼仪之事。"卫灵公问陈于孔子"是说,卫灵公问孔子布阵打仗的事。孔子说:"俎豆之事,则尝闻之矣;军旅之事,未之学也。"是说,礼仪的事情,我听到过;军队的事情,没有学过。"明日遂行"是说,第二天孔子就离开卫国走了。

这一章说明孔子不崇尚武力,崇尚礼仪。

【译文】

卫灵公向孔子问布阵打仗的事。孔子说:"礼仪的事情,我听到过;打仗的事情,没有学过。"第二天孔子就离开卫国走了。

15.2 在陈绝粮,从者病,莫能兴。子路愠见,曰:"君子亦有穷乎?"子曰:"君子固穷,小人穷斯滥矣。"

【解读】

"在陈绝粮"是指孔子在陈国,正赶上吴伐陈,陈国大乱,没有粮食吃,饿了七天。"绝粮"即断粮。"兴"是站起来。"从者病,莫能兴"是说,跟随的学生都饿坏了,没有人能站起来。"愠"是生气。"子路愠见"是说,子路怒气冲冲地来见孔子。"穷"是困阻。"君子亦有穷乎"是说,君子也会陷入困境吗?孔子说:"君子固穷,小人穷斯滥矣。"是说,君子本来就常受困阻,小人受困就会乱来。"固"是副词,不是动词。"穷"是形容词,副词修饰形容词是很自然的句子。有人可能觉得"君子"与"小人"有对比的意思,"固穷"与"斯滥"应当对比,于是把"固穷"解释成固守困阻。其实君子常受困阻,就有不怕困阻的意思,可以与"斯滥"构成对比。用不着绕弯子让"固"改变词性,这样讲反而生硬。君子常受困阻,是因为君子不苟同于世,不苟同的人常碰钉子,这是必然之理。孔子本人就是常受困阻。天下无道尤其如此,天下有道,君子比小人也会受困阻多一些。

这一章说明君子应不怕困阻。

【译文】

孔子在陈国断了粮,跟随的弟子都饿坏了,饿得没有人能站起来。子路生气地去见孔子,说:"君子也会陷入困境吗?"孔子说:"君子本来就常受困阻,小人受困阻就会乱来。"

15.3　子曰:"赐也,女以予为多学而识之者与?"对曰:"然,非与?"曰:"非也,予一以贯之。"

【解读】

"赐"是端木赐,子贡。"予"是我。"识(zhì)"是记住。"贯"是贯穿在一起。孔子说:"赐也,女以予为多学而识之者与?"是说,端木赐,你以为我是学得多又记得住的人吗? 子贡回答说:"然,非与?"是说,是啊,难道不是吗? 孔子说:"非也,予一以贯之。"是说,不是的,我有一个基本的思想把知识贯穿起来。孔子的一贯思想是仁义。孔子自己说是"恕",参见本篇第二十四章。

这一章说明孔子的思想成体系。

【译文】

孔子说:"端木赐,你以为我是学得多又记得住的人吗?"子贡回答说:"是啊,难道不是这样吗?"孔子说:"不是的,我有一个基本思想把知识贯穿起来。"

15.4　子曰:"由,知德者鲜矣!"

【解读】

"由"指仲由,子路。"鲜"是少。孔子说:"由,知德者鲜矣!"是说,仲由啊,懂得"德"的人太少了! 这句话虽然是针对子路说的,但更广泛的意义是感叹世人不讲道德。

这一章是孔子感叹世人道德的缺失。

【译文】

孔子说:"仲由啊,懂得道德的人太少了!"

15.5 子曰:"无为而治者其舜也与? 夫何为哉? 恭己正南面而已矣。"

【解读】

"无为而治"是老子提出的治国之道,老子认为天子只要把握住道的大方向,就可以以逸待劳,不要事必躬亲。孔子对"无为而治"的解释是"恭己正南面而已",强调的是天子的表率作用,两者共同之处是必须任贤使能。孔子说:"无为而治者其舜也与?"是说,能够做到无为而治的只有舜一个人吧?"夫何为哉? 恭己正南面而已矣"是说,他亲自干了什么呢? 只不过是谦恭地面南而坐罢了。"南面"是面向南,指帝王。"恭己"是自身谦恭,孔子说:"上好礼,则民易使也。""恭己"就是以礼要求自己。

这一章是孔子对舜的赞颂。

【译文】

孔子说:"能做到无为而治的只有舜一个人吧? 他亲自干了什么呢? 只不过是谦恭地面南而坐罢了。"

15.6 子张问行。子曰:"言忠信,行笃敬,虽蛮貊之邦,行矣。言不忠信,行不笃敬,虽州里,行乎哉? 立则见其参于前也,在舆则见其倚于衡也,夫然后行。"子张书诸绅。

【解读】

"行"是行为。"子张问行"是说,子张问孔子怎样做才合乎君子的行为要求。孔子说:"言忠信,行笃敬。""笃"是敦厚。是说,说话忠诚信实,行为宽厚恭敬。"虽蛮貊之邦,行矣。""蛮貊(mò)"指落后民族,这里指边远地区。是说,即使在边远文明不发达的地区也能行得通。"言不忠信,行不笃敬,虽州里,行乎哉?""州里"指本乡本土。是说,说话不忠诚信实,行为不宽厚恭敬,即使在本乡本土,能行得通吗? "立则见其参于前也,在舆则见其倚于衡也,夫然后行。""参"是直立。"参于前"与"倚于衡"互文见义。"衡"是车前横木。是说,站着就仿佛看见"忠诚信实,宽厚恭敬"几个字直立在前面;在车里,就好像看见这几个字靠在车前横木上,然后就行得通了。也就是说,时时刻刻用它要求自己就行得通了。"子张书诸绅。""书"是写。"绅"是大带。是说,子张把这几个字写在大带上,随时提醒自己。

这一章说明"忠信笃敬"是君子的行为标准。

【译文】

子张问孔子怎样做才合乎君子的行为要求。孔子说:"说话忠诚信实,行为宽厚恭敬,即使在蛮荒的边远地区也能行得通。说话不忠诚信实,行为不宽厚恭敬,即使在本乡本土,能行得通吗？站着的时候,就仿佛这几个字直立在前面;在车上,就好像这几个字倚靠在车前横木上,然后就行得通了。"子张把这句话写在大带上。

15.7 子曰:"直哉史鱼！ 邦有道,如矢；邦无道,如矢。君子哉蘧伯玉！ 邦有道,则仕；邦无道,则可卷而怀之。"

【解读】

"史鱼",卫国大夫,名鰌(qiū),字子鱼。《正义》引《韩诗外传》:"昔者卫大夫史鱼,病且死。谓其子曰:'我数言蘧伯玉之贤,而不能进；弥子瑕不肖,而不能退。为人臣,生不能进贤而退不肖,死不当治丧正堂,殡我于室足矣。'卫君问其故,子以父言对。君造然召蘧伯玉而贵之,而退弥子瑕。徙殡于正堂,成礼而后去。生以身谏,死以尸谏,可谓直矣。"意思是说,以前卫国大夫史鱼,病得快死时,对他的儿子说:"我多次向国王推荐蘧伯玉的贤能,国王不任用他；我多次说弥子瑕无能,国王不辞退他。作为一个人臣,活着不能进贤退不肖,死了后不应在正堂里停丧,把我的尸体停在屋子里就够了。"卫君问为什么不在正堂停丧,他儿子就把他的话告诉了卫君。卫君就亲自造访史鱼家,请蘧伯玉出来当官,辞退了弥子瑕。把史鱼的尸体移到正堂停丧,直到办完了丧礼才走。活的时候用生命来进谏,死了以后用尸体来进谏,可以说是正直了。孔子说:"直哉史鱼！ 邦有道,如矢；邦无道,如矢。""矢"是像飞箭一样正直。是说,正直呵史鱼！ 国家有道,正直如矢；国家无道,正直如矢。"君子哉蘧伯玉！邦有道,则仕;邦无道,则卷而怀之。""卷而怀之"是卷起来藏在怀里,指隐退。是说,君子呵蘧伯玉！国家有道就出来做官,国家无道就隐退不仕。

这一章赞颂史鱼、蘧伯玉的高风亮节。

【译文】

孔子说:"正直呵史鱼！国家有道,正直如矢;国家无道,正直如矢。君子呵蘧伯玉！国家有道就出来做官;国家无道就隐退不仕。"

15.8 子曰:"可与言而不与之言,失人;不可与言而与之言,失言。知者不失人,亦不失言。"

【解读】

"可"能愿动词,这里可理解为应该。"失"是错失。孔子说:"可与言而不与之言,失人;不可与言而与之言,失言。"是说,该说而不同他说,会失人;不该跟他说而跟他说,会失言。"知者不失人,亦不失言。""知"今作智。是说,智慧的人既不失人,也不失言。

这一章说明君子要把握言与不言的尺度。

【译文】

孔子说:"该说而不同他说,会失人;不该跟他说而跟他说,会失言。智慧的人既不失人,也不失言。"

15.9 子曰:"志士仁人,无求生以害仁,有杀身以成仁。"

【解读】

"志士"是有志之士。"仁人"是有仁义之人。孔子说:"志士仁人,无求生以害仁,有杀身以成仁。"是说,志士仁人,不贪生怕死损害仁义,而是勇于献身而成全仁义。

这一章说明仁义重于生命。

【译文】

孔子说:"志士仁人,不贪生怕死损害仁义,而是勇于献身成全仁义。"

15.10 子贡问为仁。子曰:"工欲善其事,必先利其器。居是邦也,事其大夫之贤者,友其士之仁者。"

【解读】

"子贡问为仁"是子贡问孔子怎样实现仁义。孔子说："工欲善其事,必先利其器。"是说,工匠想把他的活干好,一定会先整治好他的工具。"居是邦也,事其大夫之贤者,友其士之仁者"是说,处在这个国家,要事奉好这个国家里的贤明大夫,交结有仁义的士人。就是说,贤明的大夫,仁义的士人是实现仁义的利器和助手。

这一章说明实现仁义的方法。

【译文】

子贡问孔子怎样实现仁义。孔子说："工匠想把活干好,一定会先整治好他的工具。处在这个国家,要事奉好这个国家的贤明大夫,交结有仁义的士人。"

15.11　颜渊问为邦。子曰："行夏之时,乘殷之辂,服周之冕,乐则《韶舞》。放郑声,远佞人。郑声淫,佞人殆。"

【解读】

"为邦"是治理国家。"夏之时"指夏朝时的历法。夏朝的历法大约相当于现在的阴历,比较适合农时。"殷之辂(lù)"是商朝时的大车。《礼记·明堂位》："鸾车,有虞氏之辂也;钩车,夏后氏之辂也;大辂,殷辂也;乘辂,周辂也。"郑玄注："鸾车,有鸾和也;钩车,有曲舆者也;大辂,木辂也;乘辂,玉辂也。"可见商朝的大车是木头大车,最为俭朴实用。"周之冕"是周朝的礼帽。周朝的礼帽比较华美,衣服比较注重文明教化。这里说冕,实际上指的是礼服。"韶舞",有时作"韶武"。"韶"是舜时的音乐,"武"是周武王时的音乐。孔子说是尽善尽美的音乐。"郑声"是郑人的音乐。古人认为是靡靡之音,是世风不振的音乐。孔子说："行夏之时,乘殷之辂,服周之冕。"是说,用夏朝的历法,乘坐商朝时的大车,穿周朝时的礼服。这些都是举例说明,实际上是说三代损益,取其成功的历史经验。"乐则《韶舞》。放郑声,远佞人。郑声淫,佞人殆"是说,音乐要用舜的《韶》乐和武王的《武》乐。抛弃郑人的音乐,斥退小人。郑人的音乐淫乱,小人有危害。

这一章说明治国的方法是吸取历史经验。

【译文】

颜渊问怎样治理国家。孔子说："采用夏朝的历法,乘坐商朝的大车,穿戴周朝的礼服,音乐用《韶》和《武》的乐曲。抛弃郑人的音乐,疏远谗佞的小人。郑人的音乐淫靡,谗佞的小人危险。"

15.12 子曰:"人无远虑,必有近忧。"

【解读】

"近忧"是近在眼前的忧患。孔子说:"人无远虑,必有近忧。"是说,人如果没有长远的考虑,一定会有近在眼前的忧患。

这一章说明人要有长远考虑。

【译文】

孔子说:"人没有长远的考虑,一定会有眼前的祸患。"

15.13 子曰:"已矣乎! 吾未见好德如好色者也。"

【解读】

《史记·孔子世家》:"居卫月余,灵公与夫人同车,宦者雍渠参乘,出,使孔子为次乘,招摇市过之。孔子曰:'吾未见好德如好色者也。'于是丑之,去卫。"意思是说,孔子在卫国住了一个多月,卫灵公与夫人南子坐在一辆车上,宦官雍渠也陪在车上,却让孔子坐在后面的车上,走出来到大街上到处招摇。孔子说:"我没见到爱好美德如同爱好美色的人。"于是认为是自己的耻辱,离开了卫国。"已矣乎"犹言"算了吧"。

这一章孔子痛惜世人好色不好德。

【译文】

孔子说:"算了吧! 我没有见到过爱好美德如同爱好美色的人。"

15.14 子曰:"臧文仲其窃位者与? 知柳下惠之贤而不与立也。"

【解读】

"臧文仲"是鲁国大夫臧孙辰。臧氏家族长期在鲁国做司寇。"柳下惠",姓展,名获,字禽。"柳下"是地名。"惠"是谥号。《微子》篇说他"为士师",是个法官,应当是臧文仲的下属。"窃位"是不能尽职窃居其位。孔子说:"臧文仲其窃位者与? 知柳下惠之贤而不与立也。"是说,臧文仲大概是个窃居其位的人吧？知道柳下惠贤明，却不推荐他与自己同立于朝。"与立"是同立于朝，即一同在朝为官。臧文仲在历史上还是个比较好的官，孔子这里只是批评他的缺点，不是彻底否定。

这一章批评臧文仲不能荐贤。

【译文】

孔子说："臧文仲大概是个窃居其位的人吧？明知柳下惠贤明，却不推荐他与自己同朝为官。"

15.15　子曰："躬自厚而薄责于人，则远怨矣。"

【解读】

"躬"是自身。"厚"下省略"责"，是"厚责"。孔子说："躬自厚而薄责于人，则远怨矣。"是说，多责备自己，少责备别人，怨恨就离你远了。

这一章说明"远怨"的方法。

【译文】

孔子说："多责备自己，少责备别人，怨恨就离你远了。"

15.16　子曰："不曰'如之何，如之何'者，吾末如之何也已矣。"

【解读】

"如之何"是拿它怎么办的意思。"末"用如无，这里是不知的意思。"也已矣"都是语气词，也表判断，已表限止，矣表陈述，三个语气词连用后加强语气。孔子说："不曰'如之何，如之何'者，吾末如之何也已矣。"是说，不说对它怎么办，对它怎么办的人，我对他也不知怎么办了。经常问对它怎么办就是经常动脑筋想办法，不说对它怎么办就是不思考问题，不思考问题的人，拿他没有办法。在日常生活中如此，在执政上如此，在学习上也是如此。从来不提问题的学生难得成为好学生。

这一章说明思考的重要性。

【译文】

孔子说："不说'拿它怎么办，拿它怎么办'的人，我拿他也不知怎么办了。"

15.17　子曰："群居终日，言不及义，好行小慧，难矣哉！"

【解读】

"小慧"是小聪明。"难"指难以成才。《阳货》第二十二章"饱食终日,无所用心,难矣哉"可证。孔子说:"群居终日,言不及义,好行小慧,难矣哉!"是说,大家成天坐在一起,议论来议论去丝毫不涉及道义,只喜欢卖弄小聪明,这种人难以成才。

这一章说明仅靠个人的聪明难以有成就。

【译文】

孔子说:"大家成天坐在一起,说话丝毫不涉及道义,只喜欢卖弄小聪明,这种人难以成才。"

15.18 子曰:"君子义以为质,礼以行之,孙以出之,信以成之。君子哉!"

【解读】

"质"是本,根本。"孙"今作逊,指谦逊。"出"是表现出来。孔子说:"君子义以为质,礼以行之,孙以出之,信以成之。君子哉!"是说,君子以道义为根本,用礼节来推行它,用谦逊的态度表现它,用诚信的品德成就它。这才是个君子呵!

这一章说明君子的行为表现。

【译文】

孔子说:"君子以道义为根本,用礼节来推行它,用谦逊的态度表现它,用诚信的品德成就它,这才是个君子呵!"

15.19 子曰:"君子病无能焉,不病人之不己知也。"

【解读】

"病"是意动用法,是"以……为病"。孔子说:"君子病无能焉,不病人之不己知也。"是说,君子把无能当成缺陷,不把别人不了解自己当成缺陷。

这一章告诫学生要注重提高自身的素质。

【译文】

孔子说:"君子把无能当成缺陷,不把别人不了解自己当成缺陷。"

15.20 子曰:"君子疾没世而名不称焉。"

【解读】

"疾"也是意动用法,是"以……为疾",即把什么看成是一种遗憾。"疾"轻,"病"重。"没世"是一直到死。孔子说:"君子疾没世而名不称焉。"是说,君子把一直到死没有名声可称颂当成是遗憾。上一章孔子说:"幼而不孙弟,长而无述焉,老而不死,是为贼。""述"是称述,"称"是称颂,词义有细微差别。

这一章说明君子要留名于世。

【译文】

孔子说:"君子把到死没有名声可称颂当成遗憾。"

15.21 子曰:"君子求诸己,小人求诸人。"

【解读】

"求"是要求。"诸"是兼词,"之乎"的合音,"乎"与"于"古代同音,因为语音的分化,一个变为撮口呼,一个变为合口呼,"之乎"相当于"之于"。孔子说:"君子求诸己,小人求诸人。"是说,君子要求自己,小人要求别人。何晏注说:"君子责己,小人责人。"意思是说,出了问题,君子从自身找原因,小人从别人身上找原因。又有人认为"求"是依靠,是说"君子依靠自己,小人依靠别人"。这些意思当然也有,但用"君子要求自己,小人要求别人"可以把这些意思包括进去。如果仅讲这些意思就理解狭窄一些。

这一章说明君子重在要求自己。

【译文】

孔子说:"君子要求自己,小人要求别人。"

15.22 子曰:"君子矜而不争,群而不党。"

【解读】

"矜"是矜持,自信,自重。孔子说:"君子矜而不争,群而不党。"是说,君子自信自重,但不争竞;合群而不结党。"党"是拉党结派。

这一章说明君子的风格。

【译文】

孔子说:"君子自信自重,但不争竞;合群,但不拉党结派。"

15.23　子曰:"君子不以言举人,不以人废言。"

【解读】

"举"是举荐。孔子说:"君子不以言举人,不以人废言。"是说,君子不因为他说得好来举荐人,不因为人不好就否定他说的话。说得好不一定有德,无德的人不一定说的都是坏话。取其有益,弃其无益。

这一章说明看问题不能绝对化,要取其有益,弃其无益。

【译文】

孔子说:"君子不因为他说得好就举荐他,不因为他人不好就否定他说的话。"

15.24　子贡问曰:"有一言而可以终身行之者乎?"子曰:"其恕乎! 己所不欲,勿施于人。"

【解读】

"一言"可以指一句话,也可以指一个字。这里是指一个字。子贡问孔子说:"有一个字可终身奉行的吗?"孔子回答说:"其恕乎! 己所不欲,勿施于人。"是说,大概是"恕"这个字吧! 自己不想要的东西,就不要施加在别人身上。"己所不欲,勿施于人"是对"恕"的解释。

这一章说明将心比心推己及人就是"恕"道。

【译文】

子贡问孔子说:"有一个字可以终身奉行的吗?"孔子说:"大概是'恕'这个字吧! 自己不想要的东西,就不要施加在别人身上。"

15.25　子曰:"吾之于人也,谁毁谁誉? 如有所誉者,其有所试矣。斯民也,三代之所以直道而行也。"

【解读】

"毁"是诋毁。"誉"是美誉。"试"在这里是考察的意思。孔子说:"吾之于人也,谁毁谁誉?"是说,我对人的评价,诋毁了谁? 美誉了谁? 也就是说,自己没有美化过谁,也没有丑化过谁。"如有所誉者,其有所试矣"是说,如果我美誉了谁,那他一定是经过考察应当美誉的人。"斯民也"是说,这样的人。"三代之所以直道而行也"是说,夏、商、周三代美誉他们这样的人,才能直道而行。"所以"承接上文指"所誉"。也就是说,正是因为这样的人受到称赞,三代才能直道而行。孔子这样说,是要表明自己美誉他们的目的。孔子写《春秋》,记录的都是春秋时代的人物。前人说:"《春秋》不虚美,不隐恶,褒贬予夺,悉本三代之法。"正是为了恢复三代的治道。

这一章孔子表明自己对历史人物的评价用的是公正益世的原则。

【译文】

孔子说:"我对人的评价,诋毁了谁? 美誉了谁? 如果有所美誉的话,那都是对他考察过了的。夏商周三代美誉他们这样的人,才能够直道而行。"

15.26　子曰:"吾犹及史之阙文也。有马者,借人乘之,今亡矣夫!"

【解读】

"史"指历史文献,不一定是史书。"阙文",今作缺文,指的是空缺之处。有时是因为字不会写了空起来,有时是事情不清了空起来,都可以叫阙文。孔子说:"吾犹及史之阙文也。"是说,我还能看得到文献中空缺的文字。空缺文字是一种不向壁虚造的负责态度。孔子称赞的正是这种负责态度。"有马者,借人乘之。"包咸注:"有马不能调良,则借人乘习之。"刘宝楠《论语正义》说:"毛诗抑传,借,假也。亦常训。"与上文联系起来,"借"是借助的意思。是说,有马的人,自己不会驾驭,让别人来给驾驭。就如同现在人们说的,自己有车不会开,找个司机给自己开。比喻借助知道的人弥补自己的空缺。"今亡矣夫!""亡"用同无。"矣"是陈述语气,相当于"了"。"夫"是感叹语气,相当于"呵"。是说,现在没有这样的人了呵! 这是孔子在厌恶世人不够忠实,穿凿附会,给后人留下迷惑的不负责的态度。

这一章是孔子警诫人们不要穿凿附会。

【译文】

孔子说:"我还能看到文献中空缺的地方。有马的人自己不会驾驭,可以借助别人来给驾驭。现在没有这样的人了呵!"

15.27　子曰:"巧言乱德。小不忍则乱大谋。"

【解读】

"大谋"是长远重大的计划。孔子说:"巧言乱德。小不忍则乱大谋。"是说,花言巧语,败坏道德;小事情不忍耐,就会败坏大计划。

这一章告诫人们要慎口忍事。

【译文】

孔子说:"花言巧语,败坏道德;小事情不能忍耐,就会破坏大计划。"

15.28 子曰:"众恶之,必察焉;众好之,必察焉。"

【解读】

"恶"是厌恶。孔子说:"众恶之,必察焉;众好之,必察焉。"是说,大家都厌恶他,一定要去考察;大家都喜欢他,一定要去考察。

这一章孔子告诫人们不要人云亦云。

【译文】

孔子说:"大家都厌恶他,一定要去考察;大家都喜欢他,一定要去考察。"

15.29 子曰:"人能弘道,非道弘人。"

【解读】

"弘"是弘扬。孔子说:"人能弘道,非道弘人。"是说,人能弘扬道,不是道来弘扬人。"道"是客观存在的,人是主观能动的,从人的角度讲理当如此。

这一章从人的角度说明人与道的关系。

【译文】

孔子说:"人能弘扬道,不是道来弘扬人。"

15.30 子曰:"过而不改,是谓过矣。"

【解读】

"是"当"这"讲。孔子说:"过而不改,是谓过矣。"是说,有过错而不改正,这就真成过错了。《左传》里说:"人孰无过,过而能改,善莫大焉。"有错能改是一种进步。孔子说:"不贰过。"同样的错误不能犯两次。

这一章孔子告诫人们要及时改正错误。

【译文】

孔子说："有过错而不改正，这就真成过错了。"

15.31　吾尝终日不食，终夜不寝，以思，无益，不如学也。"

【解读】

"尝"是曾经。孔子说："吾尝终日不食，终夜不寝，以思，无益，不如学也。"是说，我曾经成天不吃，整夜不睡，去苦思冥想，没有收获，不如去学习。

这一章孔子勉励人们去学习。

【译文】

孔子说："我曾成天不吃，整夜不睡，去苦思冥想，没有收益，不如去学习。"

15.32　子曰："君子谋道不谋食。耕也，馁在其中矣；学也，禄在其中矣。君子忧道不忧贫。"

【解读】

"馁"是饿肚子。"禄"是俸禄。孔子说："君子谋道不谋食。"是说，君子谋求获得道，不谋求衣食。"耕也，馁在其中矣；学也，禄在其中矣"是说，耕田，其中就包含着饿肚子的成分；学习，其中就包含着得俸禄的成分。"君子忧道不忧贫"是说，君子担忧的是能否获得道，不担心贫穷。以上说法，反映了孔子的辩证思想。

这一章从个人贫富的角度劝人学习。

【译文】

孔子说："君子谋求获得道，不谋求获得衣食。耕田，其中就包含了饿肚子的成分；读书，其中就包含了获得俸禄的成分。君子担忧是否获得道，不担忧贫穷。"

15.33　子曰："知及之，仁不能守之；虽得之，必失之。知及之，仁能守之，不庄以莅之，则民不敬。知及之，仁能守之，庄以莅之，动之不以礼，未善也。"

【解读】

"知"指智慧。"及"是达到。"之"指官职地位。《周易·系辞》:"圣人之大宝曰位,何以守位曰仁。""莅(lì)"是临民,指统治人民。孔子说:"知及之,仁不能守之;虽得之,必失之。"是说,凭自己的智慧获得了官职地位,如果不能用仁义来守护它,虽然得到了它,也一定会失去它。"知及之,仁能守之,不庄以莅之,则民不敬"是说,凭智慧获得了官职地位,能用仁义来守护它,如果不庄严地用它统治人民,百姓也不会尊敬。"知及之,仁能守之,庄以莅之,动之不以礼,未善也"是说,用智慧获得了官职地位,能用仁义守护它,庄严地用它统治人民,如果行动没有礼仪,还是不完善的。

这一章说明怎样维护官职地位。

【译文】

孔子说:"用智慧获得了官职地位,不能用仁义守护它,虽然获得了它,一定还会失去它。用智慧获得了官职地位,能用仁义守护它,如果不能庄严地用它统治人民,百姓也不会尊敬。用智慧获得了官职地位,能用仁义守护它,庄严地用它统治人民,如果行动没有礼仪,还是不完善的。"

15.34 子曰:"君子不可小知而可大受也,小人不可大受而可小知也。"

【解读】

"不可"是不能。"小知"是从细小处认知。"大受"是接受重大任务。孔子说:"君子不可小知而可大受也,小人不可大受而可小知也。"王肃注:"君子之道深远,不可以小了知而可大受。小人之道浅近,可以小了知而不可大受也。"意思是说,君子的道深远,在细小的事情上考查不出来,难以了解,但能承担起重大任务;小人的道浅近,从小事上就能考查出来,容易了解,但承担不了重大任务。

这一章说明君子、小人道的深浅不同。

【译文】

孔子说:"君子不易了解,但可以承担重任;小人容易了解,但承担不了重任。"

15.35　子曰：“民之于仁也，甚于水火。水火，吾见蹈而死者矣，未见蹈仁而死者也。”

【解读】

“甚”是更加。“甚于水火”指比水火更加需要。孔子说：“民之于仁也，甚于水火。水火，吾见蹈而死者矣，未见蹈仁而死者也。”是说，百姓对于仁义，比水与火更加需要。水与火，我看见蹈入其中而死了的，没看见蹈入仁义而死了的。孔子是在强调仁义的重要性。

这一章说明仁义的不可或缺。

【译文】

孔子说：“百姓对于仁义，比水、火更加需要。水、火，我看见蹈入其中死了的，没见过蹈入仁义而死了的。”

15.36　子曰：“当仁，不让于师。”

【解读】

“当”是面临。“不让”是不谦让的意思。孔子说：“当仁，不让于师。”是说，面对仁义，就是自己的老师也不要谦让。“仁义”是大是大非，是原则，故不能让。

这一章说明仁义的原则性。

【译文】

孔子说：“面临仁义，就是自己的老师也不要谦让。”

15.37　子曰：“君子贞而不谅。”

【解读】

“贞”是坚贞。“谅”是小节小信。孔子说：“君子贞而不谅。”是说，君子坚贞不移，但不一定守小节小信。在《孔子世家》里记载了孔子的一件事，说孔子在蒲地受到蒲人的围攻，蒲人不想让孔子到卫国去，于是让孔子发誓，如果不到卫国去就放了孔子，孔子当场发誓不到卫国去。但刚从蒲人的包围中走出来，他就让学生们驱车到卫国去。子贡问他：“发了誓也可以违背吗？”孔子说：“要盟也，神不听。”意思是说，这是在被人胁迫下发的誓，神不会听信的，也就是说，可以不算数。

邢昺疏说：“此章贵正道而轻小信也。”

【译文】

孔子说:"君子坚贞不移,但不一定守小节小信。"

15.38 子曰:"事君,敬其事而后其食。"

【解读】

"敬其事"是敬执其事。"食"在这里指国君给的俸禄。孔子说:"事君,敬其事而后其食。"是说,事奉君王,先考虑把事务恭敬地办好,然后再考虑得到俸禄。

邢昺疏:"此章言其为臣事君之法也。"

【译文】

孔子说:"事奉君王,恭敬地为国君办好事务,然后再考虑俸禄。"

15.39 子曰:"有教无类。"

【解读】

"类"是等类。孔子说:"有教无类。"是说,进行教育,不分等类。孔子自己说:"自行束脩以上,吾未尝无诲焉。"可见孔子收学生不分等类。孔子的等级观念较为浓重,但在教育上主张不分等类,说明全民共享受教育权的正确性。

这一章说明孔子实行全民教育的主张。

【译文】

孔子说:"我进行教育,不分等类。"

15.40 子曰:"道不同,不相为谋。"

【解读】

"道"在这里可理解为主张。孔子说:"道不同,不相为谋。"是说,主张不同,不相互商讨。"道"不同是根本上的不同,要商讨也得是先商讨道,不能商讨具体打算。孔子这样说,是主张商讨要有一个达成共识的前提,不主张搞冷战。孔子还是主张"和而不同"的。"不相为谋"是注重实践。

这一章说明,没有共识之处不商讨。

【译文】

孔子说:"主张不同,不相互商讨。"

15.41　子曰:"辞达而已矣。"

【解读】

"辞"是言辞。"达"是表达清楚。孔子说:"辞达而已矣。"是说,言辞,足以表达意思就行了。孔子更看重的是语言的交际功能,不能舍本逐末。孔子也主张"质胜文则野",语言要有修饰,但达意是本,修饰是末,关系不能颠倒,写几句谁也看不懂的话故弄高深,孔子是反对的。

这一章说明辞与意的关系。

【译文】

孔子说:"言辞足以表达清楚意思就行了。"

15.42　师冕见,及阶,子曰:"阶也。"及席,子曰:"席也。"皆坐,子告之曰:"某在斯,某在斯。"师冕出。子张问曰:"与师言之道与?"子曰:"然,固相师之道也。"

【解读】

"师冕"是乐师名。古代乐师一般都是盲人。"师冕见"是说,盲人乐师冕来见孔子。"及阶,子曰:'阶也。'及席,子曰:'席也'"是说,当到了台阶前,孔子告诉他"到了台阶";走到坐席前,孔子告诉他到坐席了。"皆坐,子告之曰:'某在斯,某在斯。'""斯"是这里。是说,都坐下了,孔子告诉他"某某人在这里,某某人在那里"。就是说把在座的人所坐的方位告诉他。"师冕出"是说,师冕走出去。子张问孔子说:"与师言之道与?"是说,这是对盲人讲话应有的礼节吗?"道"指礼节。孔子说:"然,固相师之道也。"是说,是的,这本来就是帮助盲人应有的礼节。"相"是扶助、帮助的意思。

刑昺疏:"此章论相师之礼也。"

【译文】

盲人师冕来见孔子,走到台阶,孔子说:"到台阶了。"走到坐席前,孔子说:"到坐席了。"大家都坐下来,孔子告诉他说:"某人在这里,某人在那里。"师冕走了出去。子张问孔子说:"这是与盲人讲话应有的礼节吗?"孔子说:"是的,这本来就是扶助盲人应有的礼节。"

季氏第十六

16.1 季氏将伐颛臾，冉有、季路见于孔子曰："季氏将有事于颛臾。"孔子曰："求！无乃尔是过与？夫颛臾，昔者先王以为东蒙主，且在邦域之中矣，是社稷之臣也。何以伐为？"

冉有曰："夫子欲之，吾二臣者皆不欲也。"孔子曰："求！周任有言曰：'陈力就列，不能者止。'危而不持，颠而不扶，则将焉用彼相矣？且尔言过矣，虎兕出于柙，龟玉毁于椟中，是谁之过与？"

冉有曰："今夫颛臾，固而近于费。今不取，后世必为子孙忧。"孔子曰："求！君子疾夫舍曰欲之而必为之辞。丘也闻有国有家者，不患寡而患不均，不患贫而患不安。盖均无贫，和无寡，安无倾。夫如是，故远人不服，则修文德以来之。既来之，则安之。今由与求也，相夫子，远人不服，而不能来也；邦分崩离析，而不能守也；而谋动干戈于邦内。吾恐季孙之忧，不在颛臾，而在萧墙之内也。"

【解读】

"颛臾"，鲁的附属国，是季氏的封地费的西邻。孔安国说："颛臾，伏羲之后，风姓之国。本鲁之附庸，当时臣属鲁。季氏贪其土地，欲灭而取之。冉有与季路为季氏臣，来告孔子。""季路"即子路。"有事"指有战争。《左传·成公十三年》："国之大事，在祀与戎。""季氏将伐颛臾。冉有、季路见于孔子曰：'季氏将有事于颛臾'"是说，季氏将要攻打颛臾。冉有、季路两人来见孔子，说："季氏要攻打颛臾了。"孔子说："求，无乃尔是过与？"是说，冉求，这事难道不该责备你吗？"求"是冉求。当时冉求做季氏家宰,孔子认为他应负主要责任。"无乃"这里相当于莫不是,难道。"尔是过"是"过尔",过尔是责备你的意思。"是"是标志"尔"提前的复指代词。"夫颛臾,昔者先王以为东蒙主,且在邦域之中矣,是社稷之臣也。何以伐为"是说,颛臾这个附属国,以前分封它的时候,先王让他主持东蒙山的祭祀,而且它就在我们鲁国的境内,本来就是国家的臣属。为什么要去灭掉它? 按孟子的说法,周朝的分封制,公、侯的封地一百里,伯的封地七十里,子爵与男爵封地五十里。不满五十里的,不直属天子管辖,就近让诸侯国代管,这就是所谓的附庸。鲁国是周公的封地,因为周公的功劳大,附属的小国比较多,颛臾只是其中之一。所以孔子说它原来就属鲁国。"颛臾"在最初分封的时候,主要授给它的任务是负责蒙山与济水的祭祀,所以说它是东蒙主。

　　冉有说:"夫子欲之,吾二臣者皆不欲也。""夫子"指季氏。是说,是季氏想要灭掉它,我和子路两人都不想这样做。显然,冉有把责任推给了季氏。是向孔子解释,自己作为一个季氏的家宰,左右不了季氏。孔子说:"求! 周任有言曰:'陈力就列,不能者止。'危而不持,颠而不扶,则将焉用彼相矣?""周任",马融注说是"古之良史"。"陈"是陈列,摆出来看一看,是量一量的意思。"力"指才力。"列"指列位。"止"是去职不干。"陈力就列,不能则止"是说,量一量自己的才力,能胜任做什么,然后,去占据那个职位,如果不能胜任就去职不干。"相"是领盲人走路的人。孔子这里一语双关,同时指冉求是季氏的家相。"危而不持,颠而不扶,则将焉用彼相矣"是说,遇到危险不去扶持,将要摔倒不去搀扶,那又何必用领路的相呢? "且尔言过矣,虎兕出于柙,龟玉毁于椟中,是谁之过与"是说,你的话错了,老虎、犀牛从兽槛里跑了出来,龟壳、美玉在箱子里毁坏了,这是谁的错呢? "柙(xiá)"是关猛兽的笼子。"椟(dú)"是匣子、箱子。"兕"是犀牛。"龟"是古代用的占卜的龟壳,古人认为是大宝。猛兽从笼子里跑出来,宝贝都在箱子里坏了。当然是看守人的责任。孔子这里是比喻,冉求作为季氏的典守,有不可推卸的责任。

　　冉有说:"今夫颛臾,固而近于费。今不取,后世必为子孙忧。"是说,如今,颛臾防守坚固而且与季氏的封地费紧邻,现在不去攻取它,后世一定会给季氏子孙留下祸害。鲁国当时的形势是季氏专权,鲁君早就有废除季氏的想法,颛臾虽然不可能去攻打季氏,但鲁君如果发动讨伐季氏的战争,颛臾属鲁而不属季氏,肯定会站在鲁君一边。所以颛臾是季氏的潜在威胁,事实上颛臾对季氏的野心也早有防备,"固"就是防守得坚固。孔子说:"求,君子疾夫舍曰欲之而必为之辞。""疾"是意动用法,是以什么为疾,即把什么看成是毛病、缺点。"舍"是舍去。"欲之"是想要,冉求前面说"吾二臣者皆不欲也"。"舍曰欲之"是不说自己想干。"为之辞"是为它找个理由、借口。是说,君子把那种不说自己想干总是给它找个借口的做法当成是一种缺点。"丘也闻有国有家者,不患寡而患不均,不患贫而患不安。盖均无贫,和无寡,安无倾"是说,我听说,有国的诸侯和有家的大夫,不担心人口少而担心不公平,不担心贫穷而担心不安定。公平了就无所谓贫穷,团结和睦了就不怕人口少,安定了就不会倾危。"夫如是,故远人不服,则修文德以来之。既来之,则安之。""文德"指仁义礼乐的政令教化。"来"是使动用法,"来之"是使之来。是说,能够如此,远方的人不归服,就修仁义礼乐的政令教化招致他们来。来了之后,就使他们安定地留下来。"今由与求也,相夫子,远人不服,而不能来也;邦分崩离析,而不能守也;而谋动干戈于邦内。吾恐季氏之忧,不在颛臾,而在萧墙之内也"是说,如今仲由与冉求辅助季孙,远方的人不归服,却不能修文德招致他们来;国家分崩离析支离破碎,却不能保全;反而谋划在国内大动干戈。我担心季氏的祸患不在颛臾,而在自己家里。"萧墙"是大门口的影壁墙,孔子在《八佾》里评论管仲时又称做"树塞门"。郑玄注说:"萧之言肃也,墙谓屏也。君臣相见之礼,致屏而加肃敬焉。是以谓之萧墙。后季氏家臣阳虎,果囚季桓子。"意思是说,古代萧与肃音近,萧是肃的意思。墙是屏风,君臣相见的礼仪,是到了屏风前要肃然起敬,所以叫做萧墙。后来果然季氏的家臣阳虎囚禁了季桓子。郑玄是想从语源上说明萧墙的词义。说"萧"与肃音近,古音两字都属尤幽韵。但孔子用的是"树",古音属侯部,读音也相近,可见不可拘泥。"萧墙"理解为屏墙即影壁墙就可以了。至于说阳虎囚季桓子,后人考证说,阳虎囚季桓子在鲁定公八年,冉有、子路做季氏家臣在哀公十一年后,这也扯不到一块去。有的注说季氏的祸患不是在季氏的家邑里,而是在鲁君身上。但孔子上文说的是季氏不修文德,指的是季氏自身的问题,也不必指实是鲁君。总之,

"在萧墙之内"理解成在自己家里就可以了。

另外,冉求与仲由找孔子来咨询伐颛臾这件事,就是想听听孔子的意见,历史上也没有记载真的伐了颛臾,孔子严厉批评冉求,也不是对他的否定,而是表明自己的观点。

这一章说明孔子修文德治天下的观点。

【译文】

季氏将要攻打颛臾,冉有、子路去见孔子说:"季氏要攻打颛臾了。"孔子说:"冉求,这件事难道不该责怪你吗?颛臾是个附属国,以前分封它的时候,先王让他主持东蒙山的祭祀,而且它就在我们鲁国的境内,本来就是国家的臣属。为什么要去灭掉它?"

冉有说:"是季氏要这么做,我和仲由都不想这么做。"孔子说:"冉求,周任有句话说,要量一量自己的才力去就职,不能胜任就去职不干。盲人遇到危险不去扶持,将要摔倒不去搀扶,还用领路的相干什么?再说,你的话错了。老虎、犀牛从笼子里跑出来,龟壳美玉在箱子里毁坏了,这是谁的错呢?"

冉有说:"如今那颛臾,防守坚固,而且与季氏的封地费邑紧邻,现在不去攻取它,将来一定会给季氏子孙留下祸患。"孔子说:"君子把那种不直说自己想干还一定找出点借口来的做法当成是一种毛病。我听说,有国的诸侯和有家的大夫,不担心人口少而担心不公平,不担心贫穷而担心不安定。公平了就无所谓贫穷,团结和睦了就不怕人口少,安定了就不会倾危。如果能够这样,远方的人不归服,就修仁义礼乐的政令教化招致他们来。来了之后,就使他们安定地留下来。如今你们两人辅助季氏,远方的人不归服,却不能招致他们来归服;国家分崩离析,却不能保全;反而谋划在国内大动干戈。我担心季氏的祸患不在颛臾,而在自己家里。"

16.2　孔子曰:"天下有道,则礼乐征伐自天子出;天下无道,则礼乐征伐自诸侯出。自诸侯出,盖十世希不失矣;自大夫出,五世希不失矣;陪臣执国命,三世希不失矣。天下有道,则政不在大夫。天下有道,则庶人不议。"

【解读】

孔子说:"天下有道,则礼乐征伐自天子出;天下无道,则礼乐征伐自诸侯出。"是说,天下有道,礼乐的制定,征战讨伐的命令都出自天子的决定;天下无道,礼乐的制定,征战讨伐的命令出自诸侯的决定。"自诸侯出,盖十世希不失矣"是说,由诸侯做决定,大约传到十代就很少有不失去政权的。也就是说,传十代就传不下去了。杨伯峻先生说:"这一段话可能是从考察历史,尤其是当日时事所得出的结论。'自天子出',孔子认为尧、舜、禹、汤以及西周都如此的;'天下无道'则自齐桓公以后,周天子已无发号施令的力量了,齐自桓公称霸,历孝公、昭公、懿公、惠公、顷公、灵公、庄公、景公、悼公、简公十公,至简公而为陈恒所杀,孔子亲身见之。晋自文公称霸,历襄公、灵公、成公、景公、厉公、平公、昭公、顷公九公,六卿专权,也是孔子所亲见的,所以说'十世希不失'。""自大夫出,五世希不失矣;陪臣执国命,三世希不失矣"是说,政令由大夫决定,传到五代就很少有不失去政权的。而大夫的家臣把持国家权力,传到三代,就很少有不失去政权的。"陪臣"指卿大夫的家臣,家臣是卿、大夫的臣子,对于诸侯来说是臣子的臣子,故称陪臣。杨伯峻先生说:"鲁自季友专政,历文子、武子、平子、桓子,而为阳虎所执,更是孔子所亲见的。所以说'五世希不失'。至于鲁季氏家臣南蒯、公山弗扰、阳虎之流都当身而败,不曾到过三世。当时各国家臣有专政的,孔子言'三世希不失',盖宽言之。""天下有道,则政不在大夫。天下有道,则庶人不议。""庶人"是平头百姓。是说,天下有道,政权不掌握在大夫手里。天下有道,平头百姓不议论朝政。"天下有道"是天下治理得好,天下治理得好,没的可议论,天下治理得不好,百姓还是可以议论的。

这一章说明政权下移的危害。

【译文】

孔子说:"天下有道,礼乐的制定,征伐的命令,都出自天子的决定;天下无道,礼乐的制定,征伐的命令,则出自诸侯的决定。由诸侯来决定,大概传到十代,很少有不失去政权的;由大夫来决定,传到五代,很少有不失去政权的;如果是由大夫的家臣执掌政权,传到三代,很少有不失去政权的。天下有道,政权不掌握在大夫手里。天下有道,百姓不议论朝政。"

16.3　孔子曰:"禄之去公室五世矣,政逮于大夫四世矣,故夫三桓之子孙微矣。"

【解读】

"禄"是爵禄,这里指政权。"去"是离开。"公室"指鲁君的王室,指鲁君。"逮"是到。"三桓"指鲁国的三卿,季孙氏、叔孙氏、孟孙氏。都是鲁桓公的后代,故称三桓。孟孙氏后来被仲孙氏取代,仲孙氏也是桓公后代。孔子说:"禄之去公室五世矣,政逮于大夫四世矣,故夫三桓之子孙微矣。"是说,鲁国的政权不在国君手里已经五代了,大权落到大夫手里已经四代了,所以桓公的三房子孙衰微了。杨伯峻先生考证:"自鲁君丧失政治权力到孔子说这段话的时候,经历了宣公、成公、襄公、昭公、定公五代;自季氏最初把持鲁国政治到孔子说这段话时,经历了文子、武子、平子、桓子四代。"孔子这段话,显然是根据上一章政令"自大夫出,五世希不失矣"提出来的。孔子认为政权在三桓的把持下,不仅鲁国不能强大起来,三桓也会衰败下去。

这一章孔子批判政在大夫的现实。

【译文】

孔子说:"鲁国的政权不在国君手里已经五代了,大权落到大夫手里已经四代了,所以桓公的三房子孙现在衰微了。"

16.4　孔子曰:"益者三友,损者三友。友直,友谅,友多闻,益矣。友便辟,友善柔,友便佞,损矣。"

【解读】

"谅"是诚信。"便辟"是谄媚奉迎,与直相对。"善柔"是当面恭维,与"谅"相对。"便佞"是巧言善辩,与多闻相对。孔子说:"益者三友,损者三友。友直,友谅,友多闻,益矣。友便辟,友善柔,友便佞,损矣。"是说,有益的朋友有三种,有害的朋友有三种。同正直的人交友,同诚信的人交友,同见闻广博的人交友,便有益了。同谄媚奉迎的人交友,同当面恭维的人交友,同巧言善辩的人交友,便有害了。

这一章告诫人们怎样择友。

【译文】

孔子说:"有益的朋友有三种,有害的朋友有三种。同正直的人交友,同诚信的人交友,同见闻广博的人交友,有益。同谄媚奉迎的人交友,同当面恭维的人交友,同巧言善辩的人交友,有害。"

16.5 孔子曰:"益者三乐,损者三乐。乐节礼乐,乐道人之善,乐多贤友,益矣。乐骄乐,乐佚游,乐晏乐,损矣。"

【解读】

"佚游"今作逸游,指游荡无度。孔子说:"益者三乐,损者三乐。乐节礼乐,乐道人之善,乐多贤友,益矣。乐骄乐,乐佚游,乐晏乐,损矣。"是说,有益的喜乐有三种,有害的喜乐有三种。以得到礼乐的调节为乐,以把人引向善道为乐,以多交贤友为乐,便有益了。以骄纵的快乐为乐,以游荡无度为乐,以饮食晏乐为乐,便有害了。

这一章告诫人们怎样选择快乐的事情。

【译文】

孔子说:"对人有益的喜乐有三种,对人有害的喜乐有三种。以得到礼乐的调节为乐,以把人引向善道为乐,以多交贤友为乐,有益。以骄纵的快乐为乐,以游荡忘返为乐,以饮食晏乐为乐,有害。"

16.6 孔子曰:"侍于君子有三愆:言未及之而言谓之躁,言及之而不言谓之隐,未见颜色而言谓之瞽。"

【解读】

"君子"指身份高的人,前面有"侍"可证。"愆(qiān)"是过失。"瞽"是眼盲,这里可作不长眼睛来理解。孔子说:"侍于君子有三愆:言未及之而言谓之躁,言及之而不言谓之隐,未见颜色而言谓之瞽。"是说,陪侍身份高的人有三种要注意的过失:没轮到说话抢着说,叫做急躁;该说话了却不说,叫做隐瞒;不看脸色而贸然开口叫做不长眼睛。

这一章告诫人们怎样与尊长谈话。

【译文】

孔子说:"陪侍身份高的人说话有三种要注意的过失:没轮到自己说话抢着说,叫做急躁;该自己说话了却不说,叫做隐瞒;不看脸色贸然而言,叫做不长眼睛。"

16.7　孔子曰:"君子有三戒:少之时,血气未定,戒之在色;及其壮也,血气方刚,戒之在斗;及其老也,血气既衰,戒之在得。"

【解读】

"少之时"指年轻时。"得"指贪得。孔子说:"君子有三戒:少之时,血气未定,戒之在色;及其壮也,血气方刚,戒之在斗;及其老也,血气既衰,戒之在得。"是说,君子有三种情况要警戒自己:年轻的时候,血气未定,要警戒自己不要迷恋女色;壮年的时候,血气方刚,要警戒自己,不要争强好斗;老年的时候,血气已衰,要警戒自己不要贪得无厌。

这一章告诫人们不同阶段应警戒的事情。

【译文】

孔子说:"君子有三种事情要警戒:年轻的时候,血气未定,警戒自己不要迷恋女色;壮年的时候,血气方刚,警戒自己不要争强好斗;年老的时候,血气已衰,警戒自己不要贪得无厌。"

16.8　孔子曰:"君子有三畏:畏天命,畏大人,畏圣人之言。小人不知天命而不畏也,狎大人,侮圣人之言。"

【解读】

"畏"是敬畏。"天命",何晏注:"顺吉逆凶,天之命也。""大人",何晏注:"大人即圣人,与天地合其德。""大人"今言伟人。"狎(xiá)"是轻慢。孔子说:"君子有三畏:畏天命,畏大人,畏圣人之言。小人不知天命而不畏也,狎大人,侮圣人之言。"是说,君子敬畏的有三件事:敬畏天命,敬畏伟人,敬畏圣人的言论。小人不懂得天命而不加敬畏,轻慢伟人,轻侮圣人的言论。

这一章告诫人们应当敬畏的事情。

【译文】

孔子说:"君子敬畏三件事:敬畏天命,敬畏伟人,敬畏圣人的言论。小人不懂天命而不加敬畏,轻慢伟人,轻侮圣人的言论。"

16.9　孔子曰:"生而知之者,上也;学而知之者,次也;困而学之,又其次也;困而不学,民斯为下矣。"

【解读】

"困"是遇到困难。"民斯为下"是在人里边这就是下等人了。"斯"是这。孔子说:"生而知之者,上也;学而知之者,次也;困而学之,又其次也;困而不学,民斯为下矣。"是说,生来就知道的是上等人,学习然后知道的是次一等的人,遇到困难才去学习是又次一等的人,遇到困难还不学习的人,就是人里边的下等人了。刘宝楠《论语正义》说:"上、次、又次,皆言人资质之殊,非谓其知有浅深也。"意思是说,孔子把人分为上等、次一等、又次一等,都是就人的素质不同说的,不是指人的知识有多少的等级。

这一章说明人的素质等级。

【译文】

孔子说:"生来就知道的人是上等人;学习然后知道的人是次一等的人;遇到困难才去学习的人是又次一等的人;遇到困难还不学习的人,就是人里边的下等人了。"

16.10 孔子曰:"君子有九思:视思明,听思聪,色思温,貌思恭,言思忠,事思敬,疑思问,忿思难,见得思义。"

【解读】

"聪"是听清楚。"难"是后患。"义"是宜,即应该不应该。孔子说:"君子有九思:视思明,听思聪,色思温,貌思恭,言思忠,事思敬,疑思问,忿思难,见得思义。"是说,君子有九种思虑:看的时候要考虑看清楚了没有;听的时候,要考虑听清楚了没有;对自己的脸色,要考虑是否温和;对自己的容貌,要考虑是否恭敬;对自己的语言,要考虑是否忠实;做事的时候,要考虑是否敬业;有疑问的时候,要考虑向人求教;发怒的时候,要考虑有什么后患;有利可得的时候,要考虑该不该得。

这一章告诫人们要思而后动。

【译文】

孔子说:"君子有九种思虑:看的时候,要想到看清楚了没有;听的时候,要想到听清楚了没有;对自己的面色,要想到是否温和;对自己的容貌,要想到是否恭敬;对自己说的话,要想到是否忠实;做事的时候,要想到是否敬业；有疑问的时候，要想到向人求教；发怒的时候，要想到有什么后患；有利可得的时候，要想到该不该得。”

16.11 孔子曰：“见善如不及，见不善如探汤。吾见其人矣，吾闻其语矣。隐居以求其志，行义以达其道，吾闻其语矣，未见其人也。”

【解读】

“不及”是赶不上，指向人家学习。“探汤”是手伸进开水锅里，比喻躲之唯恐不远。孔子说：“见善如不及，见不善如探汤。吾见其人矣，吾闻其语矣。”是说，见到好的，向人家学习，好像怕赶不上似的；见到坏的，赶快避开，好像怕开水烫着似的。这样的人我见到过，我也听到过人们这么说。这种人能严格要求自己，可以看做是独善其身的人。“隐居以求其志，行义以达其道，吾闻其语矣，未见其人也。”是说，隐居避世来保全自己的志向，推行仁义来实现自己的主张，我听到过这样说的，没有看到过这样的人。这种人既要独善其身，又要兼善天下，难以做到。孔子认为自己遇到的隐士都没有达到这样的要求。可见在孔子的思想里，隐士也应当担负起社会责任。

这一章说明孔子对隐士的看法。

【译文】

孔子说：“见到好的，向人家学习，好像怕赶不上似的；见到坏的，赶快避开，好像怕开水烫着似的。这样的人我见到过，我也听到过人们这样说。避世隐居来保全自己的志向，推行仁义来实现自己的主张，我听到过这样说的，没有见到过这样的人。”

16.12 “齐景公有马千驷，死之日，民无德而称焉。伯夷、叔齐饿于首阳之下，民到于今称之，其斯之谓与？”

【解读】

这一章应该与上一章合为一章，是孔子对同一个问题说的话。蔡节《论语集说》、张栻《论语解》、孔广森《经学卮言》都提出过类似的看法，不知前人为什么要反对这么说。有人甚至不惜割裂《论语》的篇旨，相信这一章有脱文，也不肯承认这一章与上一章说的是同一个问题。

这可能是觉得"伯夷、叔齐"也算不上"行义以达其道"的人。然而孔子正是认为伯夷、叔齐才称得上是行义以达其道的人。"斯之谓与?"指的就是"行义以达其道"。"千驷"是四千匹马,古代四马拉一辆车,称一驷。古人以犬马为财富,千驷表明财富多。"伯夷、叔齐"是孔子一再称道的古代贤人,孔子认为他们才称得上是真正的隐士,既能"隐居以求其志",又能"行义以达其道"。《史记·伯夷列传》记载:"孔子说'伯夷、叔齐,不念旧恶,怨是用希'。又说'求仁得仁,又何怨乎'? 我读到他们《采薇》的诗篇,感到他们的卓荦不群,为他们的心意而悲伤。他们是孤竹国君的两个儿子。父亲想把王位传给叔齐,等到父亲死后,叔齐要把王位让给哥哥伯夷,伯夷说这是父王的遗命,我不能接受,于是逃走了,叔齐也不肯即位逃走了。国人只好立中子为王。伯夷、叔齐听说周文王善养老,去投奔周文王。到了之后,周文王死了,正赶上武王伐纣,两人抓住武王的马辔头说:'你父亲死了,不安葬,却要去打仗,这算孝子吗? 做臣子的要去杀国君,这算是仁人吗?'武王手下的人要杀他们。太公说:'这是两个有节义的人。'让人把他们拉开。后来武王夺取了天下,伯夷、叔齐不愿吃周朝的俸禄,逃到首阳山隐居起来,采野菜充饥,快饿死的时候还唱道:'登上西山呵,去采野菜充饥。用暴力代替暴力呵,还不知道是自己之非。神农、舜、禹的圣人都过去了,我该去投奔谁? 哎呀要死了,命运真是倒霉。'最后饿死在首阳山。"孔子认为这两个人不是为了苟安保身去当隐士,而是为了行仁义被逼得走上了隐士的道路,他们是用隐居的方法履行人的社会责任。而孔子在现实中遇到的隐士没有一个是这样的。孔子说:"齐景公有马千驷,死之日,民无德而称焉。"是说,齐景公有四千匹马的财富,死的时候,百姓找不出他的恩德来称颂。"伯夷、叔齐饿于首阳之下,民到于今称之,其斯之谓与"是说,伯夷、叔齐在首阳山下穷得没饭吃,百姓们到现在称颂他们,大概就是"隐居以求其志,行义以达其道"的人吧!"斯"是这,指代的是上面提到的"隐居以求其志,行义以达其道"。

这一章是孔子对自己心目中真正的隐士的说明。

【译文】

孔子说:"齐景公有四千匹马的财富,到死的时候,百姓找不出他的恩德来称颂。伯夷、叔齐在首阳山下穷得没饭吃,百姓直到现在称颂他们,大概就是隐居以求其志,行义以达其道的人吧!"

16.13 陈亢问于伯鱼曰:"子亦有异闻乎?"对曰:"未也。尝独立,鲤趋而过庭。曰:'学《诗》乎?'对曰:'未也。''不学《诗》,无以言。'鲤退而学《诗》。他日,又独立,鲤趋而过庭。曰:'学《礼》乎?'对曰:'未也。''不学《礼》,无以立。'鲤退而学《礼》。闻斯二者。"陈亢退而喜曰:"问一得三,闻《诗》,闻《礼》,又闻君子之远其子也。"

【解读】

"陈亢"是孔子的学生陈子禽,名亢,字子禽。"伯鱼"是孔子的儿子孔鲤,字伯鱼。"异闻"指课堂以外另听到的内容。陈亢问于伯鱼曰:"子亦有异闻乎?"是说,陈亢问伯鱼说:"你作为老师的孩子,另外听到一些特殊的教导吗?""子"指儿子,下文有"远其子"可证。另外陈亢与伯鱼是同学,不可能称伯鱼为先生。对曰:"未也。尝独立,鲤趋而过庭。曰:'学《诗》乎?'对曰:'未也。''不学《诗》,无以言。'鲤退而学《诗》。他日,又独立,鲤趋而过庭。曰:'学《礼》乎?'对曰:'未也!''不学《礼》,无以立。'鲤退而学《礼》。闻斯二者。"是说,没有,曾经有一次他一个人站在那里,我快步从庭前走过。他问我:"学习了《诗经》没有?"我说:"没有。"他说:"不学《诗经》就不会说话。"我下来就去学《诗经》。过了几天,他又一个人站在那里,我快步从庭前走过。他问我:"学习了《礼经》没有?"我回答说:"没有。"他说:"不学《礼》,就无法立身。"我下来就去学《礼》,就听到过这么两件事。"趋"是"快步走过",是晚辈从长辈面前走过一种有礼貌的表示,《礼经》后来演变成《周礼》、《仪礼》、《礼记》。陈亢退而喜曰:"问一得三,闻《诗》,闻《礼》,又闻君子之远其子也。"是说,陈亢回去后很高兴地说:"我问了一件事,知道了三件事。知道了《诗经》的作用,知道了《礼经》的作用,还知道了君子对自己的孩子不偏爱。""远"指的是不格外亲近。

这一章说明孔子对学生一视同仁,不偏爱自己的孩子。

【译文】

陈亢问伯鱼说:"你作为先生的孩子,听到过什么特殊的教导吗?"孔鲤回答说:"没有,曾经有一次他一个人站在那儿,我快步从庭前走过。他问我说：'学习了《诗经》没有？'我回答说：'没有。'他说：'不学《诗经》，说不好话。'我下来就去学《诗经》。又有一天，他一个人站在那儿，我快步从庭前走过。他问我：'学习了《礼经》没有？'我回答说：'没有。'他说：'不学《礼经》，就无法立身。'我下来就去学习《礼经》，就听到过这么两件事。"陈亢回去很高兴地说："我问了一件事，知道了三件事：知道了《诗经》的作用，知道了《礼经》的作用，还知道了君子不偏爱自己的孩子。"

16.14　邦君之妻，君称之曰夫人，夫人自称曰小童；邦人称之曰君夫人，称诸异邦曰寡小君，异邦人称之亦曰君夫人。

【解读】

这一章看起来是孔子向学生作名词解释，实际上是在讲语言上的礼仪。有人认为一个名词解释也放在《论语》里，不伦不类，以为是任意附记的，这就理解错了。孔子把"邦君之妻"的不同称谓列出来，目的是怕人们在称呼时用语不当，造成礼节上的失误。"邦君之妻"在外交时提到的时候又不多，容易无法措辞，所以才特别地提出来。在上一章里说的"不学《诗》，无以言"，也是指不学《诗》，不懂外交术语和惯例，就说不好话，这是章与章的联系。孔子说："邦君之妻，君称之曰夫人，夫人自称曰小童；邦人称之曰君夫人，称诸异邦曰寡小君，异邦人称之亦曰君夫人。"是说，国王的妻子，国王称呼她"夫人"，夫人自称时称"小童"；国内的人称呼她叫"君夫人"，向别的国家称呼她时要称"寡小君"，别的国家的人称呼她时也要称"君夫人"。

这一章说明称呼上的礼仪。

【译文】

国王的妻子，国王称呼她"夫人"，她自称"小童"；国内的人称呼她"君夫人"，向外国人称呼她时要说"寡小君"，外国人称呼她也要称"君夫人"。

阳货第十七

17.1 阳货欲见孔子,孔子不见,归孔子豚。孔子时其亡也,而往拜之,遇诸涂,谓孔子曰:"来!予与尔言。"曰:"怀其宝而迷其邦,可谓仁乎?"曰:"不可。""好从事而亟失时,可谓知乎?"曰:"不可。""日月逝矣,岁不我与。"孔子曰:"诺,吾将仕矣。"

【解读】

"阳货"即阳虎,季桓子的家臣。阳货曾把季桓子的一个宠臣仲梁怀抓起来引起季桓子的不满,阳货就把季桓子也囚禁起来,直到桓子答应了他的条件才把他放了出来。阳货不仅控制季桓子,还进而利用季桓子的权力掌握了鲁国政权,直到鲁定公八年。公山不狃因不满季氏,借阳货作乱,打算废掉三桓的世子,另立阳货亲近的庶子。计划失败,阳货才逃往齐国,又逃到宋国,逃到晋国。这一章记的是阳货执掌鲁国政权时的事情。"归(kuì)","馈"的借字,是馈赠的意思。"豚(tún)"是乳猪,作为食品是蒸熟的乳猪。按当时的礼节,地位高的人赠送给地位低的人礼品,地位低的人要亲自去回拜表示感谢。阳货为了让孔子来见,所以送礼品给孔子。"阳货欲见孔子,孔子不见,归孔子豚。"是说,阳货想让孔子来见自己,孔子不愿意和他相见,阳货就赠送给孔子一只蒸熟的乳猪。"孔子时其亡也,而往拜之。""时"是等待。"亡"是不在家。是说,孔子等他不在家的时候,去回拜答谢了他。"遇诸涂。""涂"是道路。是说,在孔子回来的路上遇见了阳货。谓孔子曰:"来!予与尔言。"是阳货对孔子说,过来,我跟你说话。然后说:"怀其宝而迷其邦,可谓仁乎?""宝"在这里指的是治国之道。是说,自己怀藏着治国之道,却听任国家一片迷乱,这能叫做仁义吗?孔子回答说:"不能。"阳货又问:"好从事而亟失时,可谓知乎?""从事"是指从政。"亟(qì)"是多次。是说,喜欢从政却屡屡失去从政的机会,这能叫做智吗? 孔子回答说:"不能。"阳货说:"日月逝矣,岁不我与。""日月"指时间。"与"在这里是等待的意思。是说,时间在流逝啊,岁月不等待人。也就是劝孔子早点出来当官。孔子说:"诺,吾将仕矣。"是说,好吧,我准备出来当官了。实际上孔子一直没有与阳货合作。

这一章说明孔子不与执掌国柄的陪臣合作。

【译文】

阳货想让孔子来见他,孔子不愿意和他相见,阳货就赠送了一头蒸熟的乳猪给孔子。孔子等他不在家的时候,去回拜答谢了他,在回来的路上遇上了阳货。阳货对孔子说:"过来,我跟你谈谈。"接着说:"自己怀藏着治国之道,却听任国家一片迷乱,这能叫做仁义吗?"孔子说:"不能。"阳货又问:"喜欢从政,却又屡屡失去从政的机会,这能叫做明智吗?"孔子说:"不能。"阳货说:"时间在流逝啊,岁月不等人。"孔子说:"好吧,我就要出来任职了。"

17.2 子曰:"性相近也,习相远也。"

【解读】

"性"指人的本性。"习"指环境习俗的影响。孔子说:"性相近也,习相远也。"是说,人的本性相近,因为环境习俗的影响才变得差距远了。

这一章说明环境习俗对人的影响。

【译文】

孔子说:"人的本性差不多,是因为环境习俗的影响变得差距远了。"

17.3 子曰:"唯上知与下愚不移。"

【解读】

"移"是改变。孔子说:"唯上知与下愚不移。"是说,只有上等的智慧与下等的愚昧是改变不了的。这一章也是说人的本性问题,不能割裂与上一章的联系去理解。孔子认为人秉赋的才性不同。除了天才与傻瓜以外,一般人会因环境习俗的影响而改变。孔子是为了防止人们对文明教化作用作绝对化的理解,提出"上智"、"下愚"两种特例加以排除,下一章就说的是礼乐教化,这是一个非常明确的事实,不知道人们为什么要对它进行曲解。

这一章说明人的才性不同。

【译文】

孔子说:"只有上等的智慧和下等的愚昧不可改变。"

17.4 子之武城,闻弦歌之声。夫子莞尔而笑,曰:"割鸡焉用牛刀!"子游对曰:"昔者偃也闻诸夫子曰:'君子学道则爱人,小人学道则易使也。'"子曰:"二三子!偃之言是也,前言戏之耳。"

【解读】

"之"是到。"武城"是地名,《雍也》篇第十四章里说:"子游为武城宰。"子游是孔子的学生言偃,孔子到武城在子游为武城宰期间。"莞尔"是微笑的样子,即不出声的笑。"子之武城,闻弦歌之声。夫子莞尔而笑,曰:'割鸡焉用牛刀'"是说,孔子带着学生到武城去,听到了子游弹琴唱歌传出来的声音,孔子微微一笑,说:"杀鸡何必用宰牛的刀。"也就是说,治理这么个小邑哪里用得着礼乐的教化。"弦歌"是用礼乐进行教化的一种方式。子游对曰:"昔者偃也闻诸夫子曰:'君子学道则爱人,小人学道则易使也。'"是说,子游回答孔子说:"我以前听先生讲过:'君子受到了礼乐之道的教化就会爱人,小人受了礼乐之道的教化就会容易役使。'"也就是说,按照先生过去的教导,治理一个小邑也需要礼乐的教化。孔子说:"二三子!偃之言是也,前言戏之耳。"是说,孩子们,言偃的话是对的,我刚才说的话是跟他开玩笑。孔子未必是真开玩笑,他确实觉得礼乐教化应当用于治理国家天下,用来治理一个小邑有点大才小用的可惜,但也不能因可惜而否定言偃的认真态度,还得鼓励他"当仁不让于师"。所以只好说自己在开玩笑,其实是从思想深处透露了关于现实社会不重用人才的不满。

这一章表现了孔子对礼乐教化不用于治国的惋惜之情。

【译文】

孔子到武城去，听到弹琴唱歌的声音。孔子微微一笑说："宰鸡哪里用得着杀牛的刀？"子游回答说："以前我听先生说过：'君子学了礼乐之道就会爱人，百姓学了礼乐之道就容易役使。'"孔子回头对学生们说："孩子门，言偃的话是对的，刚才我说的话是跟他开玩笑。"

17.5 公山弗扰以费畔，召，子欲往。子路不说，曰："末之也已。何必公山氏之之也？"子曰："夫召我者，而岂徒哉？如有用我者，吾其为东周乎？"

【解读】

"公山弗扰"，《左传》作公山弗狃。《史记·孔子世家》："公山不狃以费畔季氏，使人召孔子。孔子循道弥久，温温无所试，莫能己用。曰：'盖周文武起丰镐而王，今费虽小，傥庶几乎！欲往，子路不悦，止孔子。孔子曰：'夫召我者岂徒哉？如用我，其为东周乎！'然亦卒不行。"意思是说，公山弗狃以费邑为据点反叛季氏，派人来召请孔子。孔子修养正道已经很久了，虽然在社会上已经有了些名气，但真本事却没有地方可以施展，没人来聘用自己。说："周文王、周武王从丰、镐那样一块小地方起家，后来成了天子。现在费邑虽然不大，或许也能起家吧！"想到费邑去试一试。子路很不高兴，极力劝孔子不要去。孔子说："人家来召请我，难道会不依重我吗？如果真的能用我，我大概也能在东方兴起个周王朝吧！"然而，最终还是没去。这段话可以看做是这一章的时代背景。当时是鲁定公九年。孔子已五十岁了，还没有被国家聘用，怀才不遇，心里有点急。"公山弗扰以费畔，召，子欲往。""畔"是叛的假借字。是说，公山费扰以费邑为据点背叛季氏。召请孔子，孔子想要应召前去。"子路不说，曰：'末之也已。何必公山氏之之也。'""说"今作悦。"末之也已"是复句的紧缩，"末"同无，"之"是到，"已"是停止。展开了说是"如果没有地方去的话，那就不去"。"何必公山氏之之也。"前一个"之"是助词，后一个"之"是动词，是到的意思。孔安国注说："之，适也，无可之则止，何必公山氏之适。"以上这几句是说，子路很不高兴，说："没有地方去就不去，何必到公山氏那里去呢？"也就是说，公山氏背叛主子，按"良禽择木而栖"的说法，君子要找个名正言顺的地方，不能到他那里去。孔子说:"夫召我者,而岂徒哉? 如有用我者,吾其为东周乎?"是说,他叫我去,难道是白白召我去吗? 如果有人任用我,我也许能在东方兴起一个大周王朝吧?

这一章表明孔子急于用世的心情。

【译文】

公山弗扰以费邑为据点背叛季氏,召请孔子,孔子想要应召前去。子路很不高兴,说:"没有地方去就不去,何必到公山氏那里去呢?"孔子说:"他叫我去,难道是白白请我吗? 如果有人任用我,我也许能在东方兴起一个大周王朝吧?"

17.6　子张问仁于孔子。孔子曰:"能行五者于天下为仁矣。"请问之。曰:"恭、宽、信、敏、惠。恭则不侮,宽则得众,信则人任焉,敏则有功,惠则足以使人。"

【解读】

"子张问仁于孔子"是说,子张向孔子问怎样才能做到仁。孔子说:"能行五者于天下为仁矣。"是说,能在天下实行五种品德就做到仁了。"请问之"是说,子张请问是哪五种品德。孔子说:"恭、宽、信、敏、惠。恭则不侮,宽则得众,信则人任焉,敏则有功,惠则足以使人。"是说,敬重、宽厚、诚信、勤敏、慈惠。敬重就不会招致侮辱,宽厚就能得到大家的拥护,诚信就会受人信任,勤敏就会有功效,慈惠就能够使唤人。

这一章是孔子对仁的说明。

【译文】

子张问孔子怎样才能做到仁,孔子说:"能在天下实行五种品德就做到仁了。"子张问道:"请问是哪五种品德?"孔子回答说:"敬重、宽厚、诚信、勤敏、慈惠。敬重就不会招致侮辱,宽厚就能得到大家的拥护,诚信就会受人信任,勤敏就会有功效,慈惠就能够使唤人。"

17.7　佛肸召,子欲往。子路曰:"昔者由也闻诸夫子曰:'亲于其身为不善者,君子不入也。'佛肸以中牟畔,子之往也,如之何?"子曰:"然,有是言也。不曰坚乎,磨而不磷;不曰白乎,涅而不缁。吾岂匏瓜也哉? 焉能系而不食?"

【解读】

"佛肸(bìxī)"，《史记·孔子世家》："佛肸为中牟宰，赵简子攻范、中行，伐中牟，佛肸畔，使人召孔子。"意思是说，佛肸做中牟的邑宰，赵简子攻打范氏、中行氏，讨伐中牟，佛肸背叛了，派人召请孔子。佛肸应当是范中行的家臣，在赵简子攻打中牟的时候，佛肸背叛。中牟属晋国。《左传·哀公五年》说："夏，赵鞅伐卫，范氏之故也，遂围中牟。"意思是说，哀公五年夏天赵鞅攻打卫国，因为卫国帮助范氏，于是就包围了中牟。佛肸背叛的是晋国。旧注在这个问题上有点混乱。"佛肸召，子欲往"是说，佛肸背叛了晋国，召请孔子，孔子想应召前往。子路说："昔者由也闻诸夫子曰：'亲于其身为不善者，君子不入也。'佛肸以中牟畔，子之往也，如之何？"是说，以前我听先生讲过："亲身做了坏事的人那里，君子是不去的。"现在佛肸占据中牟背叛了晋国，先生却要去，怎么说得过去？孔子回答说："然，有是言也。不曰坚乎，磨而不磷；不曰白乎，涅而不缁。吾岂匏瓜也哉？焉能系而不食？"是说，对，我说过这样的话。但不是还有坚硬的东西吗？磨是磨不薄的；不是还有洁白的东西吗？染是染不黑的。我难道是个葫芦吗？怎么能够挂在那里不给人吃呢？"磷"是磨损。"涅(niè)"是浸染。"缁"是黑色。"匏(páo)瓜"是葫芦。"系"是拴挂。"系而不食"比喻不用于世。

这一章说明孔子的用世思想。

【译文】

佛肸召请孔子，孔子想要应召前去。子路说："以前我听先生讲过：'亲身做了坏事的人那里，君子是不去的。'佛肸占据中牟背叛晋国，先生到他那里去，怎么说得过去？"孔子说："对，我说过这样的话。但不是还有坚硬的东西吗？磨是磨不下去的；不是还有洁白的东西吗？染是染不黑的。我难道是个葫芦吗？怎么能够挂在那里不给人吃呢？"

17.8　子曰："由也！女闻六言六蔽矣乎？"对曰："未也。""居！吾语女。好仁不好学，其蔽也愚；好知不好学，其蔽也荡；好信不好学，其蔽也贼；好直不好学，其蔽也绞；好勇不好学，其蔽也乱；好刚不好学，其蔽也狂。"

【解读】

“女”，即汝。“六言”指六个字，即下文提到的愚、荡、贼、绞、乱、狂，下文分别对这六个字作了说明。“蔽”指弊病。孔子说：“由也！女闻六言六蔽矣乎？”是说，仲由啊，你听到过六个字六种弊端的说法吗？对曰：“未也。”是子路回答说，没有听说过。“居”是坐下。“语”是告诉。孔子说：“居，吾语女。”是说，你坐下，我告诉你。“好仁不好学，其蔽也愚”是说，爱仁义而不爱学习，弊病是容易受愚弄。“好知不好学，其蔽也荡。”“知”今作智。“荡”是空荡，指智慧没有基础，说空话、大话。是说，爱智慧而不爱学习，弊病是说空话、大话。“好信不好学，其蔽也贼。”“贼”是贼害。是说，爱诚信而不爱学习，弊病是易为贼害。刘宝楠引管同《四书纪闻》：“大人之所以言不必信者，惟其为学而知义所在也，苟好信不好学，则惟知重然诺，而不明事理之是非，谨厚者则硁硁为小人。苟又挟以刚勇之气，必如周汉刺客游侠，轻身殉人，扞文网而犯公义。自圣贤观之，非贼而何哉？”“好直不好学，其蔽也绞。”“绞”是紧，指逼迫人。是说，爱正直而不爱学习，弊病是容易逼迫人。“好勇不好学，其蔽也乱”是说，好勇敢而不好学，弊病是易成祸乱。“好刚不好学，其蔽也狂”是说，好刚强而不好学习，弊病是狂妄自大。

这一章说明不学习的六种弊病。

【译文】

孔子说：“仲由啊，你听说过六个字的六种弊病吗？”子路回答说：“没有。”孔子说：“你坐下来，我告诉你。爱仁义而不爱学习，弊病是容易愚昧无知；爱智慧而不爱学习，弊病是容易说空话、大话；爱诚信而不爱学习，弊病是容易造成贼害；爱正直而不爱学习，弊病是容易逼迫人；爱勇敢而不爱学习，弊病是容易造成祸乱；爱刚强而不爱学习，弊病是容易狂妄自大。”

17.9　子曰：“小子何莫学夫《诗》？《诗》，可以兴，可以观，可以群，可以怨。迩之事父，远之事君；多识于鸟兽草木之名。”

【解读】

“夫”是那个。“《诗》”指《诗经》。孔子说：“小子何莫学夫《诗》。”是说,孩子们,为什么不学习《诗经》呢？"兴"是《诗经》的三种写作方法赋、比、兴之一,是用类比联想烘托情景的一种手法,这里是指用类比联想的方法,去鼓舞倡导。"观"是观民风俗,这里可以作观察民情解。"群"是调节人们的感情形成群体,可以作团结解。"怨"是怨而不怒,指委婉地提意见,可以作批评解。"迩"是近。孔子说:"《诗》,可以兴,可以观,可以群,可以怨。迩之事父,远之事君;多识于鸟兽草木之名。"是说,学习《诗经》,可以学会联想类比,可以学会观察民情,可以学会团结人群,可以学会委婉的批评方法。近可以用来事奉父母,远可以事奉君王,还可以多多认识鸟兽草木的名称。

这一章说明《诗经》的丰富内涵。

【译文】

孔子说:"孩子们,为什么不学习《诗经》呢？学习《诗经》,可以学会用联想类比去鼓舞,可以学会观察民情,可以学会团结人群,可以学会委婉的批评方法。近,可以用来事奉父母;远,可以事奉君王。还可以多多认识鸟兽草木的名称。"

17.10 子谓伯鱼曰:"女为《周南》、《召南》矣乎！人而不为《周南》、《召南》,其犹正墙面而立也与?"

【解读】

"伯鱼"是孔子的儿子孔鲤。"《周南》、《召南》"是《诗经·国风》里的《周南》、《召南》部分,是国风里风俗教化较好的诗篇,孔子这里说的,还包括演奏它们的音乐。"正墙面而立"是比喻见识小,行不通。孔子对伯鱼说:"女为《周南》、《召南》矣乎！人而不为《周南》、《召南》,其犹正面墙而立也与?"是说,你学习了《周南》、《召南》了吗？人如果不学习《周南》、《召南》,就会像面墙而立吧！

这一章说明《周南》、《召南》两风对人的教益。

【译文】

孔子对伯鱼说:"你学习了《周南》、《召南》了吗？人如果不学习《周南》、《召南》,就会像面墙而立吧?"

17.11 子曰:"礼云礼云,玉帛云乎哉？乐云乐云,钟鼓云乎哉?"

【解读】

这一章是孔子用反问的方式说明礼乐的重大教化意义。"玉帛"指玉器、丝帛,是举行礼仪时的用品。"钟鼓"是奏乐时的乐器。孔子说:"礼云礼云,玉帛云乎哉? 乐云乐云,钟鼓云乎哉?"是说,说礼呀礼呀,难道说的是玉帛这些礼仪用品吗? 说乐呀乐呀,难道说的是钟鼓这些乐器吗? 也就是说礼乐不能仅注重形式。

这一章强调礼乐的教化意义。

【译文】

孔子说:"说礼呀礼呀,难道是指玉帛这些礼仪用品吗? 说乐呀乐呀,难道是指钟鼓这些乐器吗?"

17.12　子曰:"色厉而内荏,譬诸小人,其犹穿窬之盗也与?"

【解读】

"荏(rěn)"是软弱怯懦。"窬(yú)"同逾,是越过。孔子说:"色厉而内荏,譬诸小人,其犹穿窬之盗也与?"是说,外表严厉内心怯弱,用小人来比喻,大概像个穿洞爬墙的小偷吧? 小偷凿洞爬墙看着贼胆不小,但内心里却提心吊胆,怯弱得很,因为心里知道自己的行为不义。孔子这样比喻,不仅是嘲笑,也是想说明色厉内荏的人很可能包藏祸心,没有正义。

这一章表明孔子对心术不正又装腔作势的人极度轻蔑。

【译文】

孔子说:"外表严厉内心怯弱的人,用小人来打比方,大概像个钻洞爬墙的小偷吧?"

17.13　子曰:"乡愿,德之贼也。"

【解读】

"乡愿(yuàn)",《孟子·尽心下》作"乡原",解释说:"阉然媚于世也者,是乡原也。""非之无举也,刺之无刺也,同乎流俗,合乎污世,居之似忠信,行之似廉洁,众皆悦之,自以为是,而不可与入尧舜之道,故曰'德之贼也'。"意思是说,没一点骨气媚于世俗的人就是乡原,要指责他,找不出什么错来;要讥刺他,也没有什么可讥刺的。同流合污,为人好像是忠诚老实,行为好像很廉洁,大家都喜欢他,自以为是,但又与尧舜的道德格格不入,所以孔子说是贼害道德的人。可见"乡愿"指的是诡随的好好先生。邢昺疏:"谓人不能刚毅,而见人辄原其趋向,容媚而合之。"就是人们说的善于讨好处事圆滑的人。孔子说:"乡愿,德之贼也。"是说,圆滑的好好先生是道德的贼害。

这一章批判圆滑的处世方法。

【译文】

孔子说:"圆滑的好好先生是道德的贼害。"

17.14 子曰:"道听而涂说,德之弃也。"

【解读】

"涂"同途。孔子说:"道听而涂说,德之弃也。"是说,道听而途说,这是道德遗弃的。据说孔子的学生曾参在郑国的时候,一个与他同名的人杀了人,有人跑去告诉曾参的母亲,说"曾参杀人了",曾参的母亲不相信,继续织自己的布。一会儿又有一个人来说"曾参杀人了",曾参的母亲还是不信。过一会儿又一个人来说"曾参杀人了",她母亲就起身逃走了。这还是无意地传小道消息,如果是有意地搞点小广播,那就是品质恶劣了。

这一章孔子告诫人们要搞清楚了再说。

【译文】

孔子说:"道听途说是道德所遗弃的。"

17.15 子曰:"鄙夫可与事君也与哉? 其未得之也,患得之;既得之,患失之。苟患失之,无所不至矣。"

【解读】

"鄙夫"是秉性鄙下的人。"患"是担忧。"苟"是假如。"无所不至"是无所不干,什么事情都做得出来。孔子说:"鄙夫可与事君也与哉? 其未得之也,患得之;既得之,患失之。苟患失之,无所不至矣。"是说,秉性鄙下的人能去事奉君王吗? 当他没有得到的时候,担忧能否得到;当他得到以后,又担忧会不会失去。如果担忧会不会失去,那就什么事情都会做得出来。

这一章说明患得患失就会丧失道德。

【译文】

孔子说:"秉性鄙下的人可以去事奉君主吗? 当他没有得到的时候,忧虑怎样得到;当他得到以后,又忧虑会不会失去。如果忧虑会不会失去,那就什么事情都会做得出来。"

17.16 子曰:"古者民有三疾,今也或是之亡也。古之狂也肆,今之狂也荡;古之矜也廉,今之矜也忿戾;古之愚也直,今之愚也诈而已矣。"

【解读】

"疾"是缺点、不足。"亡"同无。孔子说:"古者民有三疾,今也或是之亡也。"是说,古时候的人有三种不足,现在的人甚至连这三种不足都没有了。也就是说,不仅古人的优良品质没有了,连古人品质上的不足也没有了,即把古人的品质丢光了。"肆"是恣肆,即想干什么就干什么,不装假。"荡"是空荡,指的是敢吹又敢干。"古之狂也肆,今之狂也荡"是说,古代的人狂一点,不过是肆意直行;现在的人狂了,那是敢吹敢干。"矜"是骄矜。"忿戾"是心狠手辣。"古之矜也廉,今之矜也忿戾"是说,古代的人骄傲一点,不过是清廉自高;现在的人骄傲起来,那是心狠手毒。"古之愚也直,今之愚也诈而已矣"是说,古代的人愚昧一点,不过是办事不懂绕弯;现在的人愚昧,那不过是装傻充愣罢了。总之是古人有真性,现代人缺少了真性。

这一章孔子痛惜世人道德浇薄。

【译文】

孔子说:"古时候的人有三种不足,现在的人甚至连这三种不足都没有了。古代的人狂妄一点,不过是肆意直行;现在的人狂妄起来,那是敢吹敢干。古代的人骄傲一点,不过是清廉自高;现在的人骄傲起来,那是心狠手毒。古代的人愚昧一点,不过是办事不懂绕弯;现在的人愚昧,那不过是装傻充愣罢了。"

17.17 子曰:"巧言令色,鲜矣仁。"

【解读】

"鲜"是少。孔子说："巧言令色,鲜矣仁。"是说,花言巧语,讨人喜欢,很少有讲仁义的。这几句与《学而》篇重出。放在这一篇里,是要集中表现世人道德的浇薄。

这一章批判世人的巧言令色行为。

【译文】

孔子说："花言巧语,讨人喜欢,很少有讲仁义的。"

17.18 子曰："恶紫之夺朱也,恶郑声之乱雅乐也,恶利口之覆邦家也。"

【解读】

"恶"是厌恶。"紫"是间色,红色配兰色。"朱",红色,属正色。"郑声",孔子认为是淫声。"雅乐"是正乐。"覆"是倾覆。孔子说："恶紫之夺朱也,恶郑声之乱雅乐也,恶利口之覆邦家也。"是说,让人厌恶的是间色夺走了正色的地位,让人厌恶的是淫声扰乱了正乐,让人厌恶的是辩口利舌倾覆了国家。总之是厌恶以假乱真、以邪压正,异端邪说大行其道。

这一章批判以假乱真、以邪压正的世风。

【译文】

孔子说："讨厌紫色夺占了红色的地位,讨厌郑声扰乱了正乐,讨厌辩口利舌倾覆国家。"

17.19 子曰："予欲无言。"子贡曰："子如不言,则小子何述焉?"子曰："天何言哉? 四时行焉,百物生焉,天何言哉?"

【解读】

孔子说："予欲无言。"是说,我不想说话了。这是孔子对世人花言巧语的厌恶,不想与这些人争辩了。子贡说："子如不言,则小子何述焉?""述"是传述。是说,先生如果不说话,我们这些学生还传述什么呢? 也就是说,还怎么传述您的思想呢? 孔子说："天何言哉? 四时行焉,百物生焉,天何言哉?"是说,上天说了什么呢? 还不是照样四季运行,万物生长,上天说过什么呢? 孔子认为自己的学说与天道相同,照天道传述就是传述自己的思想。"四时"指四季。

这一章说明孔子对异端邪说的厌恶。

【译文】

孔子说："我不想再说了。"子贡说："先生如果不说,我们传述什么呢?"孔子说："上天说过什么呢? 还不是照样四季运行,万物生长,上天说过什么呢?"

17.20　孺悲欲见孔子,孔子辞以疾。将命者出户,取瑟而歌,使之闻之。

【解读】

"孺悲",《礼记》里说:"恤由已丧,哀公使孺悲之孔子学士丧礼。士丧礼于是乎书。"据此可知孺悲临时做过孔子的学生。但《史记·仲尼弟子列传》里没有孺悲。据上下章所记,都说的是孔子对人心浇薄、道德沦丧的憎恶。这一章说孔子故意不见孺悲,可以推知,孺悲应是个孔子认为身上有坏习气的人。孔子想让他知道自己对他有看法,希望他有所警觉能改正。"孺悲欲见孔子"是说,孺悲想拜见孔子。"孔子辞以疾"是说,孔子推说有病不见他。"将命者出户"是说,传话的人刚走出孔子的门。"取瑟而歌"是说,孔子就取过瑟来弹唱起来。"使之闻之"是说,故意让孺悲听到。就是说,传话的人告诉孺悲孔子病了,不能接见,孔子又以弹唱的方式让孺悲知道自己没有病,只不过是不想见他。

这一章说明孔子对世俗习气的不合作态度。

【译文】

孺悲想拜见孔子,孔子推说有病不接见他。传话的人刚走出门,孔子就取过瑟来弹唱起来,故意让他听见。

17.21　宰我问:"三年之丧,期已久矣。君子三年不为礼,礼必坏;三年不为乐,乐必崩。旧谷既没,新谷既升,钻燧改火,期可已矣。"子曰:"食夫稻,衣夫锦,于女安乎?"曰:"安。""女安则为之! 夫君子之居丧,食旨不甘,闻乐不乐,居处不安,故不为也。今女安,则为之!"宰我出。子曰:"予之不仁也! 子生三年,然后免于父母之怀。夫三年之丧,天下之通丧也。予也有三年之爱于其父母乎?"

【解读】

"宰我"即宰予。"宰予"是名,"子我"是字,同辈人相互称字,不称名。长辈对晚辈称名,不称字,《论语》里凡叙述记事,因为是同辈人在记,故称字,提到宰予,称"宰我"。孔子与自己的学生对话,称名不称字,提到宰予称"予"。这一章里的"予"是专名。宰我问孔子说:"三年之丧期已久矣。君子三年不为礼,礼必坏;三年不为乐,乐必崩。旧谷既没,新谷既升,钻燧改火,期可已矣。"是说,父母死了守丧三年,为期太长了。君子三年不修礼仪,礼仪就会废弃;三年不动音乐,音乐就会失传。旧粮食吃完了,新谷物已经成熟了,取火的燧木用过了一轮,守丧一年也就可以了。"期已久矣"的"期"指的是期限,古代规定父母死了是大丧要守孝三年,穿的是孝服,不能换礼服,不能动音乐,而礼乐又是进行教化的手段,不能礼崩乐坏,所以宰我主张要改革丧制。"新谷既升"的"升"郑玄注"成也",是新谷物成熟了。"钻燧改火"是古代取火的方法,马融说:"《周书·月令》有更火之文,春取榆柳之火,夏取枣杏之火,季夏取桑柘之火,秋取柞楢之火,冬取槐檀之火。一年之中钻火各异木,故曰改火也。"就是说一年四季用以钻木取火的木头不同,每年轮一次。"期可已矣"的"期(jī)",是一周年的意思。宰我认为一周年天时人事都是一个完整的阶段,可以把三年服丧改成服丧一年。

孔子说:"食夫稻,衣夫锦,于女安乎!""夫"是指示代词。"稻"是大米,古代中原以食小米为常,大米是细粮。"女"即汝。是说,父母死了的第二年吃大米,穿锦绣,你能安心吗?宰我说"安",是说服了一年丧,可以安心了。孔子说:"女安则为之!夫君子之居丧,食旨不甘,闻乐不乐,居处不安,故不为也。今女安,则为之!"是说,你安心就去那么做吧!君子服丧三年,吃美味不觉得香,听到音乐不觉得快乐,正常起居不安心,所以不这么做。现在你觉得安心,那你就这么做吧。"居处不安"的"居处"指的是恢复正常的起居。三年服丧期间,古人要求"居倚庐,寝苦枕块",就是住在守丧的草棚子里,睡在草垫子上,用土块做枕头,不回家居住。

宰我出去以后。孔子说:"予之不仁也!子生三年,然后免于父母之怀。夫三年之丧,天下之通丧也。予也有三年之爱于其父母乎?"是说,宰予不仁义啊!儿女生下来,三年才离开父母的怀抱。三年服丧,这是天下通行的服丧期限。宰予受过父母三年的怀抱之爱吗?也就是说,受过三年怀抱,就应当守丧三年。

这一章说明孔子主张为父母守孝三年。

【译文】

宰我问孔子说:"三年的服丧期太长了。君子三年不修礼仪,礼仪就废弃了;三年不动音乐,音乐就失传了。旧粮食吃完了,新谷物已经成熟了,取火的燧木也用过了一轮。一周年也就可以了。"孔子说:"吃大米,穿锦绣,你能安心吗?"宰我说:"安心。"孔子说:"安心你就这么做。君子服丧期间,吃美食不香,听音乐不乐,正常起居心不安,所以不这么做。现在你安心,那就这么做吧!"宰我走出来以后,孔子说:"宰我不仁义啊!子女生下来,三年才离开父母怀抱。服丧三年,这是天下通行的服丧期限。宰予受过父母三年的怀抱之爱没有?"

17.22 子曰:"饱食终日,无所用心,难矣哉!不有博弈者乎?为之犹贤乎已。"

【解读】

"难"在《论语》里是难以成才的意思。"博弈"指的是下围棋。"贤"是好、胜于的意思。"已"是止,指闲着什么也不干。孔子说:"饱食终日,无所用心,难矣哉!不有博弈者乎?为之犹贤乎已。"是说,吃饱了饭,什么事也不想,难成才呀!不是还有下棋的事吗?下下棋也胜过闲着不干好。

这一章说明人不可无所事事。

【译文】

孔子说:"吃饱了饭,什么也不想,难成才呀!不是还有下棋的事吗?下下棋也比什么都不干好。"

17.23 子路曰:"君子尚勇乎?"子曰:"君子义以为上。君子有勇而无义为乱,小人有勇而无义为盗。"

【解读】

子路问孔子:"君子尚勇乎?"是说,君子崇尚勇敢吗? 孔子回答说:"君子义以为上。""上"与"尚"义同。一般情况下作动词用"尚",作方位词用"上"。是说,君子认为正义高于勇敢。勇敢是一种性格。"正义"是衡量是非的标准,离开标准谈性格,不合孔子的仁义思想。"君子有勇而无义为乱,小人有勇而无义为盗"是说,君子只有勇敢而没有正义的标准就会乱来,小人只有勇敢没有正义的标准就会成为强盗。

这一章说明义高于勇。

【译文】

子路问孔子说:"君子崇尚勇敢吗?"孔子回答说:"君子更崇尚正义。君子只有勇敢而没有正义作标准就会乱来,小人只有勇敢而没有正义作标准就会成为强盗。"

17.24 子贡曰:"君子亦有恶乎?"子曰:"有恶:恶称人之恶者,恶居下流而讪上者,恶勇而无礼者,恶果敢而窒者。"曰:"赐也亦有恶乎?""恶徼以为知者,恶不孙以为勇者,恶讦以为直者。"

【解读】

"恶(wù)"是厌恶。子贡说:"君子亦有恶乎?"是问孔子,君子也有憎恶的事吗? 孔子回答说:"有恶:恶称人之恶者,恶居下流而讪上者,恶勇而无礼者,恶果敢而窒者。"是说,有憎恶的事:憎恶传扬他人坏处的人,憎恶在下位而讪谤上级的人,憎恶勇敢而不懂礼节的人,憎恶果敢而滞塞执拗的人。曰:"赐也亦有恶乎?"是孔子问子贡,端木赐,你也有憎恶的事吗? 子贡回答说:"恶徼以为知者,恶不孙以为勇者,恶讦以为直者。"是说,憎恶偷取别人的观点作为自己智慧的人,憎恶不逊让还以为是勇敢的人,憎恶揭人之短还以为正直的人。"徼(jiǎo)"是邀取,这里指偷取。"讦(jié)"是揭人短处。

这一章批判人们的恶劣风气。

【译文】

子贡问孔子说:"君子也有憎恶的事情吗?"孔子回答说:"有憎恶:憎恶说人坏话的人,憎恶在下位而讪谤上级的人,憎恶勇敢而不懂礼节的人,憎恶果敢而滞塞执拗的人。"孔子问道:"端木赐,你也有憎恶的事吗?"子贡回答说:"憎恶偷取别人的观点作为自己智慧的人,憎恶不逊让还以为是勇敢的人,憎恶揭人之短还以为正直的人。"

17.25　子曰:"唯女子与小人为难养也,近之则不孙,远之则怨。"

【解读】

"近"指亲近。"远"指疏远。"孙"同"逊"。孔子说:"唯女子与小人为难养也,近之则不孙,远之则怨。"是说,只有女子和小人最难伺候了,亲近了他,就不逊让;疏远了他,就要怨恨。

这一章说明女子与小人没有正性。

【译文】

孔子说:"只有女子和小人最难伺候了,亲近了他,就不逊让;疏远了他,就要怨恨。"

17.26　子曰:"年四十而见恶焉,其终也已。"

【解读】

"已"是止,完了。孔子说:"年四十而见恶焉,其终也已。"是说,活到四十岁还令人厌恶,他这一生也就完了。"见恶"是被厌恶。

这一章说明人在四十岁前要培养好品行。

【译文】

孔子说:"人活到四十岁还令人厌恶,他这一生也就完了。"

微子第十八

18.1 微子去之,箕子为之奴,比干谏而死。孔子曰:"殷有三仁焉。"

【解读】

"微子",商纣王的庶兄,名启。商纣王昏庸暴虐,微子屡次进谏,纣王不听,于是微子去位出走。"去"是离开。"箕子"是商纣王的叔父,多次向纣王进谏,纣王不听,他披发装疯,被纣王囚禁为奴。"比干"是商纣王的叔父,他多次进谏,纣王不听,与纣王强争,纣王大怒,说:"我听说,圣人心有七窍,信有诸乎?"于是杀了比干,挖出他的心脏来看。"微子去之,箕子为之奴,比干谏而死"是说,微子离纣王而去,箕子被纣王囚为奴隶,比干进谏被杀。孔子说:"殷有三仁焉。"是说,商朝有三个仁义的人。孔子认为三个人的行为方式不同,但都配称得上仁义。

这一章说明仁的表现方式不同。

【译文】

微子离商纣王而去,箕子被纣王囚为奴隶,比干进谏被纣王杀死。孔子说:"商有三个仁人。"

18.2 柳下惠为士师,三黜。人曰:"子未可以去乎?"曰:"直道而事人,焉往而不三黜? 枉道而事人,何必去父母之邦?"

【解读】

"士师"是古代掌狱讼刑罚的官。"黜(chù)"是黜退罢免。"柳下惠为士师,三黜"是说,柳下惠做法官,多次被罢免。"人曰:'子未可以去乎'"是说,有人对他说,先生不能离开鲁国吗? 柳下惠回答说:"直道而事人,焉往而不三黜? 枉道而事人,何必去父母之邦?"“枉”是曲。是说,正直地做官,到哪里不会被多次罢免? 不正直地做官,又何必离开父母之国? 父母之国指祖国。

这一章说明柳下惠仁的做法。

【译文】

柳下惠做法官,多次被罢免。有人说:"先生不会离开鲁国吗?"柳下惠说:"正直地做官,到哪里不会被多次罢免? 不正直地做官,又何必离开父母之国?"

18.3　齐景公待孔子曰:"若季氏,则吾不能;以季孟之间待之。"曰:"吾老矣,不能用也。"孔子行。

【解读】

《史记·孔子世家》记载:"异日,景公止孔子曰:'奉子以季氏,吾不能。'以季孟之间待之。齐大夫欲害孔子,孔子闻之。景公曰:'吾老矣,弗能用也。'孔子遂行,反乎鲁。"意思是说,过了几天,齐景公挽留孔子说:"像鲁国对季氏那样让你做上卿,我实在是做不到,我可以像鲁国任用季孙、孟孙之间的位置那样安排你的官职。"齐国的大夫要加害孔子,孔子也风闻到了。景公对孔子说:"我老了,不能用你了。"于是孔子就走了,返回鲁国。当时齐景公确实想任用孔子,但齐国的大权在陈恒的手里。齐景公确实不能安排孔子高于陈恒做上卿,但自信还可以安排个上下卿之间的官职。陈恒明显听出了齐景公有利用孔子来削减他大权的意思,所以想除掉孔子,齐景公看到自己没有能力任用孔子了,才说"我老了,不能用你了"。司马迁说,当时孔子才三十五岁。这就是本章的时代背景。"齐景公待孔子"就是司马迁说的"景公止孔子",即齐景公挽留孔子答应给他的官职待遇。说:"若季氏,则吾不能,以季孟之间待之。"是说,让你像季氏那样做上卿我实在是办不到,可以像季孙、孟孙之间那样安排你的位置。又说:"吾老矣,不能用也。"是齐景公见到陈恒反对,拗不过他,才对孔子说,我老了,不能任用你了。"孔子行"是孔子离开了齐国。这一章比较具体地说明了孔子"无可无不可"的行仁方式。柳下惠不离开祖国,微子是离王而去,箕子是装疯被囚为奴也不走,比干是死谏。孔子是能干就干,不能干不勉强,哪里也可以。

这一章说明孔子的行仁方式。

【译文】

齐景公讲到对待孔子的打算时说:"像对待季氏那样对待你,我做不到;我可以像对待季氏和孟氏之间那样对待你。"后来又说:"我老了,不能任用你了。"孔子离开了齐国。

18.4　齐人归女乐,季桓子受之,三日不朝,孔子行。

【解读】

《史记·孔子世家》记载:"鲁定公十四年,孔子年五十六,由大司寇行摄相事。""齐人闻而惧……于是选齐国中女子好者八十人,皆衣文衣而舞《康乐》,文马三十驷,遗鲁君。陈女乐文马于鲁城南高门外。季桓子微服往观再三,将受,乃语鲁君为周道游,往观终日,怠于政事。子路曰:'夫子可以行矣。'孔子曰:'鲁今且郊,如致膰乎大夫,则吾犹可以止。'桓子卒受齐女乐,三日不听政;郊,又不致膰俎于大夫。孔子遂行。"意思是说,鲁定公十四年,孔子五十六岁了,以大司寇的职位,代理国相的事务。齐国人听到后很害怕,在国内挑选了美丽的少女八十人,穿上华丽的衣服,教她们学会跳《康乐》舞。又选出身上带花纹的马一百二十匹,一起送去给鲁君。先把女乐和文马陈列在鲁国城南面的高门外边。季桓子换上便装偷偷地去看了好多回,想把齐国的礼品接收下来。于是劝鲁君出去环道游玩,一观赏就是一整天,把政事荒废了。子路对孔子说:"先生,可以离开走了。"孔子说:"鲁国眼下就要举行郊祭,如果祭完天地能够把祭肉分赐给大夫,那我还可以留下来。"季桓子最后接收了女乐队,一连三天不听理政务,举办完郊祭,又不把祭肉分给大夫。孔子离开鲁国走了。孔子所以要辞职而去,是因为看到鲁国君臣沉湎女色,连起码的礼仪都不要了,自己留下来无所作为。"齐人归女乐"指的就是齐国人赠送给鲁君八十个美女的舞乐队。"归"同馈,赠送。"季桓子受之,三日不朝",就是季桓子接受了,三天不上朝理政,实际是鲁君不坐朝了。"孔子行"就是孔子辞职走了。

这一章说明孔子不能行仁时就毅然离去。

【译文】、

齐国人赠送给鲁君女乐队,季桓子接受了,三天不上朝理政,孔子就辞职走了。

18.5　楚狂接舆歌而过孔子曰："凤兮凤兮,何德之衰? 往者不可谏,来者犹可追。已而,已而,今之从政者殆而!"孔子下,欲与之言。趋而辟之,不得与之言。

【解读】

《庄子·人间世》:"孔子适楚,楚狂接舆游其门曰:'凤兮凤兮,何如德之衰也? 来世不可待,往世不可追也。天下有道,圣人成焉;天下无道,圣人生焉。方今之时,仅免刑焉。福轻于羽,莫之知载;祸重于地,莫之知避。已乎已乎,临人以德;殆乎殆乎,画地而趋。迷阳迷阳,无伤吾行;吾行郤曲,无伤吾足。'"意思是说,孔子到楚国去,楚国狂人接舆走过孔子住的门前唱道:"凤凰呵,凤凰,道德怎么会如此衰败? 未来的世界赶不上,过去的世界追不回。天下大道行得通,圣人就出来治理;天下大道行不通,圣人就去保全性命。现在的时代,圣人只能免遭刑罚。福比鸿毛还轻,却没有人懂得拉在自己车上;祸比大地还重,却没人懂得避开。罢了罢了,在人面前显摆才德。危险呵危险,画定个圈子自己跑。蒺藜呵蒺藜,不要妨害我走路。我躲着你,绕开你走,不要刺伤我的脚。"《史记·孔子世家》记载,鲁哀公六年,孔子六十三岁,"楚昭王兴师迎孔子"。昭王想重用孔子,令尹子西劝昭王不要任用,楚昭王秋天就死了,孔子在楚国的从政愿望没有实现。关于接舆的事,司马迁完全摘录的是这一章。

"楚"是楚国。"狂"是佯狂。"接舆"是这个隐士的号,真名无载。"楚狂接舆歌而过孔子"是说,楚国狂人接舆唱着歌从孔子门前走过。"曰"是歌曰,即唱道。"凤兮凤兮,何德之衰。""凤"是凤凰。古人认为凤凰是神鸟,圣人在世,凤凰才出现,而春秋时期是动乱无道的年代,凤凰不应该出现,这里是把孔子比喻成凤凰。是说,凤凰呵凤凰,你怎么在天下无道的时候出现了,你的道德怎么会衰败到如此地步? "往者不可谏,来者犹可追。""往"是过去。"谏"是劝谏,这里是挽回的意思。"来"是将来。"追"是赶,这里是挽救的意思。是说,过去的事情无法挽回,将来的事情还可以挽救。希望孔子悬崖勒马,不要再汲汲追求从政了。"已而,已而,今之从政者殆而!""已"是止,是不要干的意思。"殆"

是危险。"而"是语气词。是说,罢了,罢了,现在从政危险呀!"孔子下"是孔子从堂上下来。"欲与之言"是想与他谈谈。"辟"同"避"。"趋而辟之"是接舆快步走过去避开孔子。"不得与之言"是孔子没能与他谈上。孔子当然不会同意接舆的看法。接舆也知道谈也白谈,最后还是各持己见,所以避而不谈。下一章孔子对自己的主张有说明。

这一章说明接舆对孔子积极从政的看法。

【译文】

楚国狂人接舆唱着歌从孔子门前走过,唱道:"凤凰呵凤凰,你的道德怎么会如此衰败?以前的事无法挽回了,将来的事还可挽救。罢了,罢了,现在从政危险呵!"孔子从堂上下来,想与他谈谈,接舆快步走过去避开了。孔子没能与他谈上。

18.6 长沮、桀溺耦而耕,孔子过之,使子路问津焉。长沮曰:"夫执舆者为谁?"子路曰:"为孔丘。"曰:"是鲁孔丘与?"曰:"是也。"曰:"是知津矣。"问于桀溺。桀溺曰:"子为谁?"曰:"为仲由。"曰:"是鲁孔丘之徒与?"对曰:"然。"曰:"滔滔者天下皆是也,而谁以易之?且而与其从辟人之士也,岂若从辟世之士哉?"耰而不辍。子路行以告。夫子怃然曰:"鸟兽不可与同群,吾非斯人之徒与而谁与?天下有道,丘不与易也。"

【解读】

《史记·孔子世家》记载:"去叶,反于蔡,长沮、桀溺耦而耕,孔子以为隐者,使子路问津焉。"(下面的话与这一章相同)。意思是说,孔子离开了叶,在回蔡国的路上,见到长沮、桀溺一起在田里耕作,孔子看他们像是隐居的高士,让子路去向他们打听渡口在哪里。这件事发生在鲁哀公六年,孔子当时六十四岁。

"长沮、桀溺"当是叶地的两个隐士。刘宝楠《正义》:"《地理志》曰:'南阳叶方城邑西有黄城山,是长沮、桀溺耦耕之所。'""耦耕"是两个人并排翻地。下文说:"耰而不辍。""耰(yōu)"是播种之后用土把种子覆盖住然后磨平。可见这里的耦耕是指两个人在种地。"津"是渡口,"问津"可以理解为问路。"长沮、桀溺耦而耕,孔子过之,使子路问津焉"是说,长沮、桀溺两个人在地里种田,孔子从他们田旁经过,让子路去向他们问路,下面是子路向二人问路时的对话。

长沮曰:"夫执舆者为谁?"是长沮问子路说,驾车的那个人是谁? 原来是子路在驾车,孔子派子路去问路,子路把缰绳交给了孔子,看起来好像是孔子在驾车。子路曰:"为孔丘。"是子路回答他说,是孔丘。"曰:'是鲁孔丘与?'"是长沮问子路说,是鲁国的那个孔丘吗?"曰:'是也。'"是子路回答说,是他。"曰:'是知津矣。'"是长沮说,这个人知道路呵。这是一语双关,"路"主要指人生道路,孔子还给别人指人生道路,自己还不知道怎样走?

"问于桀溺。桀溺曰:'子为谁?'"是子路又去问桀溺,桀溺问子路,您是谁?"曰:'为仲由。'"是子路回答说,我是仲由。桀溺问:"是鲁孔丘之徒与?"是桀溺又问子路说,您是鲁国孔丘的学生吗? 子路回答说:"然。""然"是是的。桀溺对子路说:"滔滔者天下皆是也,而谁以易之?"是说,天下到处都像发洪水一样滔滔大乱,找谁去来改变它? 也就是说,各国的统治者都一样,找谁去也不可能改造它,不必到处跑了。"且而与其从辟人之士也,岂若从辟世之士哉?""辟"同"避"。"与其"、"岂若"是选择连词。"辟人之士"指孔子,孔子选择人而处,觉得无法共处就避开他,另找别人。"辟世之士"指隐士,隐士是从社会中退隐出来,回避人世,什么人也不去找。意思是说,你与其跟随孔子学他的做法,还不如跟随我们学做隐士。"耰而不辍。""辍(chuò)"是停止。是说,继续耕作不停。

"子路行以告"是子路回来把两人的话告诉了孔子。"夫子怃然"是孔子怅然若失。"怃然"是怅惘失意的样子。孔子是因为不被人理解而怅然。孔子说:"鸟兽不可与同群,吾非斯人之徒与而谁与? 天下有道,丘不与易也。"是说,人不能与鸟兽生活在一起,我不跟人同类,跟什么去同类? 天下如果有道,我就不找人改变它了。"与鸟兽同群"指过隐士生活。"徒"与"群"互文见义,指类别。

这一章孔子旗帜鲜明地表达了人不能脱离社会的观点,批判了隐士对社会不负责任的做法,表现了孔子积极用世的态度。

【译文】

长沮、桀溺一同耕种,孔子从他们田边经过,让子路去向他们问路。长沮说:"驾车的那个人是谁?"子路说:"是孔丘。"长沮又问:"是鲁国那个孔丘吗?"子路说:"是。"长沮说:"这个人知道路呵!"子路去问桀溺。桀溺说:"您是谁?"子路说:"我是仲由。"桀溺问道:"是鲁国孔丘的学生吗?"子路说:"是的。"桀溺说:"天下到处是像发洪水一样滔滔大乱,你们找谁去来改造它? 再说,与其跟随避人的人,哪里如跟随避世的人呢?"说完手下耕种不止。子路回来告诉孔子,孔子怅然地说:"人不能与鸟兽生活在一起,我不与人同类,与什么去同类? 天下如果有道,我就不找人改造它了。"

18.7 子路从而后,遇丈人,以杖荷蓧。子路问曰:"子见夫子乎?"丈人曰:"四体不勤,五谷不分,孰为夫子?"植其杖而芸。子路拱而立。止子路宿,杀鸡为黍而食之,见其二子焉。

明日,子路行以告。子曰:"隐者也。"使子路反见之。至则行矣。

子路曰:"不仕无义。长幼之节,不可废也;君臣之义,如之何其废之? 欲洁其身而乱大伦。君子之仕也,行其义也。道之不行,已知之矣。"

【解读】

这一章《史记·孔子世家》说是与上一章的事只隔了几天,也是孔子从叶返回蔡国路上的事。"子路从而后"是说,子路跟着孔子出行,路上落在了后边。"遇丈人"是说遇到了一个老人。"以杖荷蓧。""蓧(diào)",包咸注:"竹器。"后人大多认为是除田用的工具,那就是锄头了,这恐怕有点不现实。"杖"是手杖。"荷"是扛着,把手杖扛在肩上,后边挂个筐子,可以把短锄放在筐子里,锄地锄到一些野菜,顺手收在筐里拣回去吃。这是农村最常见到的事,不直接把锄挂在手杖上。这一句应该是说,用手杖挑着个筐子扛在肩上。子路问老人说:"子见夫子乎?""夫子"指老师。是说,老人家见到我的老师吗? 丈人回答说:"四体不勤,五谷不分,孰为夫子?"是说,四肢不劳动,五谷都不会分辨,哪个是你的老师? 这句话是指孔子而言,不是说子路。老人的意思是说,孔子不配做老师,隐士才有资格做子路的老师。也是"与其从辟人之士,岂若从辟世之士"的意思。"植其杖而芸。""芸"是锄草。是说,把手杖倚在地头锄起地来。"子路拱而立"是说,子路恭恭敬敬地站着。"拱"是身体微微前倾,不是拱手。子路所以拱身而立,是因为遇到的是一个自认为高于子路的人,而且又是老人。"止子路宿。""止"是留止。是说,老人留子路在家住了一宿。"杀鸡为黍而食之"是说,杀鸡做饭款待子路。"黍"是黄米,比较好吃。"见其二子焉。""见"同现。是说,老人把自己的两个孩子叫出来与子路见面。

"明日,子路行以告"是说,第二天,子路追上了孔子,把见到老人的事告诉了孔子。孔子说:"隐者也。"是说,这是个隐士。"使子路反见之。""反"同返。是说,孔子让子路返回去再见一见老人,听听老人还会说些什么。"至则行矣"是说,子路到了老人的家里,老人走了。也就是说,老人估计到子路会回来,有意地避开了。

"子路曰"是子路回来说。"不仕无义。长幼之节,不可废也;君臣之义,如之何其废之? 欲洁其身而乱大伦。君子之仕也,行其义也。道之不行,已知之矣。"意思是说,不出来做官是错的。既然长幼的礼节不能废除,君臣之间的大义,怎么能废除呢? 一个人想洁身自好,但却搞乱了大的伦理关系。君子出来做官,是为了尽君臣大义。至于说自己的主张难以推行,那是早已知道的事。子路认为隐士的做法是破坏了君臣之间应遵守的大道理,既然老人还遵守让自己的孩子出来待客的长幼礼节,那就不应该对自己的国君不尽臣民的义务。老人的做法自相矛盾。

这一章是借子路之口说明孔子对隐士的看法。ˊ

【译文】

子路跟随孔子出行,落在了后边。遇到一位老人,手杖扛在肩上,后边挂了个筐子。子路问道:"老人家见到我的老师了吗?"老人说:"四肢不劳动,五谷都分不清,哪个是你的老师?"说完把手杖倚在地头锄起草来,子路拱身站在一边。老人留子路住了一宿,杀鸡做饭款待子路,还让自己的两个孩子出来与子路见面。

第二天子路赶上了孔子一行,把见到老人的情况告诉孔子。孔子说:"这是一位隐士。"让子路返回去再见一见他。子路到了老人的家里,老人已经走了。

子路说:"不出来做官是不对的。既然长幼的礼节不能废除,君臣之间的大义怎么能废除呢？一个人想洁身自好，但却搞乱了大的伦理关系。君子出来做官，是为了尽君臣之间的大义。至于说个人的主张行不通，那是早已知道的事情。"

18.8 逸民：伯夷、叔齐、虞仲、夷逸、朱张、柳下惠、少连。子曰："不降其志，不辱其身，伯夷、叔齐与！"谓"柳下惠、少连，降志辱身矣。言中伦，行中虑，其斯而已矣"。谓"虞仲、夷逸，隐居放言，身中清，废中权。我则异于是，无可无不可"。

【解读】

"逸民"，《宪问》第三十七章里说："子曰：'贤者辟世，其次辟地，其次辟色，其次辟言。'子曰：'作者七人矣。'"这一章里又提到"隐居"，还列出了七人的名字，可以证明"逸"是隐逸。逸民指的是出身贵族避世的贤人。逸民与孔子说的隐者不同。"隐者"孔子认为是平民出身不尽君臣大义，自立于人群之外，不合仁义之道，孔子不屑与之相比的人，前几章已有说明。"逸民"虽然在隐逸这一点上与隐者相同，但他们本来就是贵族，不自立于人群之外，承担社会责任，道德上合乎仁义，是孔子愿与他们相比的人。他们只不过是因为不肯枉道以殉人被社会挤了出来。《孟子·公孙丑上》里说："伯夷，非其君不事，非其友不友。不立于恶人之朝，不与恶人言。立于恶人之朝，与恶人言，如以朝衣朝冠坐于涂炭。推恶恶之心，思与乡人立，其冠不正，望望然去之，若将浼焉。是故诸侯虽有善其辞命而至者，不受也。不受也者，是亦不屑就已。柳下惠不羞污君，不卑小官；进不隐贤，必以其道；遗佚而不怨，厄穷而不悯。故曰：'尔为尔，我为我，虽袒裼裸裎于我侧，尔焉能浼我哉？'故由由然与之偕而不自失焉，援而止之而止。援而止之而止者，是亦不屑去已。"意思是说，伯夷，不是他理想的君主，不肯事奉；不是他理想的朋友，不去交往。不进入坏人的朝廷里，不同坏人说话。进入坏人的朝廷，与坏人说话，好比穿戴着朝服官帽坐在泥地或炭灰上。把这种厌恶坏人的心思推及到他人身上，他就会有想法：与乡下人站在一起，那人帽子没戴正，就不满意地离开他，好像会沾染上脏东西似的。所以诸侯虽然有好言来请他，他也不接受。不接受是因为觉得他不配接近自己。柳下惠却不认为事奉坏君王是羞耻，不嫌官小。入朝做官，不隐藏自己的贤能,一定按自己的道义去做。自己被遗弃也不报怨。穷困潦倒,也不悲愁。所以说:"你是你,我是我,即使你赤身裸体站在我旁边,你怎么会沾染我呢?"所以满不在乎地与他在一起也不觉得有什么损失。拉住就留下,觉得自己犯不着就离开。《孟子》又说:"不同道,非其君不事,非其民不使;治则进,乱则退,伯夷也。"意思是说,不是理想的君主,他不去事奉;不是理想的百姓,他不役使。天下有道就出来做官,天下无道就退而隐居,这就是伯夷。叔齐是伯夷的弟弟,与伯夷的行为相同。《正义》引《尸子》:"夷逸者,夷诡诸之裔。或劝其仕,曰:'吾譬则牛,宁服轭以耕于野,不忍被绣入庙而为牺。'"意思是说,夷逸是夷诡诸的后裔,有人劝他出来当官,他说:"我好比是一头牛,宁可加上轭在田野里耕种,也不忍心披上锦绣进入太庙里去做牺牲。"《正义》又引《礼记·杂记》:"孔子曰:'少连、大连善居丧,三日不怠,三月不解,期悲哀。三年忧,东夷之子也。'"意思是说,孔子说,少连、大连居丧合乎礼仪,服丧三天不疲倦,服丧三月不懈怠,服丧一周年还悲哀,服丧三年还忧愁,是东夷的子孙。虞仲是古公的次子,知道他的父亲想把君位传到周文王的手里,他和哥哥太伯一同逃到荆蛮,把君位让给文王的父亲季历,太伯后来成了吴王,虞仲几代后才受封。见《史记·周本纪》。"朱张"文献中未见明载。

　　"逸民:伯夷、叔齐、虞仲、夷逸、朱张、柳下惠、少连"是说,避世的贤人有:伯夷、叔齐、虞仲、夷逸、朱张、柳下惠、少连。这一句应该是孔子说的话。孔子说:"不降其志,不辱其身,伯夷、叔齐与!"是说,不委曲心意,不辱没身分,是伯夷、叔齐吧!"降"是降低,这里是曲的意思。"志"是自己的心意。"身"指身分。"谓'柳下惠、少连,降志辱身矣。言中伦,行中虑,其斯而已矣'"是说,孔子说:"柳下惠与少连就不怕委曲心意,不嫌污辱身分了。说话合乎伦理,行动合乎想法,是这样的人罢了。""虑"指自己的想法。"谓'虞仲、夷逸,隐居放言,身中清,废中权'"是说,孔子说:"虞仲、夷逸是默默地隐居,自身合乎清廉,放弃官职合乎权宜之计。""放言",包咸注:"放,置也。不复言世务。"是闭口不言的意思。《中庸》里说:"国无道,其默足以容。"意思是说,国家无道,不说话可以保全自己。后人有把"放言"讲成"恣意肆言"的,这就不合情理了,恣意肆言是隐者的做法,逸民不会这样做。"放言"作肆言讲是汉以后的用法。"我则异于是,无可无不可"是说,我与这些人不同,没有什么可以,也没有什么不可以。马融注说:"亦不必进,亦不必退,惟义所在。"意思是说,也不是必须出来做官,也不是必须退隐,一律都按道义来衡量,该进就进,该退就退。《孟子》称孔子是"圣之时者也",就是说,孔子是最能随情况应变的圣人。也就是说,孔子既不像伯夷、叔齐那样,不降低标准,保持清廉,拒绝与坏人合作,也不像柳下惠那样不分好坏人都可以合作,但自身行得端,走得正。又不像虞仲那样光是自己悄悄地去做,而是以道义为标准,随情况而论,然后决定自己的出处、荣辱、言默、可否与交往。

　　这一章因为提到的七个逸民生平事迹不详,解释得有些混乱。但在《里仁》第十章里,孔子说过"君子之于天下也,无适也,无莫也,义之与比"。《孟子》又说孔子"可以仕则仕,可以止则止,可以久则久,可以速则速"。本章的意思还是可以确定的。

　　这一章说明孔子坚持道义,随时调整自己,适应社会的处世方法。

【译文】

　　隐逸避世的贤人有:伯夷、叔齐、虞仲、夷逸、朱张、柳下惠、少连。孔子说:"不委曲自己的心意,不污辱自己的身分,是伯夷、叔齐吧!"说"柳下惠、少连不怕委曲心意,不嫌污辱身分,说话合乎道理,行动合乎想法,是这样的人罢了"。说"虞仲、夷逸是默默地隐居,自身合乎清廉,放弃官职合乎权宜之计。我与这些人不同,没有什么可以,也没有什么不可以"。

　　18.9　大师挚适齐,亚饭干适楚,三饭缭适蔡,四饭缺适秦,鼓方叔入于河,播鼗武入于汉,少师阳、击磬襄入于海。

【解读】

　　《史记·殷本纪》:"纣愈淫乱不止,微子数谏不听,乃与太师、少师谋,遂去。""殷之太师、少师乃持其祭、乐器奔周。"意思是说,商纣王更加淫乱,微子多次进谏不听,就与大师、少师商量,于是就离纣王而去。商朝的大师、少师带着祭祀的乐器投奔了周。可见这个大师挚指的是商纣王的乐师挚。下面的干、缭、缺、方叔、武、阳、襄都是乐师的名字,刘宝楠《论语正义》引《白虎通义》说:"天子食时举乐。王者所以日四食者何? 明有四方之物,食四时之功也。王者平居中央,制御四方。平旦食,少阳之始也;昼食,太阳之始也;晡食,少阴之始也;暮食,太阴之始也。"意思是说,天子用饭时要奏乐。天子为什么一天吃四顿饭呢? 这是表示拥有天下四方的物产,吃一年四季的收成。天子日常位在中央,统治四方。早晨吃一顿,因为是应少阳的开始;前半晌吃一顿,因为是应太阳的开始;后半晌吃一顿,因为是应少阴的开始;晚上吃一顿,因为是应太阴的开始。总之是说,天子有吃四顿饭的讲究,每顿饭都要奏乐。亚饭、三饭、四饭指的是吃第二、三、四顿饭时伴奏的乐师。"鼗(táo)"是古代乐器的一种,大约是两边系槌的鼓。"磬(qìng)"是打击乐器。"大师挚适齐"是说,大乐师挚流落到了齐。"亚饭干适楚"是说,第二顿饭的奏乐师干流落到了楚。"三饭缭适蔡"是说,第三顿饭的奏乐师缭流落到了蔡。"四饭缺适秦"是说,第四顿饭的奏乐师缺流落到了秦。"鼓方叔入于河"是说,击鼓的乐师方叔流落到了黄河地区。"播鼗武入于汉"是摇小鼓的乐师武流落到了汉江地区。"少师阳、击磬襄入于海"是说,少乐师阳、击磬乐师襄流落到了沿海一带。这是说明古代的礼乐教化在乱世中被统治者废弃,出现了礼崩乐坏的局面,那些有圣人治世传统的贤能乐师流落到了各地,他们也像逸民一样不被社会重用。

这一章说明有圣人治世传统的乐师流落民间成了逸民。

【译文】

大乐师挚流落到了齐地,二餐乐师干流落到了楚地,三餐乐师缭流落到了蔡地,四餐乐师缺流落到了秦地,击鼓乐师方叔流落到黄河地区,摇小鼓的乐师武流落到汉水地区,少乐师阳、击磬乐师襄流落到海边一带。

18.10 周公谓鲁公曰:"君子不施其亲,不使大臣怨乎不以。故旧无大故,则不弃也。无求备于一人。"

【解读】

"周公"是周公旦,鲁国始封之祖,因周公在天子朝辅政,周公的长子伯禽到鲁去做诸侯,鲁公指伯禽。"施",《释文》作"弛"。按孔子的一贯主张,应当为"弛"。"不弛其亲"是不疏远自己的亲族。下文有"故旧无大故，则不弃也"可证。"不以"是不任用。"周公谓鲁公曰"是说，周公对鲁公嘱咐说。"君子不施其亲"是说，君子不疏远自己的亲属。这是指用人说的。"不使大臣怨乎不以"是说，不让大臣抱怨不被任用。"故旧无大故，则不弃也。无求备于一人"是说，那些老臣旧人如果没有大的过失，不要罢免他们。不要对一个人求全责备。

这一章说明治国不要轻易撤换自己的宗亲老臣。当然这指的是宗法社会。

【译文】

周公嘱咐鲁公说："君子不疏远自己的亲族，不让大臣抱怨不被任用。亲戚故旧没有大的过失，不要罢免他们。不要对一个人求全责备。"

18.11　周有八士：伯达、伯适、仲突、仲忽、叔夜、叔夏、季随、季骐。

【解读】

《国语·晋语》里说"文王询于八虞"，贾侍中说是"八士皆在虞官"。意思是说，周文王向八虞咨询国政，贾侍中认为八个人都是周文王时管山林的官员。这八个人事迹史无明载。"八士"是八个贤士。"周有八士：伯达、伯适、仲突、仲忽、叔夜、叔夏、季随、季骐"是说，周朝有八个贤士，他们是伯达、伯适、仲突、仲忽、叔夜、叔夏、季随、季骐。这一方面是说周朝的盛世是因为贤人多，另一方面是说周朝任用贤能的人，所以才能兴盛。

这一章说明贤人得用，国家兴盛。

【译文】

周朝有八个贤士：伯达、伯适、仲突、仲忽、叔夜、叔夏、季随、季骐。

子张第十九

19.1 子张曰:"士见危致命,见得思义,祭思敬,丧思哀,其可已矣。"

【解读】

"子张"即颛孙师。"致命"是舍出命来。子张说:"士见危致命,见得思义,祭思敬,丧思哀,其可已矣。"是说,士人面临危险要豁出生命,见到有利可得要考虑该不该得,祭祀时要想到恭敬,举办丧事时要想到哀伤,这也就可以了。"士"是大夫之下的阶层,要求有贤德。

这一章说明士人的行为规范。

【译文】

子张说:"士人面临危险要豁出生命,见到利益要考虑该不该得,祭祀时要想到恭敬,举办丧事时要想到哀伤。"

19.2 子张曰:"执德不弘,信道不笃,焉能为有,焉能为亡?"

【解读】

"弘"是大的意思。"笃"是实。"亡"同无。"焉能为有,焉能为亡?"孔安国注:"言无所轻重。"皇侃疏:"世无此人,则不足为轻;世有此人,亦不足为重。"子张说:"执德不弘,信道不笃,焉能为有,焉能为亡?"是说,掌握的道德不广大,信仰道德不坚定,这种人有他不多,没他不少。

这一章说明道德信仰对人的重要。

【译文】

子张说:"掌握的道德不广大,信仰道德不坚定,这种人有他能怎么样,没有他能怎么样?"

19.3　子夏之门人问交于子张。子张曰："子夏云何?"对曰:"子夏曰:'可者与之,其不可者拒之。'"子张曰:"异乎吾所闻。君子尊贤而容众,嘉善而矜不能。我之大贤与,于人何所不容? 我之不贤与,人将拒我,如之何其拒人也?"

【解读】

"交"指与人的结交往来。"子夏之门人问交于子张"是说,子夏的学生向子张问怎样与人交往。"子张曰:'子夏云何?'"是子张反问,子夏先生是怎么说的? "对曰"是子夏的学生回答说。"子夏曰:'可者与之,其不可者拒之。'"是学生复述子夏的话,是说,子夏先生:"值得与他结交的就与他结交,那些不值得结交的要拒绝与他结交。"子张说:"异乎吾所闻。"是说,这与我听到的孔子的讲法不同。"君子尊贤而容众,嘉善而矜不能。我之大贤与,于人何所不容? 我之不贤与,人将拒我,如之何其拒人也?""嘉"是奖励,鼓励。"矜"是怜悯。是说,君子尊敬贤能的人,包容众人,鼓励好人,怜悯无能的人。如果我是大贤人,什么人不能包容? 如果我是不贤的人,人家会拒绝我,怎么能去拒绝人呢? 子张的回答说的是人与人的关系,可知"交"指的是与人的交往,不是交朋友,孔子自有交朋友的原则。与此不同,子夏说的是交友之道。

这一章说明与人交往的原则。

【译文】

子夏的学生向子张问怎么与人交往。子张说:"子夏先生是怎么说的?"回答说:"子夏先生说:'可以与他交结的就与他交结,那些不可与他交结的就拒绝与他交结。'"子张说:"这与我听到的不同。君子尊敬贤人,包容众人,鼓励善人,同情无能的人。我如果是个大贤人,对什么人不能包容? 我如果是个不贤的人,人家会拒绝我,怎么能去拒绝人呢?"

19.4　子夏曰:"虽小道,必有可观者焉;致远恐泥,是以君子不为也。"

【解读】

"小道"指才艺。古人把"道"与"技"对举,"小道"指的是古人说的

"技"。下文说"致远恐泥",又说"必有可观",都可以看出"小道"是大道的下位层次,是某方面的才能技艺,把"小道"说成是异端邪说不大准确。子夏说:"虽小道,必有可观者焉;致远恐泥,是以君子不为也。"是说,即使是一种某方面的才能技艺,一定也有可取之处。但要达到深远的大道恐怕还有些狭隘,所以君子不去专务。"泥"是滞塞,可灵活理解为受限制、狭隘。"为"在这里是"专务"的意思。

这一章说明君子不专务小道。

【译文】

子夏说:"即使是一种某方面的才能技艺,一定也有可取之处,但要达到深远的大道,恐怕还有些狭隘,所以君子不去专务。"

19.5　子夏曰:"日知其所亡,月无忘其所能,可谓好学也已矣。"

【解读】

"亡"同无。"无"同勿。子夏说:"日知其所亡,月无忘其所能,可谓好学也已矣。"是说,每天都学懂一些自己没有的知识,又能每月不忘掉学会的东西,就可以说是好学的人了。

这一章说明日积月累地学习就是好学。

【译文】

子夏说:"每天都学懂一些自己没有的知识,又能每月不忘掉学会的东西,这就可以说是好学的人了。"

19.6　子夏曰:"博学而笃志,切问而近思,仁在其中矣。"

【解读】

"笃"是实,这里是坚定。"切"是近。"切问"是从自己接触到的事去问。"近思"是由近及远地思考,也就是推想。子夏说:"博学而笃志,切问而近思,仁在其中矣。"是说,广泛地学习,坚定意志,从切身问起,由近及远地推想,仁义就在其中了。"仁"是推己及人的公益思想,了解了自身按自身推想他人,就能找到自己与他人合理的处世方法。无非是"我欲成而成人","己所不欲,勿施于人"。

这一章说明学与问是培养仁的方法。

【译文】

子夏说:"广泛地学习,坚定意志,从切身问起,由近及远地推想,仁义就在其中了。"

19.7 子夏曰:"百工居肆以成其事,君子学以致其道。"

【解读】

"工"是工匠。"肆"是古代的市场,工匠的作坊一般就在市场里,这里的"肆"指的是作坊。子夏说:"百工居肆以成其事,君子学以致其道。"是说,各种工匠在作坊里制造出器物,君子学习去获得道。

这一章说明学习是修道的方法。

【译文】

子夏说:"各种工匠在作坊里造出器物,君子学习获得道。"

19.8 子夏曰:"小人之过也必文。"

【解读】

"过"是过失、错误。"文"是文饰、美化。子夏说:"小人之过也必文。"是说,小人犯了错误一定会去文饰自己。

这一章说明小人不善改正错误。

【译文】

子夏说:"小人犯了错误,一定会去掩饰。"

19.9 子夏曰:"君子有三变:望之俨然,即之也温,听其言也厉。"

【解读】

"即"是就近。子夏说:"君子有三变:望之俨然,即之也温,听其言也厉。"是说,君子给人的感觉有三种变化:远远望去,庄严可敬;接近了他,温和可亲;听他说话,严厉不苟。

这一章说明君子的风格。

【译文】

子夏说:"君子给人的感觉有三种变化:远远望去,庄严可敬;接近了他,温和可亲;听他说话,严厉不苟。"

19.10　子夏曰:"君子信而后劳其民;未信,则以为厉己也。信而后谏;未信,则以为谤己也。"

【解读】

"信"是取信。"厉"是伤害。"谤"是诽谤。子夏说:"君子信而后劳其民;未信,则以为厉己也。信而后谏;未信,则以为谤己也。"是说,君子先取信于民,然后再去役使他们;没有得到信任就去役使,人家会认为你在侵害他。君子先要取信于对方,然后再去进谏;没有得到信任就去进谏,人家会认为你在毁谤他。

这一章说明取信于人是君子事上使下的方法。

【译文】

子夏说:"君子先取信于民,然后再去役使他们;没有得到信任去役使,人家会认为你在伤害他。君子先取信于对方,然后再去进谏;没有得到信任去进谏,人家会认为你在毁谤他。"

19.11　子夏曰:"大德不逾闲,小德出入可也。"

【解读】

"逾"是超越。"闲"是界限。子夏说:"大德不逾闲,小德出入可也。"是说,大的节操要严格遵守,小的节操有点出入也可以。

这一章说明君子的行为方法。

【译文】

子夏说:"大的节操不能超过界限,小的节操有点出入可以。"

19.12　子游曰:"子夏之门人小子,当洒扫应对进退则可矣,抑末也。本之则无,如之何?"

子夏闻之,曰:"噫,言游过矣!君子之道,孰先传焉,孰后倦焉?譬诸草木,区以别矣。君子之道,焉可诬也?有始有卒者,其惟圣人乎!"

【解读】

"子游"是孔子的学生言偃。子游说:"子夏之门人小子,当洒扫应对进退则可矣,抑末也。本之则无,如之何?""门人小子"指学生。"当"是充当。"洒扫"是洒水扫地。"应对"是接待客人。"进退"是待人的礼仪。"抑"是或许,这里是表转折,相当于"但是"。"本"是根本,指仁义礼仪之道。是说,子夏的学生,做些洒水扫地、接待客人、周旋进退的事情,是可以的,但这都是君子的细枝末节。如果没有仁义礼仪的根本,这怎么行呢?"

子夏听到子游的议论后说:"噫,言游过矣!"是说,唉,言游评论错了!"君子之道,孰先传焉孰后倦焉!譬诸草木,区以别矣。""孰"是哪一样。"传"是传授。"倦"是结束,《说文》:"倦,罢也。"倦的本义是疲倦,引申为休止结束。是说,君子的学问,哪一样先传授,哪一样后结束,如同草木一样,是要区别开的。"君子之道,焉可诬也?有始有卒者,其惟圣人乎?""诬"是乱的意思。"卒"是终。"其"是句首语气词表推论。是说,君子的学问,怎么可以乱了顺序? 能够有始有终的,大概只有少数圣人才能做到吧? 也就是说,能够从头到尾掌握君子之道的只能是少数圣人,大多数人不可能掌握,这些人也要进行教育,所以只能从浅近学起,由浅入深,分步进行,能学到哪一步,就学到哪一步。而不能用对圣人的要求,先传授仁义礼仪的根本。

这一章说明教育要循序渐进。

【译文】

子游说:"子夏的学生,做做洒水扫地、应对客人、周旋进退的事情是可以的,但这是些细枝末节。如果没有仁义礼仪的根本,这怎么行呢?"

子夏听到后说:"唉,言游先生的话错了! 君子的学问,哪一样先传授,哪一样休止下来,如同草木一样,是要区别开的。君子的学问,怎么可以乱了顺序? 能够有始有终全部掌握的,大概只有少数圣人吧!"

19.13 子夏曰:"仕而优则学,学而优则仕。"

【解读】

"仕"是仕进,即做官。"优",《说文》:"优,饶也。"即有余力。马融注:"行有余力则以学文。"子夏说:"仕而优则学,学而优则仕。"是说,当官有余力就去学习,学习有余力就去当官。当官与学习是循环促进的关系,因为古人主要学的是道。

这一章说明当官与学习的相互促进关系。

【译文】

子夏说:"当官有余力就去学习,学习有余力就去当官。"

19.14　子游曰:"丧致乎哀而止。"

【解读】

子游说:"丧致乎哀而止。"是说,居丧,达到哀伤就可以了。子游不主张毁容毁身,要求真情就行了。

这一章说明居丧的做法。

【译文】

子游说:"居丧,达到悲哀就可以了。"

19.15　子游曰:"吾友张也,为难能也,然而未仁。"

【解读】

"张"是颛孙师,字子张。子游说:"吾友张也,为难能也,然而未仁。"是说,我的朋友子张,是难能可贵的了,然而还未达到仁。

这一章说明仁的要求很高。

【译文】

子游说:"我的朋友子张是难能可贵的了,然而还未达到仁。"

19.16　曾子曰:"堂堂乎张也,难与并为仁矣。"

【解读】

"堂堂",邢昺疏:"堂堂,容仪盛貌。"这个义项还保留在现代汉语里,如"相貌堂堂",指的是相貌可观。"并"是一起。曾子说:"堂堂乎张也,难与并为仁矣。"是说,子张容仪可观,但难以与别人一起达到仁。也就是说,子张还不足以把人引入仁的境界。

这一章与上一章都是说明仁的要求很高。

【译文】

曾子说:"子张容仪可观,但难以与别人一起达到仁。"

19.17　曾子曰:"吾闻诸夫子:人未有自致者也,必也亲丧乎?"

【解读】

这一章因为省略得太多,古今的注释都欠精确。曾子说:"吾闻诸夫子。"是说,我听孔子说过。下面是听到的话。"人未有自致者也"省略了"道德修养"。"自致"是自发地达到,也就是自然而然地产生。意思是说,人没有自发地就会产生道德修养的。也就是说,要提高道德修养就必须努力学习。"必也"是说,一定要说人有时也会自发地产生一点修养的话。"亲丧乎"是说,大概要在死了双亲的时候吧?人死了父母才会自发地产生真诚的善念。

这一章说明人应主动地去提高道德修养。

【译文】

曾子说:"我听孔子说过,人不会自发地产生道德修养,一定要说有时也会自发地产生一点修养的话,那大概要在死了双亲的时候吧?"

19.18　曾子曰:"吾闻诸夫子:孟庄子之孝也,其他可能也;其不改父之臣与父之政,是难能也。"

【解读】

"孟庄子"是孟孙速,鲁大夫孟献子仲孙蔑的儿子。孟献子在世的时候比较仁慈贤明。在《微子》第十章里说:"周公谓鲁公曰:'君子不施其亲,不使大臣怨乎不以。故旧无大故,则不弃也。无求备于一人。'"在《学而》第十一章里又说:"三年无改于父之道,可谓孝矣。"孔子反对一上台就把故旧老臣换成自己的亲信,这种给自己经营一个小圈子的做法有背仁道。曾子说:"吾闻诸夫子:孟庄子之孝也,其他可能也;其不改父之臣与父之政,是难能也。"是说,我听孔子说过,孟庄子的孝,别的方面人们容易做到;他不撤换父亲的老臣,不改变父亲的政策,这一点难以做到。中国的历史被人们总结为"一朝天子一朝臣",可见这是通病。孔子反对的是这种从狭隘的自身利益出发而不能实行公益的做法。

这一章说明不经营个人的小圈子合乎仁。

【译文】

曾子说:"我听孔子说过:孟庄子的孝,其他方面人们容易做到,他不撤换父亲的旧臣,不改变父亲的政策,这一点难以做到。"

19.19 孟氏使阳肤为士师,问于曾子。曾子曰:"上失其道,民散久矣。如得其情,则哀矜而勿喜!"

【解读】

"阳肤",包咸注:"曾子弟子。""士师",包咸注:"典狱之官",即法官。"孟氏使阳肤为士师"是说,孟氏任命阳肤做法官。"问于曾子",承上省略主语,是阳肤去问曾子,是向老师讨教怎样当好法官。曾子说:"上失其道,民散久矣。如得其情,则哀矜而勿喜!""道"指道德。"散"承上省略道德,是道德涣散,不是什么人心离散。"情"是真情。是说,统治者失去道德,百姓道德涣散的情况已经很久了。如果审问出犯罪的真情要心存怜悯之心,不要沾沾自喜。

这一章说明法官不要自炫明察,而要出于仁义去审理案件。

【译文】

孟氏委任阳肤做法官,阳肤向曾子讨教。曾子说:"在上的统治者失去道德,百姓道德衰败的情况已经很久了。如果审问出犯罪的真情,要心存怜悯,不要沾沾自喜。"

19.20 子贡曰:"纣之不善,不如是之甚也。是以君子恶居下流,天下之恶皆归焉。"

【解读】

"纣"是商纣王。"是"相当于这,指的是"天下之恶皆归焉"的传说。"下流"是下游,这里指道德上的下游。子贡说:"纣之不善,不如是之甚也。是以君子恶居下流,天下之恶皆归焉。"是说,商纣王的恶劣,不像人们传说的那么严重。所以君子讨厌道德上处在下等,天下的坏事都堆在自己身上。

这一章警戒君子的道德不能居于下等。

【译文】

子贡说:"商纣王的恶劣,没有人们传说的那么严重。所以君子厌恶在道德上处在下等,天下的坏事都堆在自己身上。"

19.21 子贡曰:"君子之过也,如日月之食焉:过也,人皆见之;更也,人皆仰之。"

【解读】

"过"是过错。"食"今作蚀。子贡说:"君子之过也,如日月之食焉:过也,人皆见之;更也,人皆仰之。"是说,君子犯错误,如同日蚀、月蚀。错了,人人看得见;改了,人人都仰望可见。

这一章说明君子要正大光明改正错误。

【译文】

子贡说:"君子犯错误,如同日蚀、月蚀一样。错了,人人看得见;改了,人人仰望着。"

19.22 卫公孙朝问于子贡曰:"仲尼焉学?"子贡曰:"文武之道,未坠于地,在人。贤者识其大者,不贤者识其小者,莫不有文武之道焉。夫子焉不学? 而亦何常师之有?"

【解读】

"公孙朝"是卫国大夫。"卫公孙朝问于子贡曰:'仲尼焉学?'""焉"是疑问代词。是说,卫国的大夫公孙朝问子贡说,孔仲尼先生的学问是从哪里学来的? 子贡回答说:"文武之道,未坠于地,在人。贤者识其大者,不贤者识其小者,莫不有文武之道焉。""文武"指周文王、周武王,孔子认为是圣王。"坠于地"是掉在地上,比喻丧失殆尽而失传。"识(zhì)"是记得。"焉"是兼词于此。是说,周文王、周武王的流风善政,并没有失传,散落在人间,贤能的人还记得大的方面,不贤能的人还记得小的方面。无处不有周文王、周武王的圣人之道。"夫子焉不学,而亦何常师之有?""焉"是疑问代词。"常"在这里是固定的意思。是说,孔先生何处不学,哪里必须要有一个固定的老师呢?

这一章说明孔子善学,无常师。

【译文】

卫国大夫公孙朝问子贡说:"孔仲尼先生的学问是从哪里学来的?"子贡回答说:"周文王、周武王的圣人之道并没有失传,还散存在人间,贤能的人记得大的方面,不贤能的人记得小的方面,到处都有文王、武王的圣人之道。孔先生何处不学? 哪里必须要有一个固定的老师呢?"

19.23 叔孙武叔语大夫于朝曰:"子贡贤于仲尼。"子服景伯以告子贡。子贡曰:"譬之宫墙,赐之墙也及肩,窥见室家之好。夫子之墙数仞,不得其门而入,不见宗庙之美,百官之富。得其门者或寡矣。夫子之云,不亦宜乎!"

【解读】

"叔孙武叔",鲁国大夫叔孙氏,名州仇,字武叔。"叔孙武叔语大夫于朝"是说,叔孙武叔在朝廷上告诉同朝的大夫。说:"子贡贤于仲尼。"是说,子贡比孔子贤明。"子服景伯"是与叔孙武叔同朝的大夫。"以告子贡"是他把听到叔孙武叔的话告诉子贡。子贡说:"譬之宫墙,赐之墙也及肩,窥见室家之好。夫子之墙数仞,不得其门而入,不见宗庙之美,百官之富。"是说,如果用院墙来作比喻的话,我的院墙只有肩膀那么高,从墙外就能看见房屋的美好。孔先生的院墙有几仞高,如果不从大门进到院子里,就不会看到宗庙的华美、百官治事机关的富丽。"百官"指百官办公的场所。"得其门者或寡矣"是说,能进入门里的人很少。比喻能真正了解孔子的人很少。"夫子之云,不亦宜乎!""夫子"指叔孙武叔。"云"是说。"宜"是合乎情理。是说,武叔先生的这些话,不也是很合乎情理的吗? 也就是说,武叔不了解孔子,自然会这样说了。

这一章说明孔子的高深。

【译文】

叔孙武叔在朝廷上对同朝的大夫们说:"子贡比孔子更贤明。"子服景伯把这话告诉了子贡。子贡说:"用院墙来打个比方,我的院墙只有肩膀那么高,人们从墙外就能望见院内房屋的美好。孔先生的院墙有数仞高,如果不从大门进到院子里,就不会望到宗庙的美好、百官治事场所的富丽。能进入孔先生门里的人很少。武叔先生这样说,也就是很自然的了。"

19.24　叔孙武叔毁仲尼。子贡曰:"无以为也! 仲尼不可毁也。他人之贤者,丘陵也,犹可逾也;仲尼,日月也,无得而逾焉。人虽欲自绝,其何伤于日月乎? 多见其不知量也。"

【解读】

"毁"是贬低、毁谤。"叔孙武叔毁仲尼"是说,叔孙武叔贬低孔子。

子贡说："无以为也。"是说，不要这样做。"以为"是用这样的做法去做，是"以此为"的省略。"仲尼不可毁也"是说，孔子是贬低不了的。"他人之贤者，丘陵也，犹可逾也；仲尼，日月也，无得而逾焉"是说，别人的贤明如同丘陵，还可以逾越；孔子如同日月，不可能超越他。"人虽欲自绝，其何伤于日月乎？多见其不知量也"是说，人纵然是要自绝于日月的光明，对日月又会伤害什么呢？只能更加表现他自不量力罢了。

这一章说明孔子的高大。

【译文】

叔孙武叔毁谤孔子。子贡说："不要这样做，仲尼先生是毁谤不了的。别人的贤明，好比是丘陵，还可以逾越过去。仲尼先生如同是日月，不可能逾越。人纵然要自绝于日月的光明，对日月会有什么损害呢？只能更加表现他自不量力罢了。"

19.25 陈子禽谓子贡曰："子为恭也，仲尼岂贤于子乎？"子贡曰："君子一言以为知，一言以为不知，言不可不慎也。夫子之不可及也，犹天之不可阶而升也。夫子之得邦家者，所谓立之斯立，道之斯行，绥之斯来，动之斯和。其生也荣，其死也哀，如之何其可及也？"

【解读】

"陈子禽"，郑玄在《学而》第十章的注说："子禽，弟子，陈亢也。"《史记·仲尼弟子列传》里没有列入此人，在这一篇里他称子贡为"子"，又对孔子大不敬，不像是孔子的学生，这里又说他"谓子贡"，也不像子贡的后学，应当是子贡的同事。"陈子禽谓子贡曰"是说，陈子禽对子贡说。"子为恭也，仲尼岂贤于子乎"是说，先生也不过是出于恭敬罢了，孔子当能比先生贤明？"为恭"是做出恭逊的样子。子贡说："君子一言以为知，一言以为不知，言不可不慎也。"是说，君子说出一句话就可以被人认为是聪明，说出一句话就可以被人认为是愚蠢，说话不可不慎重呵！"以为"是被人以为。"知"同"智"。"夫子之不可及也，犹天之不可阶而升也"是说，人赶不上孔子，就如同登梯子上不了天一样。"夫子"指孔子。"阶而升"是登着阶梯向上升。"夫子之得邦家者，所谓立之斯立，道之斯行，绥之斯来，动之斯和。其生也荣，其死也哀，如之何其可及也?"意思是说,孔子如果得到诸侯或大夫的重用,他说要树立什么,就能树立得起来;他要引导人们向哪里去,就能行得通;他要来安抚百姓,百姓就会来归服;他要动员人们去干,会得到人们的响应。他活着光荣,他死了可惜,怎么能够赶得上呢?"得邦家者"是得到诸侯或大夫的重用。诸侯有国,大夫有家,"邦家者"是有邦有家者。不可理解为孔子当诸侯或大夫。"道"同导。"绥"是安抚。"和"是应和,即响应。"哀"是可哀,即令人惋惜。

这一章说明孔子是最卓越的政治家。

【译文】

陈子禽对子贡说:"先生也不过是出于恭敬罢了,孔子岂能比您贤明吗?"子贡说:"君子说出一句话,就可以被人当成是聪明;说出一句话,就可以被人当成是愚蠢,说话不可不谨慎呵!人赶不上孔子,就如同登梯子上不了天一样。孔子如果得到诸侯或大夫的重用,他说要树立什么,就能树立得起来;他引导人们向哪里走,就能行得通;他去安抚百姓,百姓就会来归服;他发动人们去干,人们就会响应。他活着光荣,死了可惜,怎么能够有人赶得上他呢?"

尧曰第二十

20.1 尧曰:"咨! 尔舜! 天之历数在尔躬,允执其中。四海困穷,天禄永终。"舜亦以命禹。

【解读】

这一章原文较长,句子古奥,可分节解读,尧、舜、禹是孔子认为的圣人。孔子"祖述尧舜,宪章文武"。尧、舜的政权传承用的是禅让制。这一章记载的是禅让帝位时说的话。"咨"是叹辞。"尔"是你。"历数"指的是运数。"躬"是自身。"允"是诚信。"执"是掌握。"中"是中庸之道。"尧曰:'咨! 尔舜! 天之历数在尔躬,允执其中。'"是尧在让位的时候对舜告诫说:"呵,你虞舜呀! 上天的运数运转在你的身上了,你要胸怀诚信地掌握住中正公平的治理天下的大道呵。""四海固穷,天禄永终。"这是个假设复句,意思是说,如果你把天下治理得贫穷困苦,上天赐给你的禄位就要永远终止了。"四海"指天下。"天禄"是上天赐给的禄命,这里指的是天子的职位。"舜亦以命禹"是说,舜在把天子位传给大禹的时候,也用这番话告诫他。

曰:"予小子履,敢用玄牡,敢昭告于皇皇后帝:有罪不敢赦。帝臣不蔽,简在帝心。朕躬有罪,无以万方;万方有罪,罪在朕躬。"

【解读】

"予"是第一人称代词,相当于我。"小子"是谦称。"履"是商汤王的名字。"敢"是表敬副词。"玄"是黑色。"牡"是公牛。"昭"是明。"皇皇"是伟大光明。"后"是后土,大地之神。"帝"是天帝。"予小子履,敢用玄牡,敢昭告于皇皇后帝"是说,商汤祷告说,我小子履,大胆地用黑色的公牛做牺牲，明明白白地向伟大光明的地神天帝祷告。"有罪不敢赦"是说，有罪的人一定要惩处，不敢赦免。"帝臣不蔽，简在帝心。""帝臣"是天帝之臣，商汤自称为帝臣。"蔽"是隐瞒。"简"是阅。是说，我作为天帝的臣子，不敢隐瞒，我的一切作为，天帝早就看在心里。"朕躬有罪，无以万方。""朕(zhèn)"是我。古代自称朕。秦以后朕才变为帝王的自称。"万方"是各诸侯国。古代的诸侯比较多，这里是全天下的意思。是说，我自身有罪，不要降罚在天下人身上。"万方有罪，罪在朕躬"是说，天下人有罪，罪过都归在我一个人身上。也就是说，天下人有罪，把惩罚降在我的身上。

周有大赉，善人是富。"虽有周亲，不如仁人。百姓有过，在予一人。"

【解读】

"赉(lài)"是赏赐，指封赏诸侯。"善人是富"是"富善人"的前置句，"是"是前置标志。"周亲"指周王室的亲族。"周有大赉，善人是富。虽有周亲，不如仁人"是说，周王朝大封诸侯，让那些有功的善人富贵起来。虽然有王室宗亲，也比不上仁义的人。"百姓有过，在予一人"是说，天下百姓有罪过，责任都在我一个人身上。这一节据《左传》《礼记》等记载，是周武王灭商之后，在太庙分封诸侯时的祝祷词。当时分封的主要是与武王一起伐纣的功臣，八百多诸侯中仅有四十余人是姬姓的周室宗亲。

谨权量，审法度，修废官，四方之政行焉。兴灭国，继绝世，举逸民，天下之民归心焉。

【解读】

"谨"与"审"互文，是谨慎地审定。"权"是秤，指衡器。"量"是量器，如斗斛之类。"度"指长度的丈量工具，如丈尺之类。"法"是标准的意思。"法度"不能理解为法律制度。因为各诸侯国都有相对的行政权，全国各地的度量衡标准不统一，给一些不法的人造成利用标准不一的空子而谋利，所以要审定出一个统一的标准。"修"是修补。"废官"是缺失的官。"谨权量，审法度，修废官，四方之政行焉"是说，谨慎地审定度量衡,制定出全国统一的标准,配置废缺的官职,全国的政令通行起来。"灭国"是灭亡了的国家。"兴灭国"是复兴灭国,如商灭了夏,周灭了商,也要给夏、商分封一块土地得以延续。"绝世"是断绝了的世系。"继绝世"是接续绝世,把那些丧国帝王的后代找出来加以分封,使绝世得以延续。"举"是选拔。"逸民"是贵族中被废弃的贤人。"兴灭国,继绝世,举逸民,天下之民归心焉"是说,复兴灭亡了的国家,接续断绝的世系,举用隐逸的贤人,天下的百姓就真心归服了。

所重:民、食、丧、祭。

【解读】

"所重"指周王朝重视的内容。"所重:民、食、丧、祭"是说,周王朝所重视的是人民、粮食、丧事和祭祀。

宽则得众,信则民任焉,敏则有功,公则说。

【解读】

"敏"是做事勤敏。"功"是功业。"说"同悦。"宽则得众,信则民任焉,敏则有功,公则说"是说,宽厚就会得到群众的拥护,诚信就会得到百姓的信任,勤敏就会成就功业,公平就会使人民喜悦。

这一章历数尧、舜、禹、商汤、周文、武王的历史经验,归纳为宽、信、敏、公四字的圣人治世之道。

【译文】

唐尧让位给舜时告诫说:"呵,你虞舜呀!上天的运数运转在你的身上了,你要胸怀诚信地掌握住中正公平的治天下的大道呵。如果你把天下治理得贫穷困苦,上天赐给你的禄位就永远终止了。"舜把帝位让给禹的时候,也用这番话告诫他。

商汤王说:"我小子履,大胆地用黑色的公牛做牺牲,明明白白地向皇天后土祷告:有罪的人一定要惩罚,不敢赦免。我自己的罪过不敢隐瞒,天帝早就看在心里。我自身有罪,不要降罚在天下人身上。天下人有罪,罪过都归在我一个人身上。"

周王朝封赏诸侯,让那些有功的善人富贵起来。"虽然有王室宗亲,也比不上仁义的人。天下百姓有过错,责任都在我一个人身上。"

谨慎地审定度、量、衡,制定出统一的标准。配置废缺的官职,全国的政令通行起来。复兴灭亡了的国家,接续断绝了的世系,举用隐逸的贤人,天下的百姓就真心归服了。

周王朝所重视的是:人民、粮食、丧事和祭祀。

宽厚就会得到群众的拥护,诚信就会得到百姓的信任,勤敏就会成就功业,公平就会使人民喜悦。

20.2 子张问于孔子曰:"何如斯可以从政矣?"子曰:"尊五美,屏四恶,斯可以从政矣。"

子张曰:"何谓五美?"子曰:"君子惠而不费,劳而不怨,欲而不贪,泰而不骄,威而不猛。"子张曰:"何谓惠而不费?"子曰:"因民之所利而利之,斯不亦惠而不费乎? 择可劳而劳之,又谁怨? 欲仁而得仁,又焉贪? 君子无众寡,无小大,无敢慢,斯不亦泰而不骄乎? 君子正其衣冠,尊其瞻视,俨然人望而畏之,斯不亦威而不猛乎?"

子张曰:"何谓四恶?"子曰:"不教而杀谓之虐,不戒视成谓之暴,慢令致期谓之贼,犹之与人也,出纳之吝谓之有司。"

【解读】

"从政"是从事治理,即施政、执政的意思。子张问于孔子:"何如斯可以从政矣?"是说,子张向孔子讨教说,怎么样就可以执政了? 孔子回答说:"尊五美,屏四恶。""屏"是屏除。是说,尊崇五种美德,屏弃四种恶行就可以从政了。

子张问:"何谓五美?"是说,什么是五种美德? 孔子回答说:"惠而不费,劳而不怨,欲而不贪,泰而不骄,威而不猛。""惠"是给人带来恩惠、实惠。"费"是耗费。"劳"是劳动百姓。"泰"是平安,这里与"骄"对举,指安定矜持。是说,给人实惠而自己却无所耗费,劳动百姓而百姓不怨恨,有欲望而不贪婪,安定矜持而不骄傲,威严而不凶猛。这就是五种美德。子张问:"何谓惠而不费?"是说,什么叫做给人实惠而自己却无所耗费? 孔子回答说:"因民之所利而利之,斯不亦惠而不费乎? 择可劳而劳之,又谁怨? 欲仁而得仁,又焉贪? 君子无众寡,无小大,无敢慢,斯不亦泰而不骄乎?君子正其衣冠,尊其瞻视,俨然人望而畏之,斯不亦威而不猛乎?"“因”是凭借、就着。“可劳”指能够去劳动的人,比如体力允许,在农闲的时候,有愿意出工的愿望等等,这里可理解为愿意去劳动。“无”相当于无论,指一例对待。“敢慢”指的是勇敢的人和怯懦懒散的人。“瞻视”是被人观瞻的形象,不是自己去瞻视。是说,就着人们能得利的事情使他们得利,这不就是给人实惠而自己无所耗费吗?选择那些愿意劳动的人去役使,谁会去怨恨呢?有得到仁义的欲望又得到了仁义,怎么会是贪婪呢?君子无论人多人少,力大力小,勇敢怯懦,都一例对待,这不就是安定矜持而不骄傲吗?君子衣冠端正,重视自己的形象,庄严地令人望见而产生敬畏,这不就是威严而不凶猛吗?

子张又问:“何谓四恶?”是说,什么是四种恶行呢?孔子回答说:“不教而杀谓之虐,不戒视成谓之暴,慢令致期谓之贼,犹之与人也,出纳之吝谓之有司。”“视成”是立等着成功。“致期”是限期。“犹”是犹豫不决,这里是舍不得的意思。“有司”是主管部门。出纳的主管部门即国家的财政部门。财政部门为国家守财,所以这里的“有司”可当成守财奴来理解。是说,事先不教育便加杀戮叫做虐待,事先不加告诫便立等成功叫做残暴,起先懈怠不管又限期完成叫做贼害,舍不得给人恩惠,出纳吝啬,叫做守财奴。

这一章说明施政的五美四恶。

【译文】

子张问孔子说:“怎么样就可以从政了?”孔子回答说:“尊崇五种美德,杜绝四种恶行。”

子张问道:“什么是五种美德?”孔子回答说:“给人实惠自己却无所耗费,劳动百姓而百姓并不怨恨,有欲望而不贪婪,安定矜持而不骄傲,威严而不凶猛。”子张问道:“什么叫做给人实惠自己却无所耗费?”孔子回答说:“就着人们能得利的事情使他们得利,这不就是给人实惠自己却无所耗费吗?选择那些自愿劳动的人去役使,谁会去怨恨呢?有得到仁的欲望得到了仁,怎么会是贪婪呢?君子无论人多人少,力大力小,勇敢还是怯懦,都一例对待,这不就是安定矜持而不骄傲吗?君子衣冠端正,重视自己的形象,庄严地令人望见而产生敬畏,这不就是威严而不凶猛吗?"

子张又问:"什么是四种恶行?"孔子回答说:"事先不教育便加杀戮叫做虐待,事先不加告诫便立等成功叫做残暴,起先懈怠不管又限期完成叫做贼害,舍不得给人恩惠,出纳吝啬,叫做守财奴。"

20.3　孔子曰:"不知命,无以为君子也;不知礼,无以立也;不知言,无以知人也。"

【解读】

"命"指天命。"无以"是无所凭借。孔子说:"不知命,无以为君子也;不知礼,无以立也;不知言,无以知人也。"是说,不懂得天命,就不能够成为君子;不懂得礼仪,就不能够立身;不懂得辨别语言,就不能够认识人。

这一章说明立身处世的三个支点是知命、知礼、知言。

【译文】

孔子说:"不懂得天命,就不能成为君子;不懂得礼仪,就不能立身;不懂得辨识语言,就不能认识人。"